JAMAIS
SANS MA FILLE 2

Du même auteur
chez Pocket

Jamais sans ma fille (avec William Hoffer)

BETTY MAHMOODY
avec ARNOLD D. DUNCHOCK

JAMAIS
SANS MA FILLE 2

pour l'amour d'un enfant

Adaptation française
de Marie-Thérèse Cuny

FIXOT

L'édition américaine originale de ce livre
est parue chez St-Martin's Press sous le
titre :
FOR THE LOVE OF A CHILD

Les histoires rapportées dans ce livre sont vraies.
Les personnages sont authentiques, les événements
réels. Mais les noms et les caractéristiques de certains d'entre eux ont été changés afin de les protéger, ainsi que leurs familles, de l'éventualité d'une
arrestation ou d'une exécution par les gouvernements de leurs pays d'origine.

La loi du 11 mars 1957 n'autorisant, aux termes des alinéas 2 et 3 de l'article 41
d'une part, que les « copies ou reproductions strictement réservées à l'usage privé
du copiste et non destinées à une utilisation collective », et, d'autre part, que les
analyses et courtes citations dans un but d'exemple et d'illustration.
« Toute représentation ou reproduction intégrale ou partielle, faite sans le
consentement de l'auteur ou de l'éditeur, ou de ses ayants droit ou ayants cause est
illicite » (alinéa premier de l'article 40). Cette représentation ou reproduction, par
quelque procédé que ce soit, constituerait donc une contrefaçon sanctionnée par les
articles 425 et suivants du Code pénal.

© Betty Mahmoody, 1992.
© Fixot, 1992, pour l'édition française.
ISBN : 2-266-05753-7

Je dédie ce livre à tous les enfants qui ont été enlevés dans des pays étrangers et à tous ceux qui vivent dans cette crainte.

Première partie

Le retour

Notre arrivée tumultueuse à Ankara m'a complètement épuisée. Cette nuit d'angoisse, l'obligation de changer d'hôtel, la peur d'avoir à affronter la police, le premier vrai bain depuis des jours... je me sens vidée nerveusement en m'asseyant dans le couloir de l'ambassade américaine.

Je lève les yeux d'un air las sur le consul qui m'a accueillie. Cet homme mince, petit, au visage sympathique, me demande encore une chose insurmontable :

— Il faut aller à la police régler votre problème de passeports.

— Je vous en prie, faites-le à ma place. J'ai peur de la police. Nous n'avons aucun visa sur ces passeports. Vous voulez que j'aille expliquer à la police turque que c'est l'ambassade de Suisse à Téhéran qui me les a donnés ? Ici nous sommes des étrangères, dans l'illégalité. J'ai bien vu la réaction du gérant de l'hôtel, la nuit dernière...

C'est affreusement vrai, la police turque peut encore me mettre en prison. Où irait Mahtob ? Ce serait une séparation que ni elle ni moi ne pourrions endurer. On peut même nous extra-

11

der en Iran. Je ne veux aller nulle part. Je veux rester ici, dans ce hall de l'ambassade américaine, à l'abri de mon drapeau. Je veux que mon consul se débrouille avec l'administration turque. Je suis une Américaine dans un bâtiment américain. Je n'en bougerai plus.

Il me regarde un instant, étonné :

— Je m'attendais à trouver une femme en pleurs, ou en colère, et vous avez l'air si calme...

Prévenu de notre situation par le département d'État, le consul a reçu le câble expédié depuis l'ambassade de Suisse. Il sait que, la veille, au téléphone, le *marine* de permanence a refusé de nous aider... Maintenant qu'il connaît tout de notre situation, il a eu peur de me retrouver en prison, sans avoir eu le temps d'intervenir. Or je suis arrivée ce matin, saine et sauve, pour lui demander assistance, sans en faire toute une histoire. J'en ai vu d'autres. J'imagine que je représente pour lui une sorte de complication diplomatique et qu'il va devoir argumenter avec la police turque. Il est visiblement impressionné par notre extrême tension morale et physique. Et par mon obstination, aussi.

— Je ne peux rien vous promettre, mais je vais voir ce que je peux faire. Cela peut prendre un certain temps. Vous ne voulez pas visiter Ankara ?

Je le remercie d'un signe de tête poli, mais ferme. Il n'en est pas question. Du tourisme dans l'état où nous sommes ? Nous avons survécu aux raids aériens de la guerre Iran/Irak à Téhéran. Nous sommes passées entre les balles des tireurs embusqués, en plein cœur de la guerre civile du Kurdistan. Nous avons réussi à nous faufiler dans le piège des montagnes, cinq jours durant, presque sans nourriture et sans dormir. Et après tout cela, j'irais offrir à Moody une possibilité de nous faire kidnapper pendant une promenade dans les rues turques!

Pour l'instant, je suis exactement là où je voulais être, en sécurité, à l'ombre de notre drapeau. J'y reste. Ma petite fille, stoïque, me regarde de ses grands yeux noirs étirés de fatigue. Visage aux traits clos sur une aventure qu'elle a supportée avec une telle force, une telle confiance en moi, un tel désir de rentrer chez nous... Nous ne sommes pas encore dans le Michigan, mais nous sommes en Amérique ici, je ne cesse de me le répéter comme un cantique. Il y a des murs, une grille, des *marines*. Et Mahtob a dit en arrivant :

– Maman, regarde, le drapeau américain!

À cet instant, chaque pas, chaque muscle de nos corps endoloris nous rappellent le long voyage à pied et à cheval à travers les montagnes iraniennes et turques, les pierres du sentier de contrebandiers qui nous a permis de fuir.

J'ai quarante ans, Mahtob est une petite fille de six ans. Nous sommes à la limite de nos forces et ce drapeau est la limite de notre émotion.

Durant les derniers dix-huit mois, prisonnières en Iran, nous ne l'avions vu qu'en photo, profané, brûlé, grossièrement peint sur le ciment des écoles, pour que les enfants le piétinent et crachent dessus en entrant en classe.

Le voir flotter librement au-dessus de nos têtes est une minute d'émotion que je n'oublierai jamais.

J'ai tout fait pour ne pas quitter l'Iran dans ces conditions. Trois semaines plus tôt, j'ai encore supplié Moody de revenir sur sa décision de nous retenir prisonnières dans son pays. Supplié encore et encore.

– Je t'en prie, Moody, dis-moi quand... cinq ans, dix ans, mais ne dis pas *jamais*! Tu m'ôtes tout espoir de vivre.

– La réponse est : jamais. Je ne veux plus entendre parler de l'Amérique.

Je savais qu'il le pensait. Les cinq jours suivants, j'ai pris la décision fatidique, celle de ma vie. Il fallait quitter Moody, quel qu'en soit le prix.

Je savais bien que nous aurions du mal à résister dans une contrée aussi rude, en plein mois de février, époque où les montagnes sont en principe infranchissables, même pour les contrebandiers. Le danger était multiple. Nous pouvions mourir de froid, chuter du haut d'un ravin, nous faire dépouiller par les guides, à moins qu'ils nous abandonnent purement et simplement dans la montagne ou qu'ils nous remettent aux autorités iraniennes. Cette dernière perspective était la plus atroce, car je risquais l'exécution pour avoir enlevé un enfant à son père. En Iran, l'enfant appartient au père; le lui prendre, c'est la peine de mort.

Curieusement, je ressentais alors une impression de calme surnaturel, de paix absolue dans la certitude de ce qu'il fallait faire. J'avais appris en dix-huit mois qu'il y a pire que la mort.

Le jour de notre fuite, comme s'il voulait la marquer à vie, Moody avait prévenu cruellement sa fille :

– Tu ne reverras plus jamais ta mère.

Il avait déjà réservé ma place sur un vol pour les États-Unis. Une place unique. Je devais partir deux jours plus tard. Il était clair que nous n'avions pas d'autre solution que la fuite. Mahtob le sentait comme moi, en voyant ressurgir la violence de son père, une violence plus démente que jamais.

J'avais aussi une autre raison impérieuse d'agir vite. Quelques jours plus tôt, mon père venait de subir une grave intervention pour son cancer du colon.

Durant toute notre fuite, je me demandais s'il était mort ou vivant. Et même après lui avoir parlé depuis l'hôtel d'Ankara, la nuit dernière, je crains toujours qu'il ne survive pas un jour de plus.

– Dépêche-toi de rentrer, Betty...

C'est la première phrase qu'il a prononcée. Et je suis déterminée à le rejoindre avant qu'il ne soit trop tard. Je supplie encore le consul de s'arranger pour que nous prenions le premier vol en partance. La police turque n'est que le dernier d'une longue série de problèmes au travers desquels nous sommes passées miraculeusement. D'abord, nous n'aurions pas dû quitter l'Iran sans une permission écrite de Moody, conformément à la loi. Ensuite, entre Téhéran et la frontière, notre chauffeur s'est fait arrêter plusieurs fois par les *pasdar* de la sécurité, pour des contrôles de routine. Chaque fois qu'un garde s'approchait du véhicule, mon cœur s'emballait. Figée derrière mon tchador, pauvre camouflage, j'attendais la fin. Or, jamais on ne nous a demandé nos papiers!

La chance a persisté en Turquie. Sur la route de Van à Ankara, j'ai vu d'autres cars que le nôtre contraints de se garer sur le bas-côté, les passagers brutalement poussés dehors, sommés de présenter leurs papiers pour vérification.

Régulièrement, notre propre car était stoppé,

pris d'assaut par des hommes en uniforme kaki ;
ils discutaient rapidement avec le chauffeur
puis d'un signe de la main le laissaient continuer.

Finalement, nous n'avons été contrôlées
qu'au moment de notre arrivée à l'hôtel, situé
en face de l'ambassade américaine. Je n'ai
aucune explication à donner là-dessus. Je crois
simplement que nous le devons à la grâce de
Dieu.

Nous sommes invitées à déjeuner dans un
salon de l'ambassade, avec le consul et le vice-
consul. Le menu annoncé est une fête de
retrouvailles pour nous : « Cheeseburger et
frites » !

Deux *marines* ouvrent avec une lenteur pré-
cautionneuse les gigantesques portes de bois de
l'enceinte américaine et là, les diplomates tout
autant que moi nous perdons dans un dédale de
courtoisie à n'en plus finir :

– Après vous, Madame, je vous en prie, dit le
consul.

J'enchaîne sans réfléchir :

– Non, après vous, monsieur le Consul...

Et le vice-consul :

– Après vous...

Et moi d'insister :

– Non, après vous...

Ce numéro à la Marx Brothers s'arrête
lorsque je me rends soudain compte à quel
point j'ai pris l'habitude de marcher derrière
Moody, et derrière tous les hommes, en Iran.
Personne ne m'a obligée à agir ainsi ; je suis tout
simplement tombée dans la routine des vingt-
cinq millions de femmes de là-bas. La femme
derrière l'homme, obéissante et humble.

16

Il me faudra des mois avant de retrouver mon aisance et de précéder naturellement un homme pour franchir une simple porte.

À l'ambassade, nous attendons des nouvelles de la police. Mahtob dessine un bateau sur la rivière qui coule derrière notre maison du Michigan. À l'arrière-plan, elle a tracé des lignes et des lignes de montagnes en disant :

– Je ne veux plus jamais voir de montagnes.

Moi, j'ai du mal à me regarder dans une glace. Mes cheveux sont devenus gris, mes yeux sont creusés, je flotte dans une longue jupe noire, un chemisier noir à manches longues, un manteau immense de cotonnade rude. Je me sens laide, je me sens le fantôme de moi-même, je dois ressembler à une femme iranienne sans âge. Je n'ai rien d'autre à mettre que ces vêtements. Mahtob porte toujours son jean et ses bottes de plastique rouge et blanc. Nous allons rentrer au pays comme deux fuyardes affamées de liberté, pauvres de tout.

Enfin le consul revient, ravi :

– Tout est réglé. Vous pouvez rentrer chez vous.

Je l'embrasserais, cet homme qui me tend enfin les deux passeports en règle pour passer la police turque à l'aéroport d'Ankara. C'est fou ce que ce simple petit carnet de papier orné d'un tampon peut rassurer.

Six heures plus tard, nous sommes dans l'avion. Nous n'avons pas pu obtenir de vol direct pour New York, et la Lufthansa nous a offert une chambre et des repas à l'hôtel Sheraton de Munich.

Une chambre moderne, un vrai lit, un téléphone sur lequel je me précipite pour appeler à la maison, d'abord, et prendre des nouvelles de papa. Il attend notre retour. Maman demande ce que Mahtob voudra manger en arrivant.... nous parlons de tartes aux mûres... Et, tout à coup, dans cette chambre d'hôtel anonyme, l'émotion me prend à la gorge, je vois la rivière, les buissons de mûres, certains hauts comme des arbres, les écureuils effrontés, la queue en panache, qui sautillent sur le petit sentier, les oiseaux au poitrail rouge, l'odeur de chez nous...

Comme c'est difficile de parler. À l'autre bout, là-bas en Amérique, maman garde son sang-froid. Il est de règle entre nous de ne jamais laisser percer trop d'émotion. On donne des nouvelles, on ne s'étend pas sur les drames. Celui de mon père, en survie, le mien, déjà passé selon elle. Nous parlons de tartes aux mûres...

J'appelle aussi mes amis pakistanais à New York. Tarik et Farzana Ali. De vrais amis. Lorsque nous vivions avec Moody à Corpus Christi, au Texas, nous nous rencontrions souvent. Ils sont restés très proches de moi et, lorsqu'ils ont entendu parler de notre captivité en Iran, ils sont allés eux-mêmes au Pakistan pour tenter d'agir de là-bas. Leur idée était d'engager quelqu'un qui puisse aller à Téhéran m'aider à organiser une évasion. Le plan a échoué, mais c'était si important de savoir que Tarik et Farzana ne m'avaient pas oubliée.

Nous parlons, parlons, si longtemps. Je ne sais même plus de quoi, du froid, des montagnes, de Mahtob... de papa...

Cette liberté retrouvée, si simple, de pouvoir téléphoner, de décrocher un appareil, de faire un numéro à New York... J'en ai la tête qui tourne.

Impossible de manger, malgré la tentation d'un vrai repas occidental. Nos estomacs sont noués par trop de tension. J'encourage Mahtob à goûter aux framboises du menu. De vraies framboises... Elle a un sourire au-dessus des fruits rouges :

– Comme dans le Michigan, maman...

Le lendemain, notre vol pour New York prend du retard et nous ratons la correspondance pour Detroit. Il faut passer la douane et gagner la salle d'embarquement pour le premier vol du lendemain. Nous sommes si près du but et pourtant je me sens terriblement vulnérable et solitaire. Cette nuit peut encore donner à Moody une chance de réduire la distance entre lui et nous. Je scrute chaque passant avec suspicion.

Le terminal Northwest de l'aéroport Kennedy est désert. J'installe Mahtob le plus confortablement possible sur des sièges de plastique et entame une garde vigilante. En dépit de mon immense fatigue, je n'ose pas fermer l'œil et m'endormir en laissant ma fille sans surveillance. D'ailleurs Mahtob est également incapable de dormir, mais ne s'en plaint pas. Jamais elle ne s'est plainte. En contemplant son pauvre petit visage ensommeillé, je me souviens de sa remarquable endurance. Je ressens à quel point elle est mûre, patiente, posée. Nombre de parents auraient fait pour leurs enfants la même chose que moi. Mais peu d'enfants de six ans auraient pu faire comme Mahtob. Je suis fière d'être sa mère et je remercie le ciel d'avoir tenu mon serment de ne jamais quitter l'Iran sans elle.

Cette attente est interminable. Je n'ai pas dormi réellement depuis une semaine, avec cette sensation d'être toujours aux aguets, de ne pas savoir ce que fait Moody, s'il a décidé de nous poursuivre, s'il a appris ou non quelque chose qui lui permette de nous rattraper. La seule idée de le voir surgir devant moi, furieux, puissant, voulant m'arracher ma fille une fois de plus, me tient éveillée de force. Je dois avoir l'air d'une louve couvant son petit, d'une sauvage, dans cet aéroport où, en principe, Moody ne peut pas apparaître. C'est impossible. Mais impossible avec Moody n'est qu'un mot.

Quand la porte de l'avion pour Detroit se referme sur nous, que je peux enfin me caler dans ce fauteuil, que les réacteurs grondent, que l'avion décolle et nous arrache du sol, je regarde encore les visages autour de moi, ceux des hommes surtout. C'est curieux comme on se sent presque coupable d'être en fuite, une voleuse de liberté, comme si tous les passagers pouvaient lire mon histoire sur mon visage.

Mon voisin entame une conversation polie. Il est agent d'assurances et me demande gentiment si nous revenons de vacances...

– Pas exactement... nous venons tout juste de nous évader d'Iran...

Il me regarde dans les yeux, stupéfait et interrogateur.

À part le consul à Ankara, c'est la première personne à qui je raconte brièvement notre aventure. Il semble captivé et observe mes vêtements avec attention, ainsi que Mahtob, qui sommeille sur mes genoux, agrippée à ma taille comme un petit singe. Nous devons avoir un drôle d'air dans nos curieux vêtements. Et moi une tête à faire peur. Mon court récit terminé, je m'en veux presque d'avoir parlé. Cet homme ne va sûrement pas me croire.

20

Lorsque le commandant de bord annonce : « Nous commençons notre descente sur l'aéroport de Detroit Metro », Mahtob se réveille, en se demandant si elle a rêvé :

– Ils ont dit Detroit, maman ?

Ensemble nous bondissons jusqu'au bas de la rampe. Le Michigan ! Liberté ! Famille ! Protection !

J'attendais je ne sais quoi, non pas une troupe d'accueil, musique en tête, mais quelque chose d'autre. Mes deux fils en tout cas.

Ils ne sont pas là. Je n'aperçois que mon frère Jim et sa femme Robin, une de mes sœurs, Carolyn. Maman a dû rester auprès de mon père.

Nous sommes accueillies dans un brouhaha, j'ai bien du mal à poser la question qui m'intéresse :

– Où sont Joe et John ?

La famille ne les a pas prévenus du jour de notre arrivée. Trop peur de les décevoir, me dit-on. Personne n'était sûr que je sois bien dans l'avion. Ils sont là depuis la veille et en ne nous voyant pas arriver sur le vol prévu, puisque nous avons raté la correspondance, ma sœur Carolyn a fondu en larmes. Persuadée qu'il nous était arrivé quelque chose. Un vague sentiment de malaise m'envahit. Ce retour, je l'ai tant espéré, que l'absence de mes fils, l'impossibilité de les tenir dans mes bras à ce moment même me serrent la gorge. Comment ont-ils vécu durant ces longs mois, sans moi ? Je voulais voir leurs visages, je voulais les toucher. Mais c'est presque un retour ordinaire, nous descendons d'un avion, on ne s'est pas vus depuis longtemps, c'est tout. Et pourtant j'ai tant changé... Mahtob est tellement plus grande... Et si différente...

Quand j'ai appelé de Munich, quarante-huit heures avant, on m'a demandé :

– Qu'est-ce qui t'a le plus manqué, Betty ?

Je n'avais trouvé qu'une réponse :

– Des *snickers* !

Voilà pourquoi ils nous couvrent maintenant de montagnes de barres de chocolat, alors que je n'en ai jamais mangé plus d'une ou deux par an dans ma vie. Il y en a assez pour un siècle de *Halloween*. Quant à Mahtob, elle a droit à deux poupées. Dont une vêtue de mauve – sa couleur préférée.

En Iran, Mahtob disait souvent :

– Quand on partira (elle ne disait jamais « si »), avant d'aller chez grand-père et grand-mère, on ira au Mac Donald's, maman ? Au moins pendant trois jours ?

À présent que le rêve est devenu réalité, elle ne parle plus d'aller au Mac Donald's. Elle veut tout simplement rentrer à la maison avec tout le monde.

C'est un vendredi matin, nous sommes le 7 février 1986. Seule la surexcitation nous fait tenir debout. Sur l'autoroute, je retrouve les repères familiers, mais je les vois d'un œil neuf. Des monticules de neige bordent la chaussée. J'ai toujours gardé dans mon cœur un amour pour ma région et le Michigan ne m'a jamais paru aussi beau. La route est plate, blanche, lisse, le paysage ouvert, vaste, tout semble si propre et l'air est si transparent.

Dans cette voiture que conduit mon frère, je me sens enfin en sécurité. Mais personne ne me pose de questions sur Moody. Personne ne me parle de l'Iran. Personne ne me demande : « Raconte. » Carolyn suggère qu'un bon coiffeur ne me ferait pas de mal. Mon frère Jim ajoute que j'ai l'air fatiguée. Nous parlons de papa. Quelques phrases entrecoupées de silences.

Je sais que ma famille est ainsi faite. Mais ce silence me pèse. On a l'impression d'avoir des millions de choses à dire qui, au fond, n'intéressent personne. Il me revient en mémoire ce que disaient les rescapés des camps de la dernière guerre en rentrant chez eux : on ne raconte pas un cauchemar. Les autres n'imaginent pas ce genre de cauchemars. Il s'installe entre eux et vous une sorte de *statu quo* qui semble dire : « Tu es là, c'est fini, n'en parlons plus. »

Alors ma belle-sœur et moi, assises l'une près de l'autre, nous parlons d'autre chose. De la neige, de la voiture, du temps que nous allons mettre pour arriver à la maison, de son propre père qui est malade, lui aussi. Mais pas de nous.

Je n'ai pas changé de vêtements, je n'ai pas de bagages, sentent-ils tous que je suis devenue une étrangère, loin d'eux ? Quant à ma fille, elle ne dit rien. Pas un mot, pas une réflexion, pas une demande. Ses deux poupées sur les genoux, elle attend la maison.

Nous arrivons enfin chez mes parents, une maison-ranch dans la zone rurale de Bannister. Sur le chemin tortueux et boueux, un détail me donne la mesure de notre longue absence. Des années plus tôt, j'avais aidé mon père à planter des douzaines de pins autour de la maison. Lorsqu'on passe devant un arbre tous les jours on ne remarque pas sa croissance, mais ces pins ont tellement grandi, depuis la dernière fois, qu'ils représentent pour moi toute mon

23

absence, tout ce que j'ai raté de la vie quotidienne de mes fils et de la lutte tenace de mon père pour partager avec nous ce jour de retrouvailles.

La maison est construite sur trois étages; on arrive d'abord sur le palier, on grimpe une douzaine de marches pour atteindre la cuisine, et c'est là que nous recevons le cadeau le plus précieux.

En arrivant en haut des marches, une voix faible venant de la salle de bains nous accueille :

– Bouh !

Par la porte entrouverte, j'aperçois mon père, péniblement appuyé contre le lavabo. Il a toujours joué avec Mahtob de cette façon, depuis qu'elle est toute petite, et chaque fois, ils prenaient ensemble de grands fous rires.

Papa est bien trop malade pour se lever (il a eu besoin de beaucoup d'aide pour se rendre à la salle de bains). Mais il a insisté pour perpétuer la tradition, le rituel réservé à sa petite-fille. Normalement il n'aurait pas dû le faire, et il n'aurait pas pu sans la force de son amour pour Mahtob. Elle ne l'oubliera jamais.

Tenir mon père dans mes bras, vivant, mais si pâle, c'est l'aboutissement de tout. Je l'aime et il m'aime, nous nous comprenons à demi-mot, parfois sans rien dire. Des souvenirs de pêche ensemble, tous les deux, cette complicité permanente que j'ai eue avec lui, cette confiance totale qu'il a en moi et moi en lui. Je ne peux parler, mais les larmes qui gonflent mes yeux, et son regard sur moi, toute cette tendresse qui jaillit d'un coup, Mahtob accrochée à lui, lui accroché à moi... c'est le lien le plus fort que je connaisse, et que j'ai bien cru rompu à jamais.

Maman, elle, nous accueille dans la cuisine,

elle a préparé des tartes aux mûres et à la crème de banane, puisque Mahtob les lui avait réclamées au téléphone depuis Munich. C'est dans la cuisine que tout le monde parle, se croise, s'embrasse, goûte aux mûres et à la crème de banane, tandis que je serre mon fils John dans mes bras. Carolyn est partie prévenir au téléphone Joe, mon fils aîné, qui habite déjà seul.

John aura seize ans dans deux mois. Il a grandi de plus de douze centimètres et me dépasse maintenant. J'ai quitté un adolescent, presque un enfant encore, je retrouve un jeune homme. Il me serre dans ses bras, il m'embrasse sans pouvoir retenir ses larmes. Je ne me lasse pas de le contempler. Mon John, c'est mon bébé prématuré, le plus fragile des deux, le plus émotif, c'est à lui sûrement que j'ai manqué le plus.

Je me souviens d'une nuit en Iran : Mahtob venait de faire un cauchemar et de se réveiller en pleurant, comme cela lui arrivait souvent. Je l'ai trouvée serrant contre elle une photo de John, secouée de sanglots, d'énormes larmes roulant sur ses joues. Ils sont là tous les deux, lui déjà trop grand pour moi, elle à hauteur de sa taille. Entre frère et sœur, pas de questions non plus. Te voilà, me voilà, tu as grandi, tout est bien, je t'aime, tu m'aimes...

Nous verrons Joe plus tard ce soir. Il me manque la chaleur de mon aîné, je suis encore amputée de tendresse.

— Tu comprends, dit ma sœur, il aurait été trop déçu si tu n'étais pas arrivée aujourd'hui. On voulait être sûrs. Il travaille...

Maman non plus ne pose pas de questions particulières, pas même le classique : « Comment s'est passé le vol ? »

Elle m'entraîne presque aussitôt dans la chambre, préoccupée par mon avenir matériel. Par toutes ces factures qui m'attendent, par mon compte en banque misérable. On dirait que chacun des membres de la famille veut me replonger très vite dans le bain du pays, dans la vie ici, au Michigan. Ce brusque retour à la réalité, j'en suis encore incapable. Je m'en moque même éperdument pour l'instant.

J'ai été élevée ainsi. Mes frères et sœurs aussi. Si quelque chose te fait de la peine, si quelque chose te fait souffrir, n'en parle pas. Ne parle que des faits, pas d'explications ni de sentiments. Et le fait est que Betty est de retour avec Mahtob... Et qu'il y a là de la tarte aux mûres... Point.

En attendant Joe, nous nous installons au salon et mon père retourne sur son lit de souffrance.

Avant, c'était un homme robuste, trapu, d'environ 1,65 mètre pour soixante-quinze kilos, d'une énergie formidable et qui semblait inépuisable. Lorsque je l'ai quitté pour mon « bref séjour » en Iran, le cancer du colon était déjà bien avancé mais les conséquences en étaient pratiquement indécelables. Papa avait quitté son poste dans l'usine de pièces détachées pour automobiles où il travaillait, mais il était encore sur pied, en vêtements de travail, entretenait son jardin et tondait la pelouse. Il aimait bien se prélasser dans une chaise longue et écouter les matchs de ses champions favoris, les *Tigers* de Detroit.

À mon départ en 1984, les *Tigers* étaient en passe d'accéder au titre. Et durant les derniers mois en Iran, chaque fois que quelqu'un revenait des États-Unis, je n'avais de cesse de demander : « Comment ça marche pour les *Tigers* ? Qui a gagné le championnat ? »

Personne ne semblait comprendre de quoi je parlais. C'était une sorte de lien dérisoire avec le pays. Et je n'ai jamais reçu la lettre de John m'annonçant que Detroit avait remporté la finale.

Le cancer a fait de papa une affreuse victime en dix-huit mois. Il est réduit à l'état de squelette, trente-six kilos, semblable aux victimes de la famine des pays sous-développés. La chimiothérapie lui a fait perdre presque tous ses cheveux, et ce qui reste a viré du gris au blanc. Il reste allongé, à plat sur le dos, son maigre corps flottant dans des pyjamas trop grands, ayant juste assez de force pour tourner la tête vers nous. Il respire de l'oxygène par un tube, et souffle encore de l'effort accompli pour nous accueillir.

Plus jamais je n'aurai l'occasion de le voir debout.

Papa a si durement lutté pour rester en vie jusqu'à ce jour. Il s'est battu contre tous les pronostics des médecins. Centimètre par centimètre le cancer l'a rongé, mais il n'a jamais abandonné. Tout au long de cette longue épreuve, il a été le seul de la famille à croire en moi, sûr que je trouverais une solution pour m'enfuir avec Mahtob.

Il espérait ardemment notre retour. Et je l'avais rarement déçu durant toutes ces années de vie familiale.

Ce jour-là, il me regarde, sourit en murmurant :

– Je savais que tu réussirais! Tu es si forte...

Ce sera l'essentiel de notre grande conversation, réduite à une phrase, ou presque. Papa a tant de mal à parler, bien trop fatigué pour exprimer ce que de toute façon j'ai lu dans son regard.

27

Je n'ai plus beaucoup de goût pour les banalités quotidiennes. Je n'attends que l'arrivée de mon fils aîné, épuisée et si énervée en même temps que je commence des phrases sans les finir. Je flotte dans cette première soirée en famille.

J'essaie de faire référence un tant soit peu à ma vie à Téhéran, mais on me rabroue gentiment : « Allons... C'était un mauvais moment. Tu es à la maison maintenant, essaie d'oublier... »

Oublier... Je suis encore baignée de tout cela... Tout à l'heure dans la chambre, en changeant de vêtements, Mahtob et moi avions l'air de nous dépouiller d'un déguisement. J'ai enfilé une robe d'*avant*, dans laquelle je flotte. Mahtob a bénéficié de vêtements appartenant à ses cousins. Pour l'instant, nous sommes vides de tout et si pleines de tant de choses que personne ne veut savoir. Une petite voix dans ma tête me rappelle, comme ma mère l'a fait, que je n'ai plus rien – ni maison, ni argent, ni travail. Moi qui ai toujours été si indépendante, qui ai voulu quitter la maison pour exister et gagner seule ce que je refusais de demander. Moi qui ai voulu fuir une éducation rigide, des habitudes conventionnelles, une mère trop stricte sur les fréquentations de sa fille... Moi qui me suis mariée à dix-neuf ans pour m'envoler, vivre, progresser dans la vie... je serais revenue à la case départ ?

C'est ici, dans le Michigan, que je suis née, à une heure de route de cette maison. Je suis l'aînée de la famille, nous étions six enfants échelonnés de deux ans en deux ans; total : huit bouches à nourrir... Papa était employé dans une usine, maman restait à la maison. Chez nous les hommes travaillent à l'extérieur, les femmes attendent leur retour à la maison. Nous vivions dans une ferme à la campagne, et j'ai le souvenir d'avoir toujours eu beaucoup à faire. Ménage, cuisine, lessive, repassage... parce que j'étais l'aînée... Jardiner, couper du bois, chasse et pêche parce que papa adorait m'apprendre cela, et que j'adorais être avec mon père. Ni sorties, ni amis, ni cinéma, ni bals, rien... Rien comme les autres filles, c'était interdit.

Après le lycée, j'ai travaillé immédiatement. De petite employée je suis devenue secrétaire, puis chef de service.

À la différence de ma famille, j'aimais ce qui était nouveau. En cuisine, je faisais tout pour échapper à la routine viande-pommes de terre-tarte maison. Je me souviens de papa ouvrant le frigo, en rentrant du travail, et faisant la grimace devant les plats que j'avais préparés.

Pauvre papa... C'était notre seul conflit, à cette époque, son amour des pommes de terre.

J'ai pleuré dans mon enfance, pleuré du manque de liberté, de l'autoritarisme de ma mère parfois. Je partageais ma chambre avec mes trois jeunes sœurs. Pas d'intimité, beaucoup de responsabilités, et aucun loisir de jeune fille. Quand je me suis mariée, à dix-neuf ans, c'était un mariage de raison, un mariage de fuite, avec un garçon que la famille trouvait parfait, travailleur et raisonnable, le seul que j'avais la permission de fréquenter, car il connaissait mes parents!

Le matin du mariage, une peur panique m'a prise. Je n'étais pas amoureuse, j'aimais bien mon fiancé, mais l'amour, ce devait être autre chose, je faisais une bêtise... je ne voulais plus, je reculais devant la cérémonie comme un cheval devant l'obstacle. Et maman de gronder :

— Tout est prêt, les invités sont là, la cérémonie est commandée, le gâteau aussi... on ne fait pas des scandales pareils!

Alors j'ai posé sur la photo dans une robe dont je ne me souviens même plus, et j'ai mangé le gâteau que ma tante avait confectionné, et la vie a continué.

J'ai eu mes deux fils et pour avoir les moyens de les élever j'occupais deux emplois. Notre vie de couple se résumait au travail du matin au soir. Cette union ne pouvait être qu'un fiasco et j'ai demandé le divorce au bout de sept ans.

Je n'avais dit à personne que mon mariage était un échec — ni aux parents, ni aux frères et sœurs. Personne n'avait jamais divorcé dans la famille. Papa m'a dit :

— Si tu fais ça, tu n'es plus ma fille!

Je l'ai fait quand même et il ne m'a plus parlé pendant huit mois! J'ai dû faire les premiers pas, le reconquérir, mais nous nous aimons tant tous les deux que nous sommes retournés à la pêche dans la rivière...

Plus tard, longtemps après ce divorce, j'étais heureuse, indépendante, et j'ai hésité à épouser Moody, que j'aimais pourtant. Toujours cette liberté, cette méfiance, mais il était si prévenant, si doux, si tendre, et j'ai tant cru au bonheur, cette fois-là. Il était formidable avec mon père au début de sa maladie, mes deux fils s'entendaient bien avec lui, l'arrivée de leur petite sœur les a ravis...

Et me voilà de retour dans la maison des parents, deux mariages, deux échecs. J'ai quarante ans, mais j'ai deux fils et une fille. Comme dit papa : «Betty est forte, Betty va refaire une nouvelle vie.»

Joe, enfin... Mon grand fils. Mes bras sont trop petits pour l'embrasser. Était-il si grand lorsque je suis partie? Il soulève Mahtob comme une poupée, l'examine, sourit, des larmes dans ses yeux bleus. Toujours calme, pondéré, sûr de lui, très différent de son cadet, mais ce soir les mots ne lui viennent pas, il ne peut que dire :

– Bon... je suis content, vous êtes là. Vous êtes là...

La tribu, ma tribu d'enfants, est reformée. Joe est adulte, il vit sa vie, il a son travail, son studio à lui; mon fils aîné est devenu un homme pendant que j'étais prisonnière. John aussi est en train de le devenir, il a quitté son air d'enfance. Ces dix-huit mois loin d'eux m'ont privée de tant de choses intimes. Ils voient leur père régulièrement, mais je n'étais pas là pour les petites choses, les conseils de tous les jours, l'amour au quotidien. Moody m'a volé cela aussi, presque deux années de la vie de mes enfants.

Ni Joe ni John ne me posent de questions personnelles. L'Iran est un autre monde, Moody un étranger; ils le condamnent silencieusement, le méprisent sans un mot. John dit seulement :

– Il faut que tu comprennes, maman, on a souffert pour toi, ici, de l'autre côté du monde, sans rien pouvoir faire qu'attendre. Chacun sa peine, maman...

Je n'ai pas le droit d'envahir leur vie avec mon drame. Je sais qu'ils ont compris ma décision de partir là-bas, ma peur de voir Moody kidnapper Mahtob, disparaître avec elle. Je n'avais pas le choix. Mais j'ai sacrifié beaucoup à ce choix, et je l'ai payé si cher.

Mahtob n'a pas le sommeil calme; elle s'agite, s'éveille, comme si elle aussi voulait se convaincre qu'elle n'a plus rien à craindre.

Cette première nuit à la maison est une sorte de cauchemar éveillé. Chaque fois que j'ouvre les yeux, lasse de ne pas trouver le sommeil, je dois me convaincre que je suis ici chez moi, que derrière cette fenêtre, ces rideaux familiers, il y a la neige du Michigan, la terre du Michigan, que je suis en sécurité. Que papa est là-haut dans son lit de malade, que Mahtob est couchée près de moi, avec ses poupées. Que j'ai gagné. Victoire au-dessus de mes forces. Victoire qui me laisse anéantie. Pleurer me ferait du bien. Raconter, dire et pleurer encore, me vider de tout, m'en délivrer. Au contraire, j'ai la sensation que je porte le danger avec moi. Un danger pour toute la famille. Une menace pour leur sécurité. En bouclant les portes de la maison, ce soir, ma mère semblait préoccupée par cette situation nouvelle.

Est-ce cela, la liberté?

Nous sommes comme deux évadées de prison, recherchées par un homme en fureur et capable de tout.

Le premier matin après notre retour. Je n'ai nulle part où aller. Mahtob et moi devons pour l'instant nous installer chez mes parents. Et nous sommes un nouveau souci pour eux. Toute la famille comprend que nous devons être protégées. Confiants, habitant la campagne, ils n'ont jamais songé à verrouiller leur porte auparavant. Dès notre arrivée, les verrous sont tirés. Le fusil de papa est chargé en permanence et chacun est prêt à l'utiliser en cas de besoin. Moody connaît parfaitement la maison de mes parents, il nous rechercherait là en premier lieu.

Mais ce lendemain de retrouvailles devrait être avant tout une petite fête : l'anniversaire de Joe – ses vingt ans – tombe ce samedi. Hélas, alors que maman et moi confectionnons un gâteau d'anniversaire, papa a un malaise grave et nous devons appeler le médecin de famille, puis l'ambulance, afin de le conduire à l'hôpital. Il souffre de troubles respiratoires.

Dieu fasse, et je le prie dans le couloir des urgences, Dieu fasse qu'il ne meure pas, pas si vite, pas comme cela. C'est trop tôt, trop injuste. Je veux mon père, j'ai besoin de lui et lui de moi. Avoir fait tout ce voyage dans l'angoisse et le voir mourir si vite...

Le médecin vient de dire :

— Je n'aime pas ça, c'est déjà un miracle qu'il ait tenu si longtemps...

« Un miracle, s'il vous plaît, mon Dieu, faites un autre miracle... »

Et aussitôt je me reproche l'égoïsme de cette prière. En Iran j'ai prié d'innombrables fois pour que mon père survive, pour le revoir. Mes prières ont été entendues, Dieu m'a accordé déjà plus que je n'ai demandé.

Nous ne pouvons rien faire d'autre qu'attendre et prier pour qu'il surmonte cette nouvelle phase critique.

Quant à moi, je dois faire le point. D'abord appeler Teresa Hobgood, l'assistante du département d'État qui a pris notre cas en charge depuis Washington, en relation avec l'ambassade de Suisse à Téhéran. C'est grâce à elle que mes parents ont eu des nouvelles régulièrement, grâce à elle que ma famille n'a pas été coupée totalement de moi.

Ensuite je dois m'occuper de régler ma dette envers Amahl, notre sauveur. Mon compte en banque étant à sec, j'ignore comment faire. Mais je trouverai. La sécurité de Mahtob aussi est essentielle. Comment l'assurer ?

La voix de Teresa résonne clairement à mes oreilles. Cette femme a été ma seule protection à des milliers de kilomètres, aux États-Unis, et je ne l'ai jamais vue. Je m'embrouille dans des remerciements qu'elle interrompt gentiment :

— Qu'allez-vous faire maintenant, Betty ?

— J'ai pensé à me cacher, à prendre un autre nom et à vivre ailleurs avec Mahtob. Chez mes parents c'est trop dangereux, il connaît la maison.

34

– Vous pouvez toujours le faire, mais légalement ça ne sert à rien. Changer le nom de votre fille sans la permission du père avant qu'elle n'ait atteint dix-huit ans est illégal. Et attention ! si vous choisissez de vivre dans la clandestinité, il faudra vraiment vous installer loin d'ici, ce qui veut dire que vous devrez couper tous les liens avec votre famille, avec vos amis. Vous ne pourrez même pas avoir de contacts avec vos fils.

En somme, pourquoi ai-je quitté l'Iran ? Je n'avais qu'à y rester... supporter les humiliations, les raids aériens, laisser Mahtob grandir dans une société qui ferait d'elle une femme prisonnière elle aussi.

– Si je comprends bien, Moody nous a enfermées en Iran et il continue ici, de loin ! Comment faire ? Je ne vais pas le laisser devenir notre geôlier jusqu'en Amérique ?

– La vie clandestine est un choix très difficile, Betty, il faut y réfléchir. La plupart du temps, ça ne marche pas, et il faut bien réaliser que vous devriez l'accepter pour des années !

– Mais le gouvernement ne peut rien pour moi ? Si Moody revient, il peut reprendre Mahtob ? Comment faire pour obtenir le divorce ?

– Il y a un problème... Votre demande de divorce devra être faite dans l'État où vous résidez, ensuite elle ira en Iran, et Moody saura alors où vous êtes... Ce n'est peut-être pas le moment. D'autant plus que nous avons des problèmes là-bas. Apparemment, Moody pense que vous avez eu des protections sur place, on parle d'arrestations... Il semble croire que vous avez trouvé refuge sur place chez des Américains... Vous ne l'avez pas appelé depuis ?

– Oh ! non. J'en suis incapable. Il m'a mena-

35

cée, Teresa, il a dit qu'il me tuerait... Il nous faut une protection. Il est capable de venir jusqu'ici !

– Ne vous affolez pas. Nous pouvons sûrement surveiller ses déplacements et, s'il bouge, je vous tiendrai au courant...

Libres, mais toujours en cage. L'idée que Moody a toujours des droits sur nous me rend furieuse. Le droit d'être encore un mari ? Un père ? C'est monstrueux.

Teresa me conseille de prendre contact avec le F.B.I. et le bureau du *marshal* pour savoir comment ils envisagent notre protection. J'ai droit aux deux mêmes réponses. Pour le F.B.I. :

– Dans ces cas-là, madame, nous ne pouvons réagir que s'il se passe quelque chose.

Pour le *marshal* :

– Cela peut vous paraître dur et insensible, mais nous ne pouvons rien faire avant qu'un kidnapping ou un crime ne soit commis.

Autrement dit, débrouillez-vous seule, madame. Si votre mari surgit un jour et enlève votre fille, nous aurons peut-être la chance de le coincer à la frontière, mais rien n'est moins sûr.

Le résultat à la maison est que nous avons tous les nerfs à fleur de peau, sursautant au moindre bruit suspect, épiant les voitures étrangères sur la route. Et je ne suis là que depuis deux jours ! Dès que le téléphone sonne, si personne ne parle à l'autre bout du fil, maman imagine aussitôt les pires ennuis. D'ailleurs, ni Mahtob ni moi ne répondons jamais en premier, au cas où ce serait Moody.

J'ignorais complètement que le fait d'épouser Moody, même dans mon propre pays, avait fait de moi une citoyenne iranienne. Je ne l'ai appris qu'à l'ambassade de Suisse à Téhéran, en

36

découvrant qu'on ne pouvait absolument pas m'offrir le droit d'asile. Ainsi, je me retrouvais une citoyenne iranienne en fuite, ayant enlevé une enfant à son père. Toujours mariée, toujours en danger.

On n'emporte pas ses droits avec soi, dans une valise, pour les déposer où l'on va. Et même au pays, rien n'est simple. Alors ? Changer de nom ? Trouver du travail sous ce faux nom, se faire payer en liquide, car il est hors de question d'avoir un compte en banque clandestin ? Mener une vie de femme traquée ?

Quel que soit le nom que je prenne, une chose est claire : j'ai besoin d'argent. Non seulement j'ai fui sans rien emporter, mais je me retrouve dans un véritable gouffre financier. Moody avait fait transférer toutes nos économies du Michigan un mois après notre arrivée à Téhéran. Juste avant notre départ, il voulait encore que je solde le peu qui restait, que je vende tous nos meubles, pour lui envoyer l'argent !

Jamais par le passé je n'ai demandé d'aide financière à quiconque, et je ne vais pas commencer maintenant. J'ai choisi mon indépendance à dix-huit ans. J'ai toujours travaillé et mes parents n'ont jamais dépensé un dollar pour moi depuis que j'ai quitté l'école.

Je vais donc récupérer ma petite épargne-retraite, pour entretenir notre maigre existence. Cela ne pourra pas durer longtemps et ne suffira pas à couvrir les 12 000 dollars que représente le prix de notre évasion. Sans parler de la taxe foncière qu'on me réclame, à moi bien sûr, sur les bénéfices de la vente de la maison ! Quant à Mahtob, elle n'a pas un vêtement, et moi non plus, ou guère. Tout cela tourne dans ma tête, tandis que je m'occupe au ménage, à la lessive, à la cuisine, que je cours à l'hôpital voir mon père, si faible qu'il ne peut chuchoter que quelques mots. Sans se plaindre. Avec comme un sourire d'excuse sur ses lèvres desséchées :

– Je sais ce que tu ressens, Betty, ne t'inquiète pas. Tu t'en sortiras.

Il a tout deviné, comme d'habitude. L'indifférence apparente du reste de la famille, l'isolement affectif dans lequel je me trouve, au bout de deux jours de liberté...

Quand nous allions à la pêche tous les deux, déjà dans ma jeunesse, il y avait cette alliance secrète entre lui et moi, cet amour sans condition, sans discussion. Lui seul me comprend vraiment. Et il ne vivra pas longtemps.

– Je vais trouver du travail, papa. Je suis bonne secrétaire, tu le sais, c'est une question de jours...

– Confiance, Betty, je sais.

Notre conversation s'arrêtera là pour ce soir.

Ma première préoccupation est de rembourser à Amahl l'argent qu'il a donné aux contrebandiers pour nous faire sortir d'Iran.

Amahl, l'organisateur de notre fuite... Je le revois dans son bureau en sous-sol, petit, mince, cravate étriquée, costume impeccable, sourire cordial, et son anglais chantant : « Ne vous tracassez pas pour l'argent, je paierai pour vous, vous me rembourserez plus tard, quand vous serez aux États-Unis... »

Je suis aux États-Unis. Je dois 12 000 dollars à Amahl.

Maman ne voit pas très bien l'urgence de cette dette, moi si.

Dès le lendemain, je me rends à la banque d'Alpena pour m'expliquer directement avec le sous-directeur, monsieur Flanders. Lorsque nous vivions à Alpena, il nous connaissait, Moody et moi, mais sans plus, comme clients. Cet homme d'une cinquantaine d'années est un homme d'affaires, certes aimable et courtois, mais va-t-il pouvoir m'aider ?

Je lui raconte brièvement ce qui nous est arrivé. Il m'écoute, de plus en plus surpris :

— C'est curieux, j'ai pensé à vous par moments et je me demandais où vous étiez passée. Vous aviez disparu si subitement! Mais je ne me doutais pas une seconde de ce qui vous est arrivé! Votre mari avait l'air... si convenable... Enfin, je veux dire, normal... Que puis-je faire pour vous? Vous voulez rembourser l'homme qui vous a aidée?

Le brave homme! Un instant j'ai eu peur que mon histoire lui paraisse tellement folle qu'il ne la croie pas.

— C'est très important pour moi, monsieur Flanders. Cet homme nous a sauvé la vie, il m'a fait confiance, il a payé les passeurs de ses propres deniers, il a risqué sa vie pour nous, et j'ai promis de le rembourser dès mon retour. C'est une dette d'honneur. J'ai vraiment besoin de ces 12 000 dollars, et *cash*. Je ne sais pas quand je pourrai rembourser, mais je pense trouver du travail, très vite, j'ai déjà pris un contact chez I.T.T., vous savez que j'ai occupé un bon poste... Mais pour l'instant, je n'ai rien. Absolument rien!

— D'accord.

En moins d'une heure, cet homme m'a crue et fait confiance. Il pose sur le bureau devant moi un paquet de billets. Il ne me demande aucune assurance, aucune garantie, il me fait juste signer un papier. J'ai un crédit de six mois.

39

– Monsieur Flanders, je ne sais même pas si je pourrai vous rembourser en six mois.

– Ne vous inquiétez pas. Si vous n'y arrivez pas, appelez-moi, et je renouvellerai le crédit.

Et je ressors avec les 12 000 dollars en liquide dans ma poche. Pour aller vite les déposer à la Western Union et faire un virement sur un compte... « quelque part dans le monde »... comme convenu. Merci Amahl, depuis le Michigan.

Francis Flanders m'a comprise à ce moment crucial et désespéré de ma vie. Je ne l'oublierai jamais.

J'avais toujours pensé écrire un livre sur l'Iran et cela dès le premier jour. Cette chaleur torride, agressive, ces clameurs de voix aiguës, ces cortèges de femmes soumises ne laissant apparaître qu'un œil sous leurs tchadors noirs et flottants... C'était un autre monde.

Au cours des douze années de vie conjugale avec Moody, rien ne m'avait préparée à ce choc fulgurant. Quand il avait quitté son pays natal, en 1959, sous le règne du shah, c'était une nation qui s'occidentalisait.

J'avais vu beaucoup de reportages sur la révolution blanche iranienne, des femmes modernes, portant des jupes courtes... La transformation du pays que j'ai découvert m'a sidérée.

Certes, je manquais d'expérience comme écrivain, mais j'étais décidée à décrire cette société à l'écart du monde. Je voulais raconter comment ce pays avait radicalement changé depuis la révolution islamique, et tout ce qui en avait découlé : les coutumes, la cuisine, le quotidien des gens ordinaires. À l'issue de ces deux semaines surmultipliées, en 1984, j'avais certainement plus qu'une ligne d'histoires à raconter !

Mais si j'avais toujours l'intention d'écrire un livre, je l'envisageais dans un avenir indéfini. Pour l'instant, je devais chercher du travail. Retrouver ma place au pays.

Or, très vite, mon existence prend une autre tournure. Nous sommes samedi soir et je suis invitée à dîner chez des amis d'Alpena, Karen McGinn et Doug Wenzel.

Nous y allons seules, Mahtob et moi. En Iran, nous n'avions pas de voiture, et je reprends le volant de notre Ford bleu nuit pour la première fois depuis dix-huit mois. Cette sensation de liberté retrouvée est merveilleusement grisante. La voiture n'a que peu servi avant notre départ. L'intérieur de velours, la douce puissance du moteur, c'est autre chose que les vieilles guimbardes Pakon qui pétaradaient dans les rues de Téhéran. La route d'Alpena me rappelle tant de souvenirs.

Ce dîner amical est la première occasion pour moi de me décontracter et de me confier, de raconter les épreuves que nous avons subies, Mahtob et moi. Mais mes amis, eux, veulent tout savoir. Et ils sont pétrifiés. Avec eux, je me sens en confiance – ils ont été les seuls durant mon absence à ne pas perdre le contact. J'avais disparu, ils pensaient que je ne reviendrais pas, surtout lorsque Karen a tenté de me téléphoner en Iran et que Moody m'a arraché le téléphone des mains. Elle l'a entendu me battre, elle l'a entendu hurler des injures, elle m'a entendue pleurer. Alors Karen, avocate comme Doug, s'est occupée en mon nom de préserver mes

41

biens. C'est grâce à eux que j'ai pu récupérer mes affaires et les mettre dans un garde-meuble en attendant d'avoir de nouveau une maison à moi. Il s'en est fallu de peu que tout ne soit vendu aux enchères.

Tous les deux connaissaient bien Moody et l'appréciaient beaucoup, avant. Maintenant, ils savent de quoi il est capable.

Plus je parle, plus je me soulage, plus Karen s'exclame :

— Tu devrais écrire un livre !

— J'en ai l'intention, mais je dois d'abord trouver un travail, je n'ai pas un sou !

Karen s'obstine dans son idée :

— J'ai un frère qui travaille dans une maison d'édition à Chicago. Je peux l'appeler pour savoir par où commencer, qui contacter...

— Si tu veux.

Je sommeille en lui répondant. Depuis deux semaines, j'ai à peine dormi, et cette ambiance décontractée, ajoutée à une coupe de champagne, m'a achevée. La fatigue me tombe dessus brutalement. Enfin j'ai la sensation que je vais dormir. Dormir...

L'idée d'un livre est toujours vague et lointaine dans ma tête. Mais c'est la deuxième fois qu'on m'en parle. Le consul d'Ankara, d'abord, mes amis maintenant... Un jour, peut-être.

Or, le lundi, alors que papa est toujours dans un état critique, me parvient un appel téléphonique de l'agence William Morris à New York. Un certain Steven Starr.

Karen a fait vite. Dans un premier temps, son frère lui a répondu :

— Ça m'étonnerait que quelqu'un s'intéresse à cette histoire... mais appelle l'agence William Morris... on ne sait jamais.

Et l'enthousiasme de Steven Starr est évident :

– Votre histoire est incroyable, je vous assure, nous aimerions vous parler de l'éventualité d'un livre.

Je suis encore épuisée et je voudrais pouvoir consacrer tout mon temps libre à papa. Je dois aussi trouver du travail, c'est une obsession pour moi. Tout cela va trop vite.

– Dans quelque temps, mais pas pour l'instant.

– Dommage, vous allez perdre l'occasion de gagner de l'argent.

Je suis complètement sur la paille, mais je refuse tout de même son offre. Le mardi, nouvel appel de Steven :

– Il faut absolument que nous parlions. C'est une histoire tellement incroyable. Écoutez, je suis certain de pouvoir vous obtenir une avance confortable. C'est un travail comme un autre, vous savez !

Soudain, plusieurs idées se rassemblent dans ma tête. D'abord, cette conversation téléphonique avec Teresa au département d'État : nous nous demandions comment prévenir les autres femmes, comment les informer des problèmes de certains mariages mixtes et des enlèvements d'enfants. Un livre pour elles, pourquoi pas ? Et aussi me délivrer, parler à quelqu'un, tout dire, comme une sorte de journal intime. Certains événements arrivés en Iran sont gravés dans ma tête, comme des photographies, d'autres sont enfouis, que je refuse de laisser monter à la surface.

Je réalise aussi que ce livre pourrait me permettre de rester à la maison avec Mahtob. Écrire, tout en continuant à la protéger par ma présence et, c'est crucial, gagner de quoi vivre. Retrouver une maison à nous, un départ dans la vie. Ce livre serait donc mon travail. La bonne solution pour nous deux dans l'immédiat.

Nous fixons une date de rendez-vous à Detroit quelques jours plus tard. Comme ma famille, je crains beaucoup pour notre sécurité, mais finalement, je m'accorde avec Steven sur un fait : la publicité donnée à ce livre nous fournira la meilleure des protections.

Si je parviens à ce que cette histoire soit lue par suffisamment de gens, qu'ils la comprennent, se rallient à ma cause, Moody aura alors trop peur d'entreprendre quoi que ce soit.

Je revois aussi cet homme dans l'avion, cet agent d'assurances qui me demandait si nous revenions de vacances, et qui a écouté un rapide résumé de notre aventure. En quittant l'avion, il a dû se dire : « Quelle histoire m'a racontée cette femme ! Ce n'est peut-être pas vrai... Incroyable ! »

Ce sentiment de ne pas être crue, réellement crue, je dois aussi m'en débarrasser. Il est important que l'on me croie. Moody a tellement menti, tellement fait l'innocent, prétendant au téléphone à mes parents que tout allait bien, que nous allions rentrer... Il se présentait alors comme un homme normal nanti d'une femme rebelle. À l'entendre, c'était moi la coupable... Certains membres de ma famille le pensent peut-être. Il est tellement plus simple de se dire : « Après tout, elle avait qu'à ne pas l'épouser... Après tout, elle avait qu'à ne pas aller en Iran... Qu'elle se débrouille avec son problème... »

Le mercredi, le sixième jour de mon retour,

papa subit sa onzième intervention en cinq ans, pour une occlusion intestinale. Nous avons encore l'espoir qu'il survive. L'opération terminée, le médecin dit à maman :

– Ça lui ferait du bien d'être ailleurs qu'à l'hôpital quelque temps. Nous avons fait tout ce qu'il était possible de faire ici, et rien ne vaut l'ambiance familiale.

Mon frère Jim et moi ramenons donc papa à la maison. Nous venons à peine de franchir le seuil que le téléphone sonne. Maman décroche et entend une voix célèbre au bout du fil : Barbara Walters voudrait que je vienne raconter mon histoire dans sa célèbre émission de télévision, le *20/20*.

Tout va si vite, je suis prise de court entre la proposition de l'agent, cette télévision, la maladie de papa ; toutes ces émotions contradictoires m'épuisent. Ma vie semble s'accélérer, tout à coup. Maman ne voit pas cela d'un très bon œil. La publicité qui se fait autour de moi l'inquiète, la dépasse... Je pense à toutes ces femmes qui demandent de l'aide désespérément au département d'État, et dont Teresa m'a parlé. Parler à la télévision, c'est leur parler à elles, surtout. Je me sens le devoir de le faire.

Papa comprend. Approuve. Le livre et le reste. Cette dernière opération l'a mutilé davantage encore. Il a besoin de soins particuliers, difficiles à supporter pour lui, humiliants, mais son courage est toujours intact. Une infirmière vient à domicile, mais le reste du temps, j'assume les soins.

Cette femme a une fille du même âge que Mahtob et me donne des vêtements pour elle. Dans notre situation, c'est une aide appréciable.

Le soir, avec papa, nous avons des conversations chuchotées. Penchée sur lui, je recueille avec angoisse les derniers conseils, les regards d'encouragement dont il est encore capable dans sa souffrance.

Le vendredi, j'assiste à un match de basket auquel participe mon plus jeune fils, John. On joue l'hymne national avant la partie, tout le monde est debout. Mon visage ruisselle de larmes, je suis trop émue pour chanter.

C'est un bonheur tout simple, extraordinaire, d'être là, chez nous, de voir mon fils jouer au basket avec l'équipe de son école. Ce corps d'adolescent, souple, bondissant, ce regard vif, cette tignasse qui court après un ballon, ce rire qu'il m'adresse en marquant un panier... Mahtob bat des mains devant les exploits de son frère. Je respire l'Amérique à pleins poumons, à plein cœur.

Au milieu de toutes ces émotions, j'ai tout de même du mal à me réadapter à notre vie d'avant. Avec Mahtob, John, l'infirmière de papa, Joe qui vient régulièrement nous voir, avec tous ces projets, la maison est pleine à craquer. Je n'ai plus ni le temps ni le loisir de reprendre souffle. Mais nous sommes de retour, c'est le plus important, je ne l'oublie pas une seule seconde.

Mahtob avait quatre ans lorsque nous sommes parties... À cet âge, les souvenirs sont courts. Mais celui de notre maison d'Alpena est très précis dans sa tête. Alpena est sa ville natale, au bord du lac Huron... Alpena représente les temps heureux, lorsque Moody jouait avec elle, se baignait avec elle l'été, la faisait glisser dans la neige l'hiver. Lorsque Moody était un père.

Nous allons nous y promener toutes les deux,

libres, en voiture, dans un paysage familier. L'air sent bon le parfum des scieries. En le respirant, ma fille s'écrie :

– Ça sent la maison et le chant des oiseaux!

Quand elle était petite, des volées d'oiseaux se rassemblaient autour de la mangeoire au fond de notre jardin. Et les premiers mots qu'elle a prononcés ont été « rouge-gorge » et « geai bleu ». Entendre à nouveau le chant des oiseaux, leurs batailles légères dans les arbres, c'est retrouver de vieux amis.

Et la maison est toujours là. Je me souviens d'avoir vu pleurer mon père dans cette maison. Lui qui n'avait jamais pleuré. On venait de lui apprendre que le pronostic de son cancer de l'intestin était mauvais. Il devait porter une poche en permanence. Et maman refusait de s'occuper de cette « chose », qu'il fallait nettoyer, changer... Elle en avait peur. Moody l'a fait. Moody s'est efforcé de rassurer mon père, de le convaincre qu'il pourrait avoir une vie normale. Il l'a convaincu aussi d'accepter une chimiothérapie. Nous en avons longuement parlé, dans cette maison, et finalement papa a tout accepté, il le fallait. Mais, psychologiquement, l'intervention de Moody avait été importante à ce moment-là. Autant pour maman qui, par la suite, a tout fait pour mon père. Elle le lavait, le changeait, s'occupait entièrement de lui. Au fond, Moody leur avait appris à tous les deux à vivre avec ce cancer. Comment ce même homme a-t-il été capable de me dire en Iran : « Ton père a tué le mien, tu vas payer pour ça! » Mon père avait servi en Iran pendant la Seconde Guerre. C'était la façon de Moody de me le rappeler...

Je ne l'ai pas dit à papa, c'était trop affreux. Il

avait de bons souvenirs de Moody; il l'avait cru lorsqu'il avait prétendu que nous allions tous revenir. Mon père est optimiste, il croit ce qu'on lui dit, comme moi, d'ailleurs. Il suit ses propres règles d'honnêteté et suppose que les autres le font aussi. Comme moi, toujours. Dans cette maison, je croyais tout ce que disait et faisait Moody... J'étais heureuse...

Mahtob regarde les oiseaux, et moi des fantômes.

Quelques jours après l'appel de Barbara Walters, nous nous retrouvons avec Mahtob et John dans un avion, direction New York. Nous devons y rencontrer Barbara. Seul mon fils aîné, Joe, a refusé de participer. Non seulement il refuse d'être impliqué dans ce calvaire iranien que nous avons subi, mais il craint cette publicité faite autour de nous.

Nous survolons la statue de la Liberté; elle ne m'a jamais paru aussi belle, fière et droite. On nous installe au Park Lane, le célèbre hôtel surplombant Central Park. L'interview doit être enregistrée à l'hôtel Mayflower, au coin de la même rue.

À notre arrivée, Mahtob s'accroche à ma jupe de toutes ses forces, et un cameraman essaye vainement de l'amadouer. Pour la distraire, il voudrait qu'elle regarde à travers sa caméra:

– Viens... ta maman doit s'installer là...

Mais Mahtob refuse d'être séparée de moi. Elle s'agrippe à moi en pleurant plus que jamais. Nous avons du mal à la calmer pour commencer l'enregistrement. Depuis notre retour, on dirait qu'elle a peur de me perdre, alors que le danger est loin maintenant. Elle regarde les étrangers, les hommes surtout, comme des voleurs potentiels. Des gens susceptibles de la séparer de sa mère.

Barbara nous plaît. Elle semble sincèrement intéressée par notre histoire. Alors qu'elle est la journaliste la plus connue des États-Unis. Son émission d'une heure est diffusée chaque semaine sur la chaîne nationale ABC. Ma sœur Carolyn est particulièrement impressionnée de me voir y participer, mais elle est à peu près la seule. Ma mère, mon fils aîné, mon frère, tous pensent que je fais prendre un risque à Mahtob, que je suis en train de commettre une erreur grave – comme d'ailleurs en écrivant le livre.

D'accord avec mon père, je pense au contraire que les projecteurs braqués sur nous sont la meilleure des protections pour l'instant.

À la fin de l'enregistrement, Mahtob se précipite de nouveau sur mes genoux, ses bras autour de moi, m'embrassant comme si elle avait eu peur de me perdre une fois de plus.

L'émission est diffusée le 20 juin 1986, un hasard, le jour de l'anniversaire de Moody.

Mes amis Karen et Doug ont organisé une petite réception en notre honneur à Alpena pour regarder le programme ensemble. Mais ce soir-là, il faut de nouveau transporter papa d'urgence à l'hôpital.

Les infirmières ont la gentillesse d'allumer la télévision pour lui, mais il n'a pas la force de regarder.

Il va lutter ainsi tout le printemps et tout l'été. Supporter un nombre incalculable d'opérations et de souffrances. Une fois, c'est un œdème du poumon. Sa respiration devient sifflante, il est à l'agonie. Nous sommes sûrs qu'il va suffoquer. Une autre fois, il tombe dans le coma durant trois jours. Ma sœur Carolyn et moi restons à son chevet, lorsque soudain il ouvre les yeux. Il semble rétabli, sa voix est plus ferme, il a l'air heureux, apaisé, et il parle durant des heures, nous racontant ce qu'il a vu durant cette période de coma : un ciel et un soleil éclatant, des vallées vertes, luxuriantes de fleurs. Il s'y promenait avec son frère jumeau, mort six ans plus tôt... Et il sourit en nous racontant cela.

Le voir ainsi, l'âme sereine, rend ces instants moins difficiles à supporter. J'espère le voir mourir en paix. Ma foi s'en trouve renforcée – ce ne sera pas une fin pour lui, mais un prélude, l'antichambre de la vie éternelle.

Au début, les médecins lui avaient donné de six mois à trois ans de survie. Et il a triomphé de la maladie durant cinq ans. Sa force, sa volonté nous ont permis de vivre de précieux moments ensemble.

La nuit, je dors près de lui sur un divan, prête au moindre appel, au moindre besoin. Il est aujourd'hui faible comme un enfant, et pourtant, jusqu'à la fin il demeure le pilier de la famille.

Lorsque Barbara Walters a demandé l'autorisation de tourner chez mes parents pour l'émission, maman a fermement rétorqué :

– Je refuse qu'ils viennent ici!

Mais papa, depuis son lit, si las, et pouvant à peine parler, a murmuré d'une voix rauque :

– Il faut qu'ils viennent.

Et personne n'a plus rien dit.

Parfois je regarde Mahtob près de mon père. Soixante années les séparent, qui ne comptent pas. Elle le rase avec soin, grimpe sur le lit avec délicatesse, sa petite main glisse sur le pauvre visage amaigri, petit oiseau plein de douceur. De temps en temps elle murmure :

– Ça va comme ça ? C'est bien, papy ?

Et il hoche la tête, heureux.

Je ne peux pas encore envoyer Mahtob à l'école, ce serait trop dangereux, et de toute façon difficile pour elle de se réadapter. L'école islamique l'a marquée, elle parle le farsi, même si elle ne l'utilise pas à la maison, sauf parfois pour me faire un clin d'œil, une petite remarque entre nous.

Sa sécurité est le pire de mes soucis. Nous allons partout ensemble, elle ne sort pas de la maison seule. Je ne suis tranquille que lorsqu'elle est avec moi ou avec ses frères.

Nous sommes revenues au pays, mais rien n'est simple, rien n'est facile. Et jour après jour, je guette la mort sur le visage de papa.

Le 3 août 1986, juste deux ans après notre arrivée à Téhéran et près de six mois après notre retour, papa est mort à l'hôpital de Carson. Il avait soixante-six ans.

Quand j'ai appris la nouvelle à Mahtob, elle a dit :

– Merci, mon Dieu, de nous avoir permis de le revoir.

Papa s'était montré un malade exceptionnel, le genre à s'inquiéter du travail supplémentaire qu'il procurait aux infirmières, à se préoccuper des autres malades, de tout le monde sauf de lui. Malgré ses souffrances, il ne s'est jamais plaint. Beaucoup d'infirmières et de médecins sont venus lui dire adieu le jour de son inhumation. Longtemps j'ai entendu parler de lui et de sa faculté d'illuminer la vie des autres.

Durant les semaines de deuil qui suivirent, j'enrageais silencieusement contre Moody. Il m'avait volé tant d'instants précieux de la vie de mon père, et je n'avais plus de mari au moment où le réconfort d'un époux me manquait le plus.

J'ai reçu énormément de réconfort moral, de la part notamment du chirurgien qui avait opéré papa à cinq reprises. Un jour, il m'a dit :

– Votre père avait une volonté de vivre exceptionnelle. Une personne normale n'aurait même pas survécu à la première opération. Et il a ajouté : « Lorsque votre père s'est retrouvé au bloc opératoire, il a dit à tout le monde : " Elles vont rentrer. J'ai parlé à Moody, il m'a dit qu'ils revenaient tous ensemble à la maison. " Il faut que vous sachiez qu'il avait l'intense désir de vivre pour vous revoir. Il nous racontait toujours les parties de pêche avec sa fille... Je n'ai jamais vu de lien d'amour aussi puissant entre un père et sa fille. »

J'ai eu la chance de grandir avec l'amour de mon père et de pouvoir ranimer cet amour avant qu'il nous quitte. Papa est mort, mais pas sans la présence de sa fille.

Au cours des deux premiers mois en Iran, j'avais lutté contre la dépression et la dysenterie. J'avais perdu vingt-quatre kilos et jamais je n'avais été aussi maigre depuis mon enfance. Mon visage était une sorte de masque décharné, je n'étais plus moi-même.

Il m'avait fallu prendre conscience d'une chose : si je voulais protéger ma fille, je devais d'abord moi-même survivre.

J'ai donc repris peu à peu du poids et il s'est

stabilisé. En revenant aux États-Unis, je me suis laissé submerger par tout ce qui m'avait tant manqué en Iran. La nourriture de chez nous, les boissons de chez nous, le fromage, les condiments, et de temps en temps, un verre de vin.

Et surtout les desserts! Je n'étais pas friande de sucreries auparavant. En ma qualité de vétéran du club d'amaigrissement *Weight Watchers*, je savais bien que mon métabolisme ne supportait pas ces excès. Hélas! j'étais maintenant tentée de me gâter un peu, après toutes ces privations, et ma famille m'y encourageait : « Vas-y, c'est bon, là-bas tu n'en avais pas! »

Je résistais encore moins durant la période où papa, qui se remettait courageusement de sa dernière opération, s'était mis à cultiver un appétit insatiable pour les crèmes glacées. Il refusait d'en manger seul, et je me sentais obligée de l'accompagner.

Bref, pour dire la triste réalité, j'ai repris du poids bien plus vite que je ne l'avais perdu, et au-delà. Je ne cesse de lutter depuis.

Le plus étonnant fut ma réticence à me débarrasser de ce détestable tchador, symbole éminent de l'oppression des femmes en Iran. Dans le car qui nous transportait vers Ankara, je me souviens avoir eu une réaction bizarre. Mahtob avait remarqué que la façon de s'habiller en Turquie était bien plus permissive.

– Maman, regarde, toutes les femmes sont découvertes, tu peux retirer ton foulard maintenant.

Je n'ai pas voulu. Cela faisait si longtemps que je le portais, et si longtemps que mes cheveux n'avaient pas connu de shampooing convenable ou de coiffeur.

En quittant les États-Unis pour l'Iran, mes

53

cheveux étaient courts, bruns et soigneusement coiffés. En revenant, ils étaient longs, raides, et surtout... gris!

Mon fils John avait du mal à y croire, le premier jour :

– Maman, tu ne ressembles plus à maman...

Le lendemain de mon retour, ma sœur Carolyn m'a aidée à reprendre figure humaine. Elle a carrément fait venir une esthéticienne. On m'a coupé les cheveux, on m'a fait une couleur, puis une permanente, enfin un bon nettoyage de peau. Il m'a semblé que des années s'en allaient. Si l'on avait pris des photos « avant » et « après », j'aurais pu servir de publicité.

J'avais donc retrouvé une tête normale, et pourtant, curieusement, je me sentais mal à l'aise en sortant la tête nue. J'étais aussi embarrassée de n'avoir rien sur la tête dans le Michigan que je l'avais été, couverte, en Iran. Porter le foulard et le tchador était devenu une seconde nature.

Je me souviens malheureusement trop bien de ce jour où une malheureuse mèche de cheveux rebelle m'avait valu une harangue hystérique, durant vingt minutes, de la part d'un garde armé de la Pasdar, la brigade des mœurs islamiques qui patrouillait dans les rues de Téhéran, à bord de camionnettes blanches, des Nissan ou des Pakon.

Chaque fois que j'aperçois un policier américain, un uniforme quelconque, même le facteur, je lève instinctivement les bras pour vérifier que ma tête est couverte et mon tchador en place. Mon cœur bat la chamade durant plusieurs minutes. C'est fou! Je mettrai un an au moins à perdre ce réflexe.

Mahtob aussi a sa part de flashes-back pénibles.

Quelques semaines après notre retour, un avion survole à basse altitude la maison de mes parents. Personne n'y prête attention mais pour Mahtob ce vrombissement anodin rappelle la terreur des raids aériens en Iran. Notre maison, faite de stuc, était ébranlée jusqu'aux fondations, l'air sentait la chair brûlée. L'horreur... Je retrouve Mahtob blottie dans un coin du salon, en larmes et tremblante de peur. J'ai mis du temps à la calmer, après le passage de l'avion.

Mais la vie doit recommencer. Le travail m'attend.

En mars 1986, un mois après notre retour, je rencontre donc le président de l'agence William Morris pour mon projet de livre.

J'ai un trac fou de pénétrer dans ce monde qui va transformer ma vie complètement. Bien entendu, je n'ai aucune expérience littéraire et l'entreprise d'un livre comme celui-là réclame un collaborateur. J'ai mon idée là-dessus : Bill Hoffer, le coauteur du célèbre *Midnight Express*, la dramatique histoire d'un Américain échappé d'une prison turque où il était détenu pour avoir transporté de la drogue.

J'avais entendu parler des manifestations dans les rues contre ce film à Téhéran même, et ce bien que le livre et le film aient été interdits en Iran. J'aimerais écrire avec l'homme qui a tant perturbé la population iranienne. Ces gens ont exercé sur moi un tel contrôle et tant pesé sur ma propre vie...

Michael Carlisle, qu'on a désigné comme mon directeur littéraire et qui deviendra vite un véritable ami, m'avertit que Bill Hoffer est un auteur célèbre, et qu'il est très possible qu'il refuse.

J'insiste tout de même. Il me semble que si

55

l'auteur en question est capable de faire réagir à ce point les intégristes, c'est qu'il a une grande force de conviction. Il dira peut-être non, mais je me dois d'essayer. Ces manifestants en Iran ne sauront jamais à quel point ils ont influencé ma décision!

En fait, contacté au téléphone dans sa maison de Virginie, Bill se montre très intéressé par ma proposition et se déclare prêt à prendre le jour même un avion de Washington à New York pour me rencontrer. Offre extrêmement aimable, précise Michael, lorsqu'on sait que Bill déteste l'avion.

La semaine suivante, nous nous rencontrons pour préparer le plan du livre et nous sympathisons immédiatement.

Que dire de Bill? C'est Bill. Barbu, la pipe vissée au coin des lèvres, le regard à la fois incisif et amical, on l'aime tout de suite. On lui parle facilement, il sait écouter; c'est un homme très doux, sensible, rassurant, un ami que j'espère garder à vie.

Je me sens à l'aise avec quelqu'un comme lui. Si les gens m'aiment, ils aiment ce que je suis, s'ils ne m'aiment pas, c'est leur choix. Je ne changerai rien à mon comportement pour plaire à quelqu'un, et Bill est comme moi. Il est venu me voir à New York pour entendre mon histoire, il l'écoute, elle l'intéresse, nous sympathisons, et c'est décidé, nous allons écrire ensemble. J'ai le sentiment de le connaître depuis toujours, alors que nous nous voyons pour la première fois.

En juin, les contrats sont signés.

Avec ma première avance, je peux rembourser mon emprunt de 12 000 dollars à la banque d'Alpena et placer une somme suffisante pour payer le futur collège de Mahtob.

Ma vie vient de changer.

Bill me rejoint dans le Michigan et se met au travail avec passion. Avec Mathob, aucun problème : ce barbu rassurant environné du parfum de tabac de Virginie ne l'effraie pas. Au contraire. Mahtob accepte Bill comme faisant partie 'e notre petit cocon, le seul homme en qui elle ait confiance, à part mon père, Joe et John.

Cet homme a le don de mettre à jour nos sentiments, comme nos sensations d'alors, qu'il s'agisse de Mathob ou de moi, et sans jamais nous forcer.

Nous nous confions à lui en toute sérénité, et cela nous aide considérablement à redécouvrir, et surtout à exprimer, certaines de nos émotions secrètes. Il comprend le rôle primordial qu'a joué ma fille dans notre histoire, et l'intensité de nos relations.

Dans le nouveau train-train quotidien, Bill arrive ponctuellement chez nous à huit heures du matin.

Chez nous... c'est une vieille maison de bois que j'ai louée provisoirement pour faire ce travail au calme. Le parquet est magnifique, de chêne poli par cent ans de bons et loyaux services. J'ai récupéré quelques affaires au garde-meuble, Mahtob peut dormir dans une chambre au premier étage, nous travaillons au rez-de-chaussée. Ce n'est pas luxueux, et les portes ne sont pas blindées. Les fenêtres donnent sur les jardins voisins. Parfois, je me sens un peu trop exposée, mais la présence quotidienne de Bill est tout de même rassurante.

Nous prenons un petit déjeuner, puis nous plongeons dans le travail.

Toute la journée, le magnétophone enre-

57

gistre questions et réponses, jusqu'à ce que je parvienne à revivre cette période étrange et cauchemardesque de ma vie.

Marilyn, la femme de Bill, une jeune femme blonde, ravissante et extrêmement efficace dans sa collaboration avec son mari, décrypte le texte chez eux, en Virginie, et lorsque les pages nous revie...ent, nous examinons chaque passage en détail. Bill fait ressurgir des souvenirs de sons, d'odeurs, de goûts, la notion du temps, tout ce qu'il m'est possible de me rappeler sur le moindre événement.

Toutes les deux heures, il propose une coupure, sort un jeu de cartes, et nous faisons une partie de rami. Après quoi, détendus, nous retournons à l'infatigable magnétophone jusqu'au soir.

Ce travail est astreignant, mais tout à fait concluant. Nous travaillons, Bill et moi, durant sept bons mois. Nous progressons régulièrement, mais il nous faut pour cela vaincre deux handicaps. Le premier est une question de précision. J'éprouve, par exemple, de la difficulté à décrire les raids irakiens qui nous ont surprises un jour dans la file d'attente d'un boulanger à Téhéran. Sur le papier, c'est pourtant bien rendu, mais sans plus. Plusieurs réécritures ne réussissent pas à traduire la terreur atroce que j'ai ressentie en courant à travers les ruelles tortueuses jusqu'à la maison, ma fille dans mes bras, au milieu des éclats mortels des tirs antiaériens. Les mots n'entraînent pas le lecteur dans mon sillage.

Alors Bill entreprend une série de modifications et là, il se produit une chose extraordinaire. La scène est soudain présente devant mes yeux, exactement comme elle s'est déroulée. J'en frissonne.

Jusqu'à présent, je doutais encore que mon histoire puisse intéresser des inconnus, des gens qui ne me connaissent pas. Grâce au travail magique de Bill, je n'ai plus aucun doute.

Après la publication de *Jamais sans ma fille*, j'étais fière de la réaction des lecteurs. Ils me confiaient avoir tremblé pour moi, avoir ressenti le froid des montagnes, imaginé la crasse dans laquelle nous avions vécu, senti jusqu'à l'odeur des oignons grillés...

Le second handicap est plus grave, au point même de compromettre la sortie du livre.

Nous sommes en septembre, peu de temps après la mort de papa, à un moment où je suis donc extrêmement vulnérable. Bill et moi travaillons tard dans la nuit, parfois jusqu'à deux ou trois heures du matin. Je suis épuisée, exténuée, à bout de force.

Le processus de l'écriture est depuis le début une expérience émotionnelle intense pour moi. Je l'ai acceptée comme étant le cœur, le centre d'un message personnel.

Mais à cette période-là, je craque. Ça arrive au moment où je ressors de leurs boîtes d'anciens cadeaux de Moody. J'avais rangé sans les regarder les cartons récupérés au garde-meuble. Des livres dédicacés, une boîte à musique qui joue une berceuse de Brahms en faisant tourner une petite figurine choisie pour moi : une maman berçant son enfant.

Le déballage de tous ces souvenirs fait surgir en moi un sentiment surprenant que j'ai refoulé. Mais je ne peux le nier plus longtemps... Moody me manque !

Pire, une partie de moi l'aime encore !

Il a été mon ami le plus proche, bien avant notre mariage, mon compagnon et mon confident. À présent je suis seule. Totalement seule.

Une fois ce sentiment identifié, une vague de culpabilité me submerge, ainsi qu'un terrible manque de confiance en moi.

Comment est-ce possible ? Imaginable ? Comment puis-je encore ressentir un sentiment quelconque, autre qu'une colère vengeresse, envers cet homme ? Après tout ce qu'il nous a fait subir ? S'il est mentalement malade, théorie que j'ai envisagée un moment, puis écartée, je suis tout aussi folle de tenir à lui !

À qui en parler ? Qui peut comprendre ? Comme toute ma famille, je suis devenue habile à rejeter le problème, à ne plus évoquer le conflit amoureux. Et je suis à présent plongée dans une exploration intérieure irréversible. Je trouve ce voyage personnel atroce. Je souhaite désespérément m'en sortir, oublier le livre et tout ce qui va avec.

Certains jours, je commence les séances de travail avec Bill dans une angoisse telle que je me lève d'un bond pour aller pleurer ailleurs.

Bill et Marylin ne m'imposent jamais rien, mais ils sont toujours là pour me soutenir. Si je sanglote dans la salle de bains, Bill prend le temps de bourrer patiemment sa pipe et travaille seul jusqu'à ce que je revienne.

S'il s'était montré plus agressif, j'aurais certainement abandonné pour de bon. S'il ne m'avait pas soutenue, j'aurais probablement téléphoné à Moody.

Certains jours, j'en ressentais un besoin si urgent, quasiment irrésistible, comme d'une drogue, et là j'aurais tout gâché, tout perdu.

Je survis à ce dernier mois difficile, et en tenant le coup tourne enfin la plus grande page de ma vie.

J'ai négocié avec mon conflit intérieur, j'en ai parlé ouvertement, je l'ai écrit, revécu. Comme une psychanalyse. J'en sors purifiée, soulagée d'un grand fardeau.

Pour la première fois de ma vie, je suis un être libre.

L'idée de la version cinématographique de *Jamais sans ma fille* est née en même temps que le livre et fait partie du contrat depuis le début. Les transactions se passent quatre mois après la signature, en juin 1986, avec la Metro Goldwyn Mayer.

Pour les producteurs de la M.G.M., Harry et Mary Jane Ufland, je suis la consultante du film.

Les Ufland sont un couple légendaire de Hollywood. Harry est un homme d'une cinquantaine d'années, petit et débordant d'énergie. Mary Jane doit avoir la trentaine; elle est plus grande que son époux, très mince, avec de longs cheveux blonds et raides.

Mon premier rendez-vous avec eux a lieu dans un hôtel-restaurant de l'aéroport de Detroit, quelques jours après la signature du contrat. Là, nous attendons trois heures durant qu'un éminent scénariste de Detroit daigne faire son apparition. Harry est très aimable avec moi, mais furieux de ce retard, et je sens qu'il n'a pas l'habitude d'attendre.

Enfin le scénariste se montre, s'installe avec nous et, sans la moindre formule de politesse, me regarde en disant :

– Okay, voilà ce que j'en pense. Il faut en faire une histoire d'amour entre vous et l'homme qui vous a aidée à sortir d'Iran.

Je sursaute :

– Mais ça ne s'est pas du tout passé comme ça !

– Ce n'est pas grave. Il faut faire un film grand public, qui attire l'audience, et c'est ça qu'ils aiment.

Harry et Mary Jane l'observent dans un silence glacial. Je suis consternée. Si c'est cela le film, j'aime mieux m'en aller tout de suite, même si je perds tout moyen de contrôle sur le scénario, puisque l'on m'a fait signer une décharge.

– Je n'aime pas du tout cette façon de voir.

– Très bien, si vous ne voulez pas d'histoire d'amour, on vous fera délivrer par la C.I.A... c'est l'un ou l'autre.

Après son départ, les Ufland s'efforcent de me réconforter. À mon grand soulagement, ils aiment l'histoire telle qu'elle est et ne voient pas l'utilité d'y ajouter un complot fabriqué et superficiel.

Pour la première année d'école primaire, je n'ai même pas envisagé d'envoyer Mahtob à l'école. Cela représente trop de choses à assimiler en même temps.

En apprenant à lire et à écrire le farsi en Iran, elle a oublié son anglais et il lui reste beaucoup de traumatismes à évacuer. La perte de son père, celle de tous ses petits amis en Iran, la mort de son grand-père, sans compter la vie quotidienne dans notre nouvelle maison, totalement bouleversée par la frénésie du travail.

En attendant, je donne à Mahtob une éducation particulière, très différente.

Jusqu'ici, je me suis contentée de protéger ma fille par mes propres moyens ; je lui ai expliqué dès notre retour ce qui pourrait se passer, comment son père pourrait tenter de l'enlever, dans la rue, devant la maison... mais je n'ai rien fait d'autre.

À présent, elle doit aller à l'école, et le risque est plus grand. J'ai aussi à envisager, dans les mois à venir, des voyages pour le livre, des tournées de conférences, des séances de signature. Je ne peux pas tenir Mahtob par la main, minute après minute et jour après jour. Il faut mettre au point un système de sécurité plus efficace. C'est ainsi que le détective Nelson Bates entre dans notre vie. C'est un homme d'une cinquantaine d'années, extrêmement gentil, mais de bonne carrure et autoritaire. Le genre que l'on respecte à la seule intonation de sa voix. Nelson vient à la maison en uniforme pour habituer Mahtob à côtoyer des policiers. Il lui enseigne comment réagir devant un ravisseur éventuel, aussi bien à la maison que dans la rue.

— Je ne pense pas qu'on te kidnappe. Mais si jamais cela arrivait, tu dois savoir comment faire. De notre côté, nous ferons tout notre possible pour te protéger, mais tu dois être à la hauteur, toi aussi, et apprendre à te défendre. Je vais te raconter aussi une chose : tu n'es pas la seule dans ton cas, ce n'est pas extraordinaire. Je suis grand-père, vois-tu, et ma propre petite-fille, que j'ai recueillie chez moi, que j'ai élevée comme mon enfant, a le même problème. On cherche à la kidnapper aussi. Tu vas la rencontrer et vous parlerez de tout ça toutes les deux. Tu verras, elle est comme toi. Le plus important, c'est de ne jamais se laisser approcher par quelqu'un d'inconnu. Une fois que tu sais faire cela, tu n'as plus peur.

Les deux petites filles se rencontrent effectivement et découvrent qu'elles ont les mêmes peurs. L'avantage pour Mahtob est de réaliser qu'elle n'est pas un cas exceptionnel.

Lorsqu'elle a sept ans, je l'inscris dans une école sous un faux nom, que nous choisissons la veille de la rentrée.

Les premiers jours, chaque fois qu'elle entame un devoir d'écriture, elle copie son nouveau nom à partir d'un brouillon que je lui ai préparé. La directrice et les professeurs sont au courant et ont juré le secret sur son passé.

Ma fille prend très au sérieux son identité secrète. Un soir, son frère John invite une camarade et il entre en criant comme d'habitude :

– Salut Tobby, ça va ?

Mahtob se jette sur lui, l'entraîne dans la lingerie.

– Chut ! Ne m'appelle pas comme ça devant ta copine ! Jamais.

Comme en Iran, avec elle je sais qu'un secret est bien gardé.

Ruth Hatzung, son institutrice, a compris la difficulté qu'éprouve Mahtob à être séparée de moi. Elle l'aide à s'épanouir, à reprendre pied en Amérique, à éloigner le passé, en lui prêtant toujours une oreille attentive. Elle réussit tellement bien que Mahtob n'a pas besoin d'une aide psychologique particulière.

Quant à moi, je me rends chaque semaine à l'école pour y travailler bénévolement, aider les enfants en difficulté d'études, ceux qui ont du mal à apprendre à lire, par exemple. Je fais cela trois années durant, au début sous mon nom d'emprunt. Les enfants ignorent qui je suis, ne posent pas de questions sur notre histoire, et leurs parents non plus.

Seules les institutrices savent. Je suis moi-même une sorte d'institutrice de secours, et sans salaire, bien entendu. J'ai besoin aussi d'être sur place, de connaître les lieux et de ne pas être trop séparée de ma fille. Mais je n'échappe pas à des déceptions. Cette mère de famille, par exemple, qui me dit un jour, quand nous avons repris notre véritable identité :

– Madame, votre présence met en danger votre entourage. Mahtob ne devrait pas aller à l'école, c'est dangereux pour les autres enfants. Et si des kidnappeurs venaient et tiraient sur eux ?

Mais les réflexions de ce genre sont rares.

Le premier *Thanksgiving* depuis notre retour prend un sens bien spécial. Mes amis pakistanais, Tarik et Farzana Ali, accompagnés de leurs deux enfants, viennent de New York nous rejoindre pour la célébration de cette fête. Je ne peux pas oublier qu'ils ont tenté ce qu'ils pouvaient pour me faire sortir d'Iran. Nous nous connaissons depuis longtemps, du temps où nous vivions avec Moody à Corpus Christi, au Texas, où nous faisions partie d'un groupe de sympathisants islamiques, qui comptait également des familles originaires de l'Inde, d'Égypte, et d'Arabie Saoudite.

À cette époque, nous nous étions retrouvés autour d'un repas dominical, pour lequel chacun d'entre nous avait apporté un plat de son pays. J'ai toujours adoré cuisiner, mais c'est au Texas que j'ai vraiment développé mes talents culinaires. J'avais préparé à cette époque plus de plats orientaux que de cuisine américaine classique.

Moody et moi étions restés en relation avec Tarik et Farzana, même après leur déménagement.

Pour cette première fête de *Thanksgiving,* j'ai également des invités particuliers, Don et Miriam. Ma famille les avait contactés à l'époque, sachant que Miriam est originaire d'Iran. Aussitôt Miriam avait mis sa sœur Sarah à contribution, car elle habitait Téhéran.

Le jour où nous avons quitté Moody pour de bon, c'est Sarah qui nous attendait dans la voiture, à l'arrêt de l'autobus près de l'école de Mahtob. Elle devait nous emmener prendre un avion à Ziadon, près de la frontière pakistanaise. Le plan échoua. Moody eut des soupçons et me retint à la maison ce matin-là. Ce qui nous obligea, douze heures plus tard, à déclencher notre fuite vers la Turquie.

En raison de mes invités, le sujet de conversation, en ce jour de fête, tourne essentiellement autour de notre vie en Iran.

Devant eux, je parle librement des événements, de la guerre, et du comportement de Moody, qui l'a mené à cette folie.

Au milieu de tous ces étrangers John et Joe sont mal à l'aise et supportent difficilement cette conversation. Ils n'y participent pas et partent tôt, prétextant de rendre visite à leur père.

Ils reviennent un peu plus tard et, de nouveau, Joe cherche une excuse pour repartir. Il prétend avoir un problème de chauffage dans son studio. Je connais mon fils. Il a le sentiment actuellement qu'il n'appartient pas à ma vie ; tout ce qui ramène à l'Iran le rebute. Alors je dis tranquillement :

– Joe, pourquoi ne restes-tu pas ici pour l'hiver ? Cette maison est chauffée... Tu y es chez toi. Nous ne parlerons pas de Moody, toi et moi.

Il décide de passer la nuit à la maison. Sans autre commentaire. Il y restera deux années durant. Nous nous aimons, mais je dois sans cesse prendre garde à la petite fissure qui s'est faite en lui. Les « étrangers », les kidnappeurs de femmes et d'enfants américains, sont devenus pour lui des gens infréquentables. Et son regard seul le dit.

Le 2 janvier 1987, à deux heures quarante-sept du matin très exactement, je réveille une Mahtob grincheuse d'être secouée à pareille heure pour lui annoncer que Bill et moi avons enfin terminé *Jamais sans ma fille*.

La fille en question en a marre de ce magnéto-phone et de ces blocs de papier. Elle saisit ce moment pour m'arracher une promesse sacrée :

– Maman, promets-moi de ne pas recommencer à écrire un autre livre idiot !

Quant à Bill et moi, nous exultons, nous prenons mutuellement des photographies de cet événement, Bill soulevant à pleines mains le paquet de feuillets du manuscrit, la pipe à la bouche et riant comme un grand gosse.

Ce même mois de janvier 1987, Mahtob exprime le désir d'être baptisée. Comme je ne me préoccupe pas assez vite de sa demande, quelques jours plus tard, elle la réitère ferme-ment :

– Maman, je veux être baptisée. Si tu ne t'en occupes pas, je le demanderai moi-même au pas-teur Schaller.

C'est par le plus grand des hasards que le pas-teur choisit pour ce baptême la date du 29 janvier 1987, jour anniversaire de notre fuite vers la liberté, par les montagnes kurdes.

Toute la classe de Mahtob est impatiente d'assister à cette émouvante cérémonie. Bill et Marylin Hoffer nous font l'honneur d'être le parrain et la marraine de Mahtob.

Pendant ce temps, je corrige les épreuves de mon livre.

Mais j'ai tant et tant travaillé sur ma propre histoire qu'elle me paraît sans intérêt à présent. Je me dis que personne ne la lira. Et puis le fait d'avoir achevé cette longue entreprise produit une sorte de petite déprime. Voilà, c'est fini, c'est là-dedans, dans toutes ces feuilles, mes souffrances, mes humiliations, je n'ai plus rien à dire à personne maintenant. Ce livre a été mon ami, mon confident, mon confesseur, il va désormais être livré au public, *me* livrer au public, au jugement des autres... j'ai un peu peur.

Quelques jours plus tard, je vais comme d'habitude chercher Mahtob à l'école. J'aime la voir bondir de sous le porche, au milieu du groupe de ses amis, hurlant des « au revoir », et courir jusqu'à la voiture.

Après le baiser habituel, je lui annonce la nouvelle du jour :

– Chérie, un avion s'est écrasé en Iran aujourd'hui, il y a deux cents morts.

Et sans hésitation, ma douce enfant de sept ans laisse échapper cette réponse :

– Bon, eh bien! j'espère que mon père était dedans.

Un douloureux silence s'installe entre nous. Je n'ai pas prévu cette réaction. Et pourtant, j'ai déjà perçu des signes de la haine de Mahtob pour son père.

En Turquie, durant notre fuite, elle m'avait

69

déjà dit : « Je déteste papa pour ce qu'il nous a fait. »

Mais jusqu'à cet instant, je n'ai pas vraiment mesuré à quel point son ressentiment est profond et à quel point elle l'a refoulé.

Comment ma fille pourrait-elle grandir sainement en souhaitant la mort de son père ?

Je prends sur-le-champ la décision de mettre au point un plan méthodique et progressif.

À la maison ce soir-là, je ressors les albums photos de nos plus beaux souvenirs de famille. Pour lui rappeler tout le bonheur que nous avons vécu ensemble dans le Michigan avec son papa. Les week-ends à l'hôtel Sheraton, la piscine, le sauna et les petits déjeuners du dimanche.

— Mahtob, écoute-moi bien, je n'ai jamais eu honte d'avoir épousé ton père, c'était un mari dévoué, un père attentif, un médecin compétent qui soignait bien ses patients. Il ne faut pas que tu oublies qu'il s'est montré particulièrement affectueux avec ton grand-père. Il l'a aidé à surmonter une terrible dépression nerveuse, après sa première opération du colon, il l'a aidé surtout à se battre pour vivre...

Je voudrais qu'elle comprenne que les problèmes que nous avons vécus en Iran ne doivent pas effacer les bons moments de notre vie passée.

Au cours des semaines suivantes, nous évoquons régulièrement ce sujet.

— Mahtob, l'anniversaire de ton père est dans quelques jours. Je parie qu'il pense à toi en ce moment, et je suis sûre que tu lui manques ! C'est normal, tu sais, si mon papa était quelque part dans le monde en ce moment, il me manquerait aussi.

Je dois donner à ma fille la « permission », la

possibilité d'aimer l'homme qui a été si proche de nous. Il le faut, pour elle. Haïr son père est un déséquilibre trop grave.

C'est à peu près à cette époque que je déballe du grenier les vieilles affaires de bureau de Moody. Je jette de vieux stylos tout desséchés. Et plusieurs jours après, j'ai la surprise de retrouver les stylos dans le placard de ma fille. Elle les a récupérés en secret et les conserve, comme pour se rapprocher de son père. Nous avons franchi une bonne étape.

Puis, deux mois environ après cette histoire d'accident d'avion en Iran, Mahtob rentre de l'école en me disant :

— Maman, ce soir, en disant mes prières, je demanderai à Dieu de prendre soin de tous les êtres dans le monde, même de nos ennemis.

Depuis ce soir-là, je sais qu'elle y a inclus son père. Les blessures se cicatrisent doucement, je suis soulagée.

Tout comme moi, Mahtob est en train de devenir un être libre.

Mais des cicatrices demeurent. Mahtob craint encore son père tout en sachant qu'elle l'aime. Dans son esprit, Moody demeure inséparable de notre existence en Iran et des mauvais traitements dont nous avons tant souffert par sa faute.

Un jour, elle le traduit dans son langage enfantin :

— Maman, je ne veux plus jamais que mes yeux revoient Téhéran.

L'animosité, la rancœur peuvent endommager gravement le développement de la personnalité d'un enfant. J'ai toujours souhaité que Mahtob soit fière de son côté iranien et qu'elle en apprenne davantage sur ce patrimoine culturel. En mars 1987, notre deuxième printemps au

Michigan, je veux renouer avec la tradition du *No Ruz,* la célébration du Nouvel An perse. Parées de nos plus beaux atours, nous décorons la table du *haft sin,* les sept nourritures symboliques dont le nom commence par un S.

Puis nous attendons ensemble que la pendule annonce, à la seconde près, l'équinoxe de printemps, quand le soleil atteint le signe du bélier, et que selon la légende persane, il se déplace d'une corne à l'autre du buffle. À cet instant précis nous nous embrassons pour nous souhaiter une bonne année. À quelques jours près c'était aussi l'anniversaire de notre retour à la maison. Un an déjà.

Dans le jardin une bicyclette mauve et flambant neuve attend Mahtob; je vais la chercher.

Un printemps frileux, une petite fille en survêtement qui pédale sur le chemin en riant, ses boucles brunes s'échappant d'un bonnet rouge. Elle a les yeux en amande comme son père, étirés vers les tempes, des yeux de chat. Mon petit chat de sept ans zigzague devant la maison sur une bicyclette mauve, et j'en ai tout bêtement les larmes aux yeux.

À la fin des deux semaines de célébrations du *No Ruz,* je rappelle à Mahtob ce que dit la tradition : « Rassemble toutes tes mauvaises pensées, et jette-les comme on jette le *sabzi* dans la rivière, pour commencer la nouvelle année sans ennemis et avec de bons sentiments envers le monde entier. »

Chaque fois que nous passons par une ville où il est possible de trouver des restaurants iraniens, nous feuilletons l'annuaire pour en dénicher un.

Mahtob est particulièrement friande de *jujeh* (le poulet), de *kebab zereshke pollo,* du riz accompagné de toutes sortes d'herbes sauvages. Et aussi d'une soupe appelée *osh,* et du *ghormeh sabzi,* une salade de fines herbes hachées, cuite avec des dés de mouton, des pois chiches, des oignons et du citron confit. Elle était bilingue lorsque nous avons quitté l'Iran, mais dans le Michigan elle a d'abord essayé violemment d'oublier tout ce qu'elle avait acquis en farsi. « Je ne veux pas entendre la langue de Khomeiny... », disait-elle. Aujourd'hui, quand nous faisons les magasins spécialisés dans les produits du Moyen Orient, Mahtob choisit des cassettes, des livres d'histoires en farsi.

Je ne voulais pas qu'elle renie une part d'elle-même, et elle s'est rééquilibrée doucement dans l'acceptation de ses deux origines.

Les jours défilent rapidement dans l'attente de la sortie du livre. Chaque coup de téléphone de Michael Carlisle m'apporte une bonne nouvelle de plus et nous rapproche du lancement de *Jamais sans ma fille.* L'édition d'automne du catalogue de St-Martin's Press, mon éditeur, lui consacre une page entière. Le *Ladies Home Journal* est le premier magazine à publier un extrait de l'histoire.

Mais le plus beau jour est celui où je reçois le premier exemplaire imprimé de *Jamais sans ma fille.* C'est un livre. En vrai ! Et c'est terriblement émouvant, un livre.

Je le contemple, le feuillette, cueille ici et là une phrase, un mot, j'ai l'impression de le connaître par cœur après tant de travail... C'est la partie de ma vie qui s'est imprimée à jamais dans mon souvenir... j'ai tout dit, tout confié à ce livre. Mon plus grand ami, mon plus grand soulagement, c'est lui. Il m'a libérée. Je le range.

Et c'est bizarre de ranger sa vie en Iran sur une étagère du Michigan.

En septembre 1987, Mahtob et moi donnons le coup d'envoi du lancement du livre en participant à l'émission *Good Morning America*.

La présentatrice habituelle étant en congé de maternité, c'est Barbara Walters qui la remplace ce jour-là, à ma grande surprise.

Pendant que nous préparons l'interview, durant une page de publicité, Barbara me demande des nouvelles de Mahtob.

Je la lui montre du doigt sur le plateau :

– Elle va bien, vous voyez, elle est là!

Sans se préoccuper de l'effarement de son producteur, Barbara demande immédiatement qu'on l'amène devant les caméras. Mahtob n'est pas passée au maquillage, et il n'y a que deux sièges sur le plateau. Mais Barbara décide :

– Elle va s'asseoir ici, sur mes genoux, on se servira de mon micro.

Et elle laisse tomber toutes les questions prévues en commençant l'interview par Mahtob :

– Je vous présente mon amie, mon amie Mahtob! Nous nous connaissons depuis un an maintenant!

Nous voilà toutes les deux, ma fille et moi, face au public, face à la réalité du livre. J'avais beau m'y attendre, tout cela fait un peu peur, les projecteurs, les lumières, la sensation de parler à la fois dans l'inconnu et à l'Amérique tout entière.

À cette minute, je pense encore représenter une minorité de femmes, celles dont m'a parlé Teresa au département d'État. Et je me dis que s'il y en a quelques-unes qui vivent actuellement la même situation que celle que j'ai vécue en Iran, je vais peut-être servir à quelque chose. S'il

74

y a une femme qui hésite à accompagner son mari en vacances pour « quelques jours », qui « sent » le même danger pour son enfant... Et si je peux l'aider...

Une ? Ce sont des centaines qui s'apprêtent à croiser ma route.

Après cette émission, il m'est de plus en plus difficile de préserver un anonymat qui devient symbolique et compliqué.

Je ne peux rien faire officiellement, ni signer un chèque, ni utiliser de carte de crédit, je suis sans arrêt à la banque pour retirer du liquide et tout payer en billets.

Betty Smith... doit redevenir Betty Mahmoody. Dans la petite ville du Michigan où je me suis établie, le boulanger, le marchand de journaux, le garagiste, les voisins ignoraient jusqu'ici mon histoire. Ils ne m'en ont pas voulu, rétrospectivement, de mon incognito momentané. Même si j'ai eu droit à un grincement de dent, du genre : « Vous auriez pu nous le dire ! Et si des terroristes venaient poser des bombes ici ? »

Le rythme de la tournée de promotion du livre est épuisant. J'arrive en pleine nuit dans chaque ville, le temps d'aller à l'hôtel, quelques heures de sommeil et il faut, dès l'aube, courir à travers la ville jusqu'au studio de télévision ou de radio locale. Les interviews me laissent à peine le temps d'attraper l'avion pour la ville suivante.

Entre tous ces rendez-vous, mes pensées vont toujours vers Mahtob qui, en mon absence, séjourne avec Bill et Marilyn, dans leur maison de Virginie. Au téléphone elle me parle des chiens, des enfants, elle se sent protégée. Ensuite elle retrouvera sa grand-mère et ses frères. Mais, prise dans le tourbillon de la promotion du livre, sollicitée sans arrêt, je ne peux m'empêcher d'avoir peur.

Mahtob connaît les limites de sa liberté surveillée. Parfois j'aimerais vieillir plus vite, qu'elle ait dix-huit ans, son propre passeport, sa nationalité, et que personne ne puisse plus jamais l'obliger à vivre ailleurs que là où elle veut être.

Un jour, à Los Angeles, je donne ma première conférence de presse, au Beverley Country Club. Je partage le podium avec des auteurs comme Leonard Maltin, auteur d'un guide de cinéma, et Clifton Daniels, pour sa *Chronique du vingtième siècle*, une compilation d'événements historiques.

Il est encore trop tôt pour que Leonard Maltin s'attelle à la critique de mon film, encore en gestation. Mais en parlant avec lui, je réalise tout à coup mon ignorance à propos des films produits durant mon absence. De nouvelles stars ont vu le jour, dont j'ignore même le nom et le visage. De même en ouvrant le livre de Clifton Daniels, les grands titres sur les nouvelles du monde entre le 1er août 1984 et le 7 février 1986 me fascinent.

Mon isolement, durant cette période, comme celui des Iraniens d'ailleurs, ma méconnaissance des événements du monde me sautent aux yeux. En Iran, je n'ai entendu parler et je n'ai lu que ce qui était approuvé par le ministère de la Censure islamique.

Au fil des conférences, des interviews, je fais des rencontres différentes. Peu à peu, soit directement, soit par téléphone, des femmes me demandent conseil et sollicitent mon intervention.

On me parle d'enfants kidnappés, ou menacés de l'être, en Iran, en Arabie Saoudite, en Irak, au Pakistan, aux États-Unis, en Australie, en Afrique du Sud. Et il n'y a pas que des femmes, des pères de famille aussi se retrouvent dans ce cas.

La première chose qui me frappe, c'est que chacun individuellement croyait réellement être le seul ou la seule à vivre ce drame. Que chacun se sent coupable, se croit fautif, qu'il a du mal à partager son problème. Et que je deviens soudain une sorte de phare qui les attire. Enfin quelqu'un qui peut les comprendre, qui connaît par expérience le déchirement de la séparation d'avec son enfant. Quelqu'un qui a lutté, qui a souffert, qui a réussi à reprendre sa liberté, quelqu'un qui redonne espoir.

Mais quel espoir puis-je donner ? Je suis toujours en relation avec Teresa au département d'État, mais je connais les limites, l'absence de véritable législation, la difficulté de communication avec certains pays, les lenteurs des interventions diplomatiques.

Je m'efforce de répondre à tout le monde dans la mesure de mes moyens. De donner les conseils les plus immédiats : « Surtout, ne perdez pas le contact avec le père ou la mère, écrivez, téléphonez, obstinez-vous à maintenir le lien avec votre enfant, c'est lui qui a besoin de vous. Appelez le département d'État, ils ont là-bas des listes d'avocats internationaux qui peuvent vous aider... »

En quelques semaines, mon carnet de téléphone devient une chronique de drames. J'écoute, des heures parfois, ces gens qui déversent leurs peines, leurs angoisses. Puis j'essaie de rassembler les cas par pays concernés. Je donne aux uns le téléphone des autres, dont les enfants sont dans le même pays, pour qu'ils se parlent entre eux, qu'ils se transmettent leurs expériences. Je sais trop à quel point il est difficile

77

de communiquer avec son entourage immédiat, dans ce genre de situation.

Reste que je n'avais pas réellement prévu cette avalanche. Que faire ? Répondre au téléphone, bien sûr ; il sonne tous les quarts d'heure dès que je suis chez moi, ou à l'hôtel. Je me retrouve parfois à parler douze heures de rang. Les appels me sont transmis du département d'État, ou par mon éditeur, ou des journalistes. Une véritable toile commence à se tisser autour de moi. Me voilà devenue le centre d'un réseau que je ne sais pas très bien pour l'instant comment gérer. Le poids émotionnel que ces rencontres ou ces conversations par téléphone représente est dur à assumer. Pourtant, je me sens un devoir. J'ai eu de la chance, j'ai toujours de la chance, Mahtob est avec moi. Eux cherchent désespérément à récupérer leurs fils ou leurs filles. Des familles éclatées, des lettres déchirantes venues des quatre coins du monde, écrites par des gosses isolés... « *Maman, viens me chercher... Papa, je t'en supplie... Maman, tu avais promis...* »

C'est arrivé ainsi. Sans que je l'aie décidé. Parce qu'il n'existe en 1987, dans notre pays, aucune organisation, aucune association pour soutenir les parents d'enfants kidnappés par « l'autre ».

Une sorte de ping-pong s'est instauré entre Teresa au département d'État et moi. Elle m'envoie des appels, je lui renvoie des demandes d'aide...

Chaque sonnerie est un drame. Et je n'ai rien à proposer. Pas de solution. Rien. Pas de vraie réponse. Le système légal n'en permet pas. Ou si peu...

À l'exception de celle de Teresa, je n'ai aucune aide de personne. La frustration est terrible. Parler, écouter, d'accord, mais ensuite ?

Que faire pour cette femme qui appelle de Detroit et qui pleure au téléphone :

— Ma sœur est prisonnière de son mari dans sa propre maison, avec ses enfants. Un couteau sur la gorge en permanence. Il leur lit le Coran à table, de force, le couteau à la main, il menace de les tuer. Il menace de les faire brûler, de les jeter dans la rivière, s'ils n'obéissent pas à ses ordres. C'est l'enfer! Il faut l'aider!

La sortie du livre m'amène d'autres surprises. Mon frère Jim m'apprend, par exemple, qu'il a reçu un appel d'une cousine d'Ellen – cette Américaine mariée à un Iranien avec laquelle je m'étais liée à l'école coranique de Téhéran.

Ellen, son mari Hormoz et leurs deux enfants, Jessica et Ali, sont en Floride, chez ses parents. Je l'appelle à plusieurs reprises, je ne suis pas assez en confiance pour lui laisser mon propre numéro de téléphone.

Ellen se confie longuement à moi :

— Betty, j'espère que tu peux me comprendre... Quand je pouvais avoir un peu de liberté pour réfléchir toute seule, j'aurais voulu t'aider... Mais le reste du temps j'essayais de nous protéger de Hormoz. Il explose contre nous – ou toute personne qui se met en travers de son chemin – deux ou trois fois par an. C'est ma faute, tu sais, quand il veut battre les enfants, je me mets au milieu et il devient dingue contre moi. Il se met à frapper Jessica si fort que ça n'a plus rien à voir avec une punition... Une fois, même, il l'a frappée avec un cintre en bois... si fort qu'il a cassé le cintre en trois et elle pleurait et quand j'ai vu le cintre en morceaux j'ai failli piquer une crise. Jessica s'est mise à me raconter comment il l'avait battue et comment le cintre s'était cassé. Il avait ramassé les morceaux et recommencé à la

79

battre jusqu'à ce que le cintre se casse de nouveau... J'ai crié, j'ai hurlé et après, il m'a battue... Je crois qu'il m'a crevé le tympan avant même que je te rencontre... C'est la pire blessure qu'il m'ait faite, mais il se vante d'être capable de nous battre sans que ça laisse de traces...

Ellen se tait. J'entends sa respiration, les larmes qu'elle retient.

— Qu'est-ce que tu vas faire maintenant ?

— Je ne sais pas... Ma cousine m'a proposé du travail dans ce centre pour les femmes battues.... Je lui ai dit : « Tu sais, si j'y vais, ça ne sera pas pour travailler, mais plutôt pour qu'ils m'aident »... C'était la première fois que je lui en parlais. Et maintenant mes parents le savent aussi, mais mon père passe son temps à me répéter que je dois rester en Iran parce que Hormoz a un bon fond et que je verrai, il finira par changer...

Je repense à ce que Hormoz nous a dit, à Téhéran... Ellen avait du mal à se faire à sa nouvelle vie, alors il l'a battue, enfermée et elle s'est convertie à l'islam, elle est devenue une « bonne épouse ». Moody aimait bien Ellen, parce qu'elle s'était adaptée.

J'essaie de me faire convaincante :

— Il ne changera pas. Ils ne changent jamais parce qu'ils trouvent que tout est parfait. Ils ne voient pas ce qu'il y a de mauvais dans leur comportement.

— Non... Mon père a peut-être raison... Hormoz jure maintenant qu'il ne me battra plus jamais... ou que s'il le fait je pourrai quitter l'Iran et revenir en Amérique...

Je laisse tomber le sujet. Ça ne sert à rien, elle ne changera pas. Elle me parle de *Jamais sans ma fille*.

– J'ai lu les extraits dans le *Ladies Home Journal.* Ma cousine ne voulait pas le croire, mais je lui ai dit que tout était vrai, chaque mot... Je me souviens de tout... Pourquoi ne m'as-tu pas dit que tu allais t'enfuir ?

Je ne lui réponds pas. Je ne peux pas lui rappeler qu'il m'était impossible de lui faire confiance depuis qu'elle m'avait informé, des mois avant notre fuite, qu'il était de son « devoir islamique » de me dénoncer à Moody...

– Tu sais, j'ai été la première qu'ils sont venus voir après ta fuite... Des inspecteurs. Puis Moody et son neveu, Mammal... Moody a fait enquêter chez toutes les Américaines de Téhéran... La fille qui vivait près de chez la sœur de Moody... elle a été emmenée au poste de police avec son mari.

– Elle ne savait rien. Personne n'était au courant de rien.

– Moody était sûr qu'elle mentait. Moody voulait fouiller sa maison, il pensait que tu te cachais là.

– C'est précisément pour cette raison que je n'ai parlé à personne.

J'ai déjà eu des rumeurs à ce sujet et, pour arrêter ce harcèlement, j'ai demandé à ma sœur Carolyn d'appeler Moody pour lui dire que j'ai quitté l'Iran, que je suis quelque part, en sécurité... Moody lui a répondu que, sans passeport et sans argent, je ne pouvais pas avoir quitté l'Iran.

– J'ai fait ce que j'avais à faire, dis-je à Ellen. C'est Moody qui a détruit nos vies...

– Je suis d'accord avec toi mais... tu aurais pu être tuée ! Ça arrive tout le temps sur cette frontière ! Je n'aurais jamais pu faire une chose pareille...

81

– C'est Mahtob qui m'a aidée. Quand j'étais sur le point de laisser tomber, elle m'a dit : « Je peux le faire. Je suis forte. Je ferai n'importe quoi pour rentrer à la maison. » Et elle l'a fait.

– J'ai pensé la même chose quand nous sommes descendues de l'avion en Allemagne. Nous devions passer prendre mon passeport à l'ambassade américaine à Francfort. Je me sentais libre.

– Tu as revu Moody là-bas?

– Oui, nous l'avons revu avec Hormoz. Il dit qu'il est très occupé, il travaille vingt-quatre heures par jour et il n'a le temps de voir personne. Et il est complètement parano! Il pense que le monde entier est à ses trousses. Il dit que la C.I.A. a comploté contre lui quand il était en Amérique et que, d'ailleurs, tu es un agent...

Je me souviens, il disait la même chose en Iran. Je lui demandais s'il croyait qu'il était si important pour que la C.I.A. le traque...

– C'est étrange, reprend Ellen, parce qu'il est très en colère contre toi et en même temps il peut devenir très sentimental. Par exemple, il dit : « Je pense qu'elle reviendra pour la rentrée scolaire ». Ensuite l'hiver arrive et il dit : « Peut-être qu'elle sera là pour Noël. »

– Comment peut-il penser que je vais rentrer après ce qu'il nous a fait?

– Je ne sais pas, dit Ellen, je n'arrive pas à y croire. Tout ce que je peux imaginer, c'est que c'est un cas de double personnalité. Quand il se met en colère il perd tout contrôle; et quand il est calme, il n'arrive même pas à se souvenir de ses mauvais côtés...

Nous parlons encore un peu de Moody, puis je reviens à Ellen et à ses projets.

– Tu te souviens, lui dis-je, ta fille me disait

toujours que quand elle serait grande elle s'enfuirait pour vivre avec sa grand-mère et être une chrétienne.

Elle soupire :

– Je me sens désolée pour Jessica. J'ai trente ans, et je peux décider de renoncer à certaines choses parce que je donne la priorité à d'autres. Mais elle n'aura que ce que je lui donne jusqu'à ce qu'elle ait l'âge de faire sa vie.

– Mais tu sais très bien qu'elle n'aura jamais une chance de décider pour elle-même en Iran ! Tu sais que si Hormoz décide soudainement qu'elle doit épouser quelqu'un, elle n'aura pas le choix et qu'elle passera le reste de sa vie là-bas !

– Je sais... Elle me supplie que nous restions ici, en Floride. Je suis complètement paumée – tu ne peux pas savoir. Mes gosses aiment ces vacances, même mon mari aime ces vacances plus que moi. Je me sens à la torture. Betty, j'ai peur de l'inconnu. J'ai tous ces problèmes d'émotivité, peut-être des problèmes mentaux. Ça fait huit ans que je suis là-bas et ça m'a sans doute affectée. C'est comme un complexe d'infériorité. C'est simple – je ne me sens pas aussi sûre de moi que tu l'es de toi. Tu donnes l'impression de contrôler ta propre vie – mais je n'y arrive pas. Je déteste vivre en Iran mais je ne sais pas si je peux laisser tomber mon mari. Je ne peux pas vivre seule.

– Est-ce que Hormoz aurait envie de rester ici ?

– Je l'ai supplié. Et c'est non. Tu sais, je l'ai vraiment poussé à venir cette fois-ci, et je priais Dieu que quelque chose se passe pour que nous soyons obligés de rester.

– Je ne veux pas essayer de te convaincre dans un sens ou dans l'autre... Mais je peux te dire que je ne regrette pas ma décision une seconde... Et que toi aussi tu peux en prendre une.

Ellen me dit qu'elle va réfléchir. Mais je connais déjà le résultat.

Cinq semaines plus tard, elle m'appelle à nouveau.

– Je suis sur la route de l'aéroport avec les enfants, dit-elle. Ils doivent retourner à l'école. Hormoz va rester un peu avec mes parents, comme ça il va gagner de l'argent pour le rapporter à la maison. Il nous bat, mais il s'occupe bien de nous.

Le voilà, le résultat.

La tournée dure depuis cinq semaines, une valse d'aéroports et de chambres d'hôtels. J'ai quitté Tucson à cinq heures du matin ce samedi-là, une escale m'a fait prendre du retard à Chicago, il est sept heures du soir lorsque j'arrive enfin à la maison, n'ayant qu'une hâte, sauter dans mon lit et dormir.

Mais en tournant la poignée de la porte, j'entends soudain des sirènes, venant de tous côtés. Quelques minutes plus tard, Joe arrive à son tour :

– Salut, maman, j'ai dû faire un détour pour rentrer en ville, ils ont fermé l'autoroute, à cause d'un accident grave.

Joe prend une douche et ressort. Je suis moi-même sur le point de me coucher lorsque mes voisins, des amis, viennent frapper à la porte.

Je comprends immédiatement qu'il se passe quelque chose de grave et ma voisine, Jan, m'entraîne dans une autre pièce pour me parler.

– C'est votre fils John... il a eu un accident. Il est à l'hôpital.

84

Je me précipite dans la voiture de mes amis, nous fonçons à travers les rues sombres... jamais je ne les ai trouvées si longues à parcourir dans cette nuit noire d'angoisse.

L'ambiance de la salle des urgences est pire que je ne l'avais imaginée. Près du corps brisé de mon fils, je suis anéantie. John est immobilisé par des attelles métalliques, afin de protéger sa colonne vertébrale. On ne sait pas s'il a le cou ou le dos brisé. Les radios ne sont pas encore faites, mais nous avons la certitude qu'il souffre de fractures multiples. Je vois les os traverser sa peau. Son visage est couvert de blessures provenant des éclats de verre. L'ami qui était avec lui dans la voiture maintient une serviette au-dessus de sa tête. L'espace d'une seconde je me demande ce qu'il cache ainsi maladroitement, quelle horreur on ne veut pas me montrer, et je comprends vite. Le cuir chevelu est tranché au niveau de la racine des cheveux, et sans la serviette il tomberait de son crâne.

J'apprends que la Plymouth de mon fils a heurté une caravane. Coincé entre le volant et la portière, John a dû être libéré par les pompiers. Il a la hanche écrasée, la jambe gauche fracturée en deux endroits, les deux bras cassés, l'épaule gauche entaillée jusqu'à l'os.

Il a vraiment eu de la chance de survivre à l'accident.

L'attente aux urgences est infernale, il n'y a pas de chirurgien orthopédiste sur place et l'on doit transférer John à l'hôpital de Carson, que je connais bien, et en lequel j'ai confiance. C'est là que j'ai rencontré Moody, c'est là aussi que l'on a si bien soigné mon père.

Le trajet en ambulance est une véritable torture. Je suis à l'avant et supplie le chauffeur d'aller plus vite.

Le moindre cahot arrache des gémissements de douleur à mon fils. Si je pouvais vivre cette torture à sa place, si je pouvais au moins soulager sa souffrance quelques secondes...

Roger Morris, notre médecin de famille et ami depuis longtemps, nous attend en salle d'urgences.

Il commence par recoudre les coupures de John, pendant que les spécialistes défilent à son chevet. Un interne, le chirurgien orthopédiste et un cardiologue s'affairent autour de lui.

Malgré tous leurs efforts, l'état de John empire de minute en minute. Son visage est devenu gris, sa respiration difficile, signes de défaillance cardiaque. Les dégâts éventuels concernant les reins et les autres organes internes sont encore plus inquiétants.

Il se passe des heures avant que les médecins décident de le faire transporter par avion à l'hôpital universitaire d'Ann Arbor, le cœur de l'un des grands centres de traumatologie aux États-Unis.

Lorsqu'il faut déplacer mon fils de son lit des urgences au brancard, le transporter jusqu'à l'hélicoptère qui attend à proximité, il hurle de douleur, et sans répit, à travers les couloirs, dans le hall, sur le parking de l'hôpital.

Voyant la détresse sur mon visage, le chirurgien essaie de me rassurer :

– Ne vous inquiétez pas, il ne se souviendra plus de rien, ensuite.

– Dites-moi qu'il va vivre !

– Médicalement parlant, rien ne me permet de l'affirmer, mais j'ai la conviction qu'il va s'en sortir.

Mon amie Jan me conduit à Ann Arbor, à trois heures de route. Je ferme les yeux pour prier durant le trajet. Trois heures d'angoisse, trois heures interminables. Sans elle, je crois que je n'aurais pas été capable de conduire.

Par moments, je rage intérieurement contre le sort qui s'acharne. Mon père, mon fils... suis-je coupable de quelque chose ? De quoi suis-je punie ?

Je retrouve enfin John dans l'immense complexe hospitalier. Il respire plus régulièrement grâce à l'oxygène, et semble aller mieux. Maintenant il est dans un lit, on ne le bougera plus, je peux souffler un peu et attendre, ne plus le quitter des yeux, jusqu'à ce qu'enfin on décide plus tard dans la journée de l'opérer. L'intervention dure neuf heures. Et encore, on me dit que les chirurgiens n'ont pu opérer que la hanche et la jambe. Il faut laisser le bras se cicatriser tout seul. L'opération est une réussite mais John restera dans un état critique durant plus d'une semaine.

Le reste de la famille est rentré à la maison et j'ai pris une chambre à l'hôtel du centre médical, réservé aux familles des patients. J'ai annulé bien entendu la suite de ma tournée pour la promotion du livre.

Pendant les premiers jours, John est encore si accablé par la souffrance qu'il répond à peine aux gens qui s'affairent autour de lui. Je reste dans la chambre, assise près de son lit, à le contempler des heures durant, à prier inlassablement pour que ce corps torturé, captif du plâtre, couturé, revienne à la vie normale.

Et je remercie le ciel que cela ne soit pas arrivé pendant que j'étais en Iran.

Je suis là à présent, près de John, au moment où il a tant besoin de sa mère pour le réconforter et lui prouver mon amour.

Le bras cicatrise lentement – il restera d'ailleurs déformé.

Prisonnier de sa coquille, John ne peut pas faire le moindre geste élémentaire sans aide ni sans douleur. Il faut le laver, le nourrir, le hisser avec un palan pour le moindre besoin naturel. Un véritable calvaire pour un garçon aussi actif et remuant.

Une fois le premier choc atténué, il s'accroche à moi comme à une raison de vivre. Terrifié à l'idée de rester seul.

Chaque fois que je le quitte pour aller dans ma chambre prendre une douche ou dormir un peu, il me fait rappeler par les infirmières. Après quoi il passe sa rage sur moi et réclame sans arrêt quelque chose. Mon grand fils est un bébé malade, jaloux, possessif.

Les infirmières me rassurent en me disant qu'elles voient cela tous les jours. Les rescapés d'accidents mortels s'attaquent toujours à ceux qu'ils aiment le plus.

Les plaies du visage sont maintenant presque cicatrisées, Roger Morris a réalisé un excellent travail de suture, mais les blessures psychologiques, elles, continuent de s'infecter...

– Pourquoi moi, maman ? Pourquoi ? Et si je ne peux plus jamais marcher ? Ne t'en va pas...

Je m'efforce de lui rendre la sérénité, je sais bien que cela aussi passera comme le reste.

Six semaines après l'accident, John peut revenir à la maison, mais il a encore besoin de soins médicaux en permanence et cela durera quatre mois encore.

Il est toujours prisonnier d'une coquille de plâtre ; chaque fois qu'il a besoin du bassin, il faut utiliser un levier hydraulique. Plus tard, pour lui permettre de descendre et de remonter dans sa chambre, je fais installer un siège coulissant sur la rampe d'escalier.

Ma disparition, la mort de son grand-père, et maintenant l'accident qui a failli le tuer, c'est plus qu'il n'en pouvait supporter. Il crie toujours : « Pourquoi moi ? Mais pourquoi moi ? »

Puis John fait d'un coup de remarquables progrès. En janvier 1988, il sautille pour la première fois dans sa coquille de plâtre jusqu'à la cuisine pour y fabriquer des biscuits au chocolat. Il travaille avec un professeur à domicile et respecte quotidiennement chaque cours. Il a fait le pari de réussir en juin le diplôme de l'école supérieure.

On lui a retiré une partie du plâtre, mais il manque encore de force pour se déplacer avec des béquilles. Les médecins l'ont autorisé à participer à la cérémonie de remise des diplômes, à condition qu'il le fasse dans un fauteuil roulant, mais ça ne lui convient pas. Tous les jours il s'entraîne à marcher avec des béquilles, obstinément et, le jour de la remise des diplômes, il entre dans la salle du gymnase de l'école debout avec ses camarades, au son de la musique et en mesure.

Lorsque vient son tour de recevoir le diplôme, il s'avance avec ses béquilles, tout seul, animé d'une énergie formidable, et sûr de lui.

Tous ses camarades l'acclament. Chacun sait qu'il aurait pu ne pas être là, et avec quel courage il s'est battu pour y parvenir. En fin de compte il a pris cet accident comme un coup très dur que lui portait la vie, mais aussi comme une occasion de refuser le K.-O. Cela doit être de famille.

Malgré le temps et l'énergie que je consacre à John, le réseau des appels téléphoniques continue de fonctionner. Je passe d'un parent abandonné à un autre... de John au téléphone, du téléphone à Mahtob, de Mahtob au téléphone, du téléphone à Teresa, du Michigan à Washington, à la Californie, au Texas, à la Virginie...

Ma ligne téléphonique fait le tour d'un bon nombre d'États, et ma seule satisfaction est que mes correspondants ne se sentent plus seuls, ils sont reliés les uns aux autres, ils osent reprendre l'espoir d'avoir un jour leurs enfants chez eux, comme moi.

Avec certains de mes correspondants, des relations personnelles commencent à se nouer, l'anonymat du téléphone ne suffit plus. C'est ainsi que je fais la connaissance de Kristine Uhlman – l'exemple même de l'obstination, de la révolte, et du désespoir.

Son histoire a commencé en 1975, quand elle a épousé un étudiant saoudien, Mustapha Ukayli, un bel homme qu'elle avait rencontré au centre universitaire de Lutheran, dans l'Ohio. Ils ont eu deux enfants très rapidement, Maisoon, une petite fille née en 1977, et un fils, Hani, l'année suivante.

Mustapha s'est d'abord montré un mari et un père exemplaires. Généreux, tendre avec les enfants ; sa belle-famille le trouvait parfait. Physiquement, il était le type même du prince charmant. Kristine est une jolie femme, intelligente, qui a fait des études d'ingénieur. Elle n'imaginait pas une seconde que ce roman des mille et une nuits avec son époux saoudien puisse devenir l'enfer.

– Personne n'avait jamais levé la main sur moi. Quand Mustapha est devenu physiquement violent, c'était le monde à l'envers. Un homme qu'on aime, tendre, gentil, qui se transforme tout à coup en une espèce de brute, c'est inimaginable au début. Ça n'a pas duré longtemps, je me suis enfuie avec les enfants!

– Comment ? En demandant le divorce ?

– Je n'ai pas eu le temps. Je me suis d'abord cachée, mes parents n'y comprenaient rien, d'autant plus qu'il a eu le culot d'aller s'installer chez eux!

– Pour quoi faire ?

– D'abord la comédie. Il sanglotait toutes les larmes de son corps, il racontait des trucs du genre : « Nous avons les mêmes valeurs, vous êtes catholiques, je crois en l'islam, mais j'aime ma femme et mes enfants. » C'était moi qui n'avais pas de morale, en somme... celle d'accepter les coups! Et pendant ce temps, il s'est débrouillé pour bloquer notre compte commun et faire tous les papiers nécessaires pour me voler les enfants!

– Comment t'a-t-il retrouvée ?

– Mystère, je ne communiquais même plus avec mes parents, j'avais changé de nom, c'était infernal, mais je savais bien qu'il ferait tout pour retrouver les gosses. Il a réussi. Je n'oublierai jamais ce jour-là. Le 11 septembre 1981, il les a kidnappés de force, devant la maison où je m'étais refugiée. Ça n'a duré qu'une minute! Trois jours après, il a obtenu le divorce en Arabie Saoudite, devant un tribunal islamique, la garde des enfants et la disposition de tous nos biens. J'étais complètement dépouillée. C'est là que j'en veux au gouvernement américain. On n'a rien fait pour moi, il n'y a rien, aucune loi qui nous protège. Mon droit de garde devant la loi américaine ne valait rien, ma plainte pour kidnapping non plus! J'ai foncé à l'ambassade d'Arabie Saoudite et on m'a promis de m'aider à « rendre visite » à mes enfants – mais à une condition : que je ne fasse pas de scandale dans la presse!

– On dit ça à tous les parents... j'entends ça tous les jours.

– C'est trop facile. J'ai décidé d'aller en Arabie Saoudite et de demander à un tribunal islamique de me rendre mes enfants. Je suis ingénieur, j'ai fait une demande pour aller travailler là-bas. Ça a mis presque deux ans! Une semaine à peine après mon arrivée, je me retrouve en prison!

– Sous quelle inculpation?

– Je n'en sais rien! La première nuit, j'ai été agressée par une lesbienne, personne ne parlait anglais, pas un matelas, pas un drap, on nous nourrissait une fois sur deux, il paraît que c'est à la famille des prisonnières d'apporter la nourriture! J'étais mal partie! Cinq jours d'angoisse. Enfin, on me relâche, sans explication non plus, et à partir de là, je fais le siège de leur ministère des Affaires étrangères. Pendant trois mois, je leur ai cassé la tête, je voulais la permission de voir mes enfants et de me présenter devant un tribunal islamique. La loi en principe était pour moi, puisque la garde des enfants est toujours confiée à la mère jusqu'à l'âge de sept ans.

– Oui, mais tu es étrangère...

– Je résidais légalement dans le pays, j'avais un travail... normalement, je devais bénéficier de cette loi.

– Quand as-tu finalement réussi à voir les enfants?

– Deux ans après le kidnapping! Mon fils Hani avait quatre ans. Il m'a raconté l'enlèvement. Un type déguisé en Père Noël a aidé leur père, ils lui ont donné des jouets pour qu'il arrête de pleurer. Il se souvenait de tout! Maisoon était terrorisée.

– Et le tribunal?

– Une semaine après avoir revu les enfants, je passais devant la *shariah*. Enfin! J'étais la première femme non arabe à obtenir ce droit. Le deuxième jour, mon avocat saoudien se plante devant moi et me dit : « Je suis désolé, on ne gagne pas d'argent dans les affaires de divorce. » Et il s'en va, il me laisse toute seule devant cette cour, avec toute la procédure en arabe! Le lendemain, l'avocat de mon mari présente une pièce à conviction au tribunal, contre moi. Une photo de moi prise à la sortie d'une église, avec les enfants tout bébés. Et le juge déclare qu'il est impossible de donner la garde de ses enfants à une telle femme! Je cite : « Cela affecterait leur conviction religieuse! » Il n'y avait rien à faire, j'avais perdu. J'ai décidé de rester quand même. J'ai travaillé encore un an là-bas. J'ai vu les enfants cinq fois en tout. J'étais à bout, et je suis repartie aux États-Unis. Le département d'État ne pouvait toujours rien pour moi, personne ne peut rien. J'ai passé mon temps au téléphone à supplier Mustapha de me laisser revoir les enfants. Il m'y a autorisé, mais uniquement en présence de sa nouvelle épouse! J'ai dû dormir dans le même lit qu'elle, les enfants se disputaient pour ne pas être à côté de moi! Ma fille m'a dit : « L'Amérique est un vilain endroit, l'Amérique n'a pas de mosquées, l'Amérique donne des passeports aux Juifs! » Quant à mon fils, il m'a regardée dans les yeux : « Les miens ne sont pas bleus, ils sont marron, je suis un Arabe, moi ! »

Kristine a tout entrepris, et a tout perdu. Comparée à elle, j'ai une chance énorme. Mahtob est là, dans sa chambre, je l'entends jouer, pendant que Kristine lève ses yeux bleus vers le plafond pour ne pas pleurer.

– Tu vois, Betty, je ne suis plus capable que d'une chose, dormir, pour pouvoir rêver d'eux. Là je me sens réconfortée, je rêve que je les prends dans mes bras, que je les embrasse, que je les sens, je touche leur visage, je caresse les boucles de ma fille.

Maintenant Kristine s'occupe des cas d'Arabie Saoudite dans le réseau. Lorsque le téléphone sonne trop souvent et que je peux lui confier une « mission », c'est un soulagement aussi pour moi. Elle est plus calme, moins agressive, l'écoute des autres la console peut-être un peu...

Le 1er février 1988, John étant à peu près remis, je peux voyager à nouveau et rencontrer Teresa au département d'État pour lui rapporter la longue liste de mes correspondants et faire le point avec elle. Notre première vraie rencontre remonte au mois d'août 1986, après la mort de mon père. Jusque-là nous ne nous étions parlé qu'au téléphone, et c'était étrange de ressentir autant d'amitié et de reconnaissance pour quelqu'un que je n'avais jamais vu. Teresa est une jeune femme de trente-cinq ans, longue, mince, à la peau noire et au sourire éclatant de gentillesse. Quelques cheveux gris, de l'énergie à revendre, et une volonté incroyable, en dépit de sa douceur apparente. Teresa s'est épuisée au travail lorsque le département d'État lui a confié notre cas. Mais Mahtob et moi, nous lui avons offert quelque chose de rare dans son travail : une issue heureuse.

Cinq mois ont passé depuis la parution de *Jamais sans ma fille*. Nous sommes en Virginie, elle et moi, à Alexandra. C'est un lieu des plus sereins, un tranquille petit café où nous nous détendons après une longue journée, devant un dîner agréable... Mais, je ne sais pas pourquoi, j'ai un mauvais pressentiment.

J'observe avec curiosité ma compagne de table, habituellement gaie et en pleine forme. Je l'ai trouvée sur les nerfs toute la journée. Ce matin même, à Washington, j'ai donné une conférence au sein d'une congrégation juive. Je dois rentrer demain à la maison.

L'après-midi au département d'État a passé très vite. J'ai un peu parlé le farsi avec Richard Queen, l'un des otages de l'ambassade américaine à Téhéran, relâché quelques années auparavant. J'ai également discuté des statistiques à propos des enlèvements d'enfants avec Fabio Saturni, directeur du Bureau international de la protection enfantine. Ce Bureau a été créé un an après ma première apparition nationale à la télévision. Il représente la première véritable réponse du département d'État au problème, une grande première.

À mon arrivée, Teresa m'a donc paru anormalement préoccupée. Pendant le dîner, nous discutons de mon livre, nous abordons d'autres cas similaires et parlons de la convalescence de John, de l'école de Mahtob... Mais lorsqu'elle commande un gâteau pour le dessert, je comprends que quelque chose ne va pas. Teresa est mince, soucieuse de sa santé, jamais je ne l'ai vue manger de dessert. Elle me cache quelque chose.

Teresa se penche sur la table, pose ses mains sur les miennes, avec sollicitude :

– Tu sais, Betty, quoi qu'il arrive, nous avons bien fait de rendre ton histoire publique. Nous recevons tellement d'appels, de tant de gens, ceux qui se posent des questions avant d'épouser un étranger ou de séjourner dans un autre pays... Ton expérience leur a appris une chose : on ne peut pas emporter avec soi la Constitution des États-Unis. Et c'est formidable de savoir que tant de gens ont échappé à des situations semblables à la vôtre.

Teresa marque une pause après ce trop long préambule, son regard soutenant le mien. Soudain, je prends peur.

– Voilà, aujourd'hui j'ai reçu un appel de Suisse, c'était Annette, de l'ambassade américaine de Berne.

Avant de poursuivre, Teresa accentue son étreinte sur mes mains.

– Le docteur Mahmoody a quitté l'Iran.

Mon cœur s'emballe. Le sang me monte à la tête, jusqu'au vertige. Je n'arrive pas à croire ce que je viens d'entendre. La voix de Teresa résonne comme si elle me parlait des profondeurs d'un tunnel.

– ... On ne sait pas où il est actuellement. Tout ce qu'on sait, c'est qu'il est parti.

Cette nouvelle confirme mes craintes les plus folles, ce que je redoutais plus que la mort elle-même. Voir le père de Mahtob réapparaître un jour pour se venger, l'emmener et la faire disparaître en Iran.

– Mais quand? Quand l'a-t-on appris?

Je bredouille d'angoisse.

– Aujourd'hui. Annette a reçu un message de l'ambassade de Suisse à Téhéran. Le message indiquait qu'il a quitté son travail et son domicile et, selon eux, c'est probablement récent.

Teresa me lit la suite du message :

– *Il possède une carte de résident étranger. Il n'est pas exclu qu'il soit retourné aux États-Unis pour retrouver sa femme et sa fille.*

Et Teresa conclut avec peine :

– Ils pensent que vous êtes en danger.

Voyant l'ampleur de mon désarroi, elle entreprend aussitôt de me calmer.

– Je t'en prie, je t'en prie, ne te sens pas coupable de ce que tu as fait. Nous savions tous que cela pouvait arriver un jour. Mais nous ignorions quand. Que tu sois connue ou non par ton livre, ce serait arrivé... Je te promets d'essayer d'obtenir plus d'informations pour demain.

Mon cerveau travaille à un million de kilomètres à l'heure. Que faire ? D'abord téléphoner à la maison et vérifier que Mahtob est rentrée de l'école saine et sauve. Obtenir un surcroît de surveillance pour la maison, être sûre que personne ne pourra atteindre ma petite fille de huit ans.

Le temps a filé sans que je m'en rende compte, il me reste juste le temps d'aller à l'aéroport et d'attraper un vol pour Flint, le dernier de la journée. Il faut absolument que je prenne cet avion, il faut que je rentre à la maison, que je touche Mahtob, que je la serre dans mes bras.

J'arrive au comptoir juste au moment du dernier appel pour l'embarquement, je n'ai même pas le temps de téléphoner avant de sauter dans l'avion. À Dayton, en Ohio, où je dois prendre un autre vol, j'apprends que le mauvais temps dans le Michigan a retardé d'une heure le vol pour Flint. Je m'efforce au calme et téléphone à ma fille. Tout va bien, elle regardait la télévision sans s'inquiéter le moins du monde. Je parle à ma mère, brûlant d'envie de la mettre en garde, mais je n'ose pas risquer un malaise, étant donné son état cardiaque. Ni une discussion dont je me sens incapable d'affronter les méandres inutiles.

Je me dis : « Réfléchis, Betty, réfléchis : qui peut nous aider ? Nelson Bates! Ce détective qui s'est montré si efficace avec Mahtob, et m'a dit un jour : " Si jamais vous avez besoin d'une aide quelconque, surtout je vous en prie, n'hésitez pas à me contacter. " »

Le moment est venu de le faire. J'appelle sur sa ligne personnelle et lui donne rapidement les informations transmises par Teresa.

Il me propose aussitôt d'assurer une surveillance toute la nuit autour de la maison.

Je raccroche au moment même où l'on informe les passagers :

« Votre attention, s'il vous plaît. Le vol 454, en direction de Flint, est annulé en raison de verglas sur la piste de l'aéroport de Flint. »

Je suis anéantie. Ce n'est pas possible! Il faut que je trouve un moyen. Il reste de la place sur un autre vol, pour Lansing. De là je pourrai louer une voiture, ou demander à quelqu'un de venir me chercher. Au moins, je serai dans le Michigan. Je me précipite vers la porte d'embarquement et passe de justesse. Environ une heure plus tard, la voix du commandant nous avertit :

« Nous approchons de l'aéroport de Lansing, que nous atteindrons dans dix minutes. La température extérieure est de cinq degrés au-dessous de zéro, et il neige. »

Je me moque bien des degrés en dessous de zéro. Je ne veux qu'une chose, rentrer à la maison. Nous approchons de notre destination, lorsque le commandant de bord fait un nouvel appel :

« Nous sommes actuellement au-dessus de l'aéroport de Carson City. Les pistes sont fermées en raison de la neige. Nous devons retourner à Dayton. Le personnel vous accueillera à l'arrivée pour vous indiquer un hôtel pour la nuit et vous permettre de réorganiser votre voyage. »

Il est presque minuit lorsque nous atterrissons enfin, et il n'y a plus une seule voiture de location. Les nerfs brisés, au bord des larmes, je me résigne à passer la nuit sur place. Il faut encore prendre un autobus pour rejoindre l'hôtel Sheraton le plus proche. Une fois dans la chambre, je suis incapable de trouver le sommeil. Inlassablement je repasse dans ma tête tous les scénarios possibles permettant à Moody d'enlever ma fille.

Je ne crois pas qu'il soit venu directement aux États-Unis. Sa carte de résident étranger peut, certes, lui faciliter le passage à l'immigration, mais il y a de bonnes chances pour que cette carte soit périmée, étant donné son long séjour en Iran. Et puis il doit être repéré, depuis la parution de *Jamais sans ma fille.*

En revanche, il a pu aller jusqu'à Mexico, traverser la frontière avec l'aide de parents installés au Texas. Il m'a dit en Iran que, s'il le fallait, il engagerait quelqu'un pour me tuer. Il peut tout aussi bien engager quelqu'un pour kidnapper Mahtob.

Il est possible que je panique pour rien. Possible aussi que, tout simplement, il en ait eu assez de la situation en Iran et qu'il ait décidé de s'installer ailleurs.

Mais non, j'essaie de me convaincre à l'optimisme. J'ai toujours su qu'il tenterait de retrouver sa fille un jour. J'ai toujours su qu'il voulait ma mort. Il me l'a dit tant de fois... qu'il me tuerait si j'essayais de quitter l'Iran.

Je ne suis pas prête à mourir. Le seul souvenir de l'Iran me rend encore plus forte et plus déterminée au contraire.

À présent, je dois tout faire pour garder Mahtob ici, chez nous. Personne n'a le droit de me l'enlever. Moody ne mérite pas de la voir, et encore moins de la prendre, après tout ce qu'il nous a fait.

Moody ne se montre pas ce soir-là. Mais durant les deux mois qui suivent, personne ne sachant où il est passé, je vis chaque instant comme une menace, comme s'il était dissimulé à tous les coins de rues.

Et même après que les services de renseignements m'ont assurée de son retour en Iran, je suis incapable de me détendre.

Mahtob et moi, nous savions depuis toujours que Moody pouvait se mettre à notre poursuite. Jusqu'à cette dernière rencontre avec Teresa, entraînée dans mes occupations quotidiennes, j'avais baissé la garde.

Pas pour longtemps. Nous nous étions fait des illusions. Je sais maintenant que Moody peut nous surprendre n'importe quand, et n'importe où. On m'a dit qu'il était brouillé avec sa famille, ce qui pourrait le pousser davantage encore à faire une fixation sur Mahtob.

Comment nous protéger? Je demande des conseils tous azimuts. Des compagnies de sécurité, des détectives privés, des gardes du corps. Nous avons quitté la petite maison où je m'étais installée avec Mahtob et les garçons au moment de l'écriture du livre. J'en ai trouvé une autre, plus grande, que j'ai fait restaurer et dont j'aménage la sécurité.

101

Quelques jours après mon retour de Washington, je suis un premier conseil : obtenir un permis de port d'armes et acheter un revolver.

Notre maison est équipée maintenant des systèmes de sécurité les plus performants que j'aie pu dénicher. Mais je ne me sens toujours pas tranquille. Je me retrouve parfois rivée à une fenêtre, soupçonnant la moindre voiture arrêtée au stop du coin de chez nous.

Les armes, les alarmes, tout cela est important, mais insuffisant.

Il me faut obtenir le droit de garde légal pour Mahtob, et très vite. Teresa m'a prévenue : sans cela, Moody peut parfaitement, et légalement, l'emmener avec lui. Il est son père, après tout. Et même en admettant qu'ils soient tous les deux interceptés à un aéroport au moment de quitter le pays, je n'ai aucun moyen légal de la sauver !

En même temps, je crains le côté légal de cette démarche pour obtenir la garde de Mahtob, qu'il compromette la sécurité de notre refuge, voire précipite le retour de Moody en Amérique, ce que j'essaye désespérément d'éviter.

Je me souviens trop cruellement de la réponse des services juridiques avant mon départ pour l'Iran, quand je leur ai demandé du secours...

C'était durant l'été 1984, au moment où la date de notre départ pour ces deux semaines dans la famille de Moody se rapprochait inexorablement. Alors que mes craintes augmentaient au fil des heures. Je n'osais pas partir, et je n'avais pas le choix. Si je refusais, j'étais certaine que Moody essaierait d'emmener Mahtob pour de bon dans son pays natal. Il n'y avait

102

alors qu'un seul moyen pour éviter ce voyage d'une façon logique : obtenir une ordonnance de protection préventive, afin d'éloigner mon mari de ma fille.

À cette époque je n'avais jamais entendu parler d'enlèvement parental international. Mais je faisais confiance à mon instinct. J'avais d'excellents motifs de suspecter les intentions de Moody. Sa dévotion toute nouvelle pour le rituel islamique, les récents appels téléphoniques de sa famille en Iran au sujet desquels il refusait de me donner des détails. Les conversations secrètes avec son neveu, Mammal, venu en visite chez nous. Tout cela était autant de signes de mauvais augure.

Lorsque je m'étais confiée au procureur, il m'avait répondu d'un ton incrédule :

— Premièrement, si vous le croyez capable de faire ça, vous feriez mieux de vous trouver un psychiatre ! En outre, pas un juge de ce pays ne vous écoutera. Votre mari n'a commis aucun crime. Vous n'avez aucun moyen de lui retirer son droit de visite.

J'ai compris alors que je n'avais pas le choix. Je devais accompagner Moody en Iran. Ou alors prendre le risque de perdre Mahtob à jamais.

Tout recommence... Je dois tenter d'obtenir le divorce, avoir l'exclusivité de la garde de Mahtob, légalement.

Je vais consulter plusieurs avocats dans l'espoir d'entendre des opinions différentes. Il existe deux barrières juridiques.

La première concerne le lieu du jugement, l'endroit où faire établir les papiers et la demande de divorce. Selon la loi de l'État, je dois pour cela déposer une requête au tribunal de mon lieu de résidence. On m'a mise en garde : si je tente cette requête ailleurs, afin de ne pas permettre à Moody de nous localiser, je suis coupable de déclaration mensongère et il sera en mesure de faire annuler le divorce.

Deuxième obstacle : il faut que je fournisse à Moody un préavis écrit de la demande de divorce et de la procédure de garde.

Prises dans leur ensemble, ces deux dernières obligations légales lui laissent le champ libre, en quelque sorte une franche invitation à revenir dans le Michigan, une facilité pour nous retrouver et mettre à exécution les menaces qu'il m'a faites en Iran.

Déjà, avant cet affreux voyage, le procureur m'avait bien dit :

– Il n'existe aucun moyen d'obtenir le divorce, autrement que d'assigner votre mari en Iran. La loi vous oblige à lui laisser la possibilité de se défendre devant un tribunal!

Plusieurs juristes m'ayant confirmé la mauvaise nouvelle, j'avais alors décidé d'ajourner mon projet de divorce.

Et voilà que presque quatre années plus tard, je me retrouve devant le même dilemme, à tourner en rond. Le système juridique sera-t-il plus clément cette fois?

Teresa m'informe qu'elle a pris contact avec le conseiller particulier auprès du tribunal du Michigan. Il s'agit du fonctionnaire chargé d'informer et de conseiller les juges dans des affaires impliquant des enfants.

Mais dès le premier contact, il est évident que ce fonctionnaire et moi sommes sur des longueurs d'onde différentes. Il commence par me dire :

– Je ne crois pas au droit de visite restreint pour les pères. J'estime qu'il est préférable pour les enfants de bénéficier du droit de visites libres pour les deux parents.

– Vous êtes au courant de ce que nous avons enduré pour pouvoir revenir en Amérique, ma fille et moi ?

Il me répond tranquillement :

– Voyez-vous, je n'ai pas beaucoup de sympathie envers les adultes qui se mettent eux-mêmes dans de fâcheuses situations.

Là, je comprends que nous sommes vraiment dans le pétrin.

Si quelqu'un comme moi – avec toute la publicité qui m'a entourée ces derniers temps, un cas reconnu par le département d'État – ne peut recevoir que ce genre de réponse, quelle est la chance des autres parents ?

Me voilà prise dans un cercle vicieux. Contrainte d'obtenir le divorce et une ordonnance de garde pour pouvoir protéger Mahtob de Moody. Alors que ce même processus va nous rendre, ma fille et moi, encore plus vulnérables qu'auparavant. Et il ne semble pas exister d'autre solution au problème.

Je décide qu'il est urgent d'attendre.

Je me prépare avec autant d'excitation que d'appréhension à une tournée européenne pour la sortie de mon livre.

Étrangement, j'ai le sentiment d'être moins en sécurité dans mon propre pays, pour l'instant, que je ne le serai à l'étranger.

J'examine avec méfiance les moyens de circuler en France, en Angleterre et en Irlande, les trois pays de notre itinéraire. On me confirme à nouveau que Moody est bien rentré en Iran, mais il est toujours impossible, évidemment, de connaître le motif de son récent déplacement.

Il est hors de question pour moi d'envisager ce voyage sans Mahtob. Elle doit rester avec moi. Je me sens totalement incapable d'endurer une nouvelle angoisse, du genre de celle que j'ai vécue deux mois plus tôt, bloquée à Washington.

Ma famille est d'avis que j'aurais dû retenir la leçon et ne plus jamais quitter le pays. Ma mère, surtout, trouve dangereux ce voyage :

– Si tu pars, tu ne reviendras plus!

Mais ce serait renoncer à la liberté. Or, je tiens à ce que nos vies se déroulent sans aucune contrainte de ce genre. Et si Mahtob se met à craindre les voyages, c'est la priver de liberté pour le restant de ses jours.

J'avoue que c'est difficile pour moi de rassembler tout mon courage et de quitter le pays natal, mais c'est une étape nécessaire au processus de guérison.

C'est ainsi que nous passons *No Ruz*, le Nouvel An perse 1988, dans les airs, au-dessus de l'Atlantique, vers Paris.

Je ne me doute pas encore que c'est là-bas que nous allons rencontrer le succès et la réponse à une de mes interrogations essentielles.

Mon premier contact à Paris avec les *Mères d'Alger,* ces femmes françaises dont les enfants ont été enlevés par leurs pères et emmenés en Algérie, se passe dans un restaurant des bords de Seine. Nous sommes au printemps, le soleil est doux, et, comme amoureuse de la bonne cuisine, je suis comblée. Mahtob ouvre des yeux émerveillés sur une ville qu'elle ne connaissait qu'en carte postale, réduite aux Champs-Élysées et à la tour Eiffel.

En face de moi, trois femmes, deux militantes du mouvement des *Mères d'Alger* et une mère de famille. Elle s'appelle Marie-Anne. C'est une mère comme moi, comme toutes celles dont les voix résonnent en Amérique à travers notre réseau, mais son attitude devant le problème des enfants enlevés hors frontières est différente de la nôtre.

Les *Mères d'Alger* que ce trio représente sont un groupe soudé, combatif, qui milite depuis sept ans pour obtenir un traité entre la France et l'Algérie. Elles ont vraiment fait la guerre à ce mur d'indifférence que les gouvernements renâclent à démolir.

Les enfants de Marie-Anne, Farid et Amar, sont partis en 1980 pour les vacances d'été en Algérie avec leur père Brahim – leur père qu'ils admiraient comme peuvent le faire des enfants, des adolescents déjà, de douze et treize ans. Ce que Marie-Anne et ses enfants ignoraient c'est que, prenant prétexte de leur situation familiale et de ses difficultés en France, Brahim avait tout organisé pour que ce séjour soit définitif. Après quelques semaines, Farid et Amar, qui n'avaient jamais connu que Massy et la banlieue parisienne, ont découvert qu'un village à 150 kilomètres d'Alger était devenu leur prison.

Les appels et les visites de Marie-Anne, les larmes de Farid et Amar n'y ont rien fait : Brahim a franchi le point de non-retour. Les mois, les années ont passé sans progrès. Marie-Anne a obtenu devant les tribunaux français son divorce et la garde des enfants, pour découvrir qu'en fin de compte ces papiers n'avaient aucune valeur en Algérie, où la loi est claire : les garçons appartiennent à leur père...

Pendant que Farid et Amar subissaient la

rupture avec un mélange de résignation et de haine pour ce père qui leur volait leur vie, Marie-Anne a fait une découverte essentielle : elle n'était pas seule. Et c'est ici que nos histoires, jusque-là semblables par bien des côtés, se séparent vraiment. Marie-Anne a découvert avant moi la nécessité de lutter en groupe au lieu de se battre individuellement.

Ma surprise fait place à l'admiration quand je découvre les « héroïnes » inattendues de ce mouvement.

Annie Sugier est un paquet d'énergie inépuisable d'1,55 mètre. Le genre à tout obtenir par la seule force de sa volonté. Elle a une voix douce, mais persuasive, une confiance et une détermination toujours aux aguets.

Elle travaille au Commissariat à l'énergie atomique. Elle a vécu à l'étranger et possède une certaine compréhension des autres cultures. Passionnée des causes féministes, elle a créé avec son amie Linda Weil-Curiel, une avocate féministe, le Collectif de solidarité des mères d'enfants enlevés, surnommés depuis les *Mères d'Alger*.

Trois de leurs amies les ont rejointes : Chantal Hanoteau, agent littéraire, Odette Brun, physicienne en retraite, et Anne-Marie Lizin, membre du Parlement belge.

Ces femmes se sont qualifiées elles-mêmes de « bergers », plutôt que de dirigeantes. On les a surnommées aussi « marraines ».

Aucune n'avait d'enfants et pourtant elles voulaient ardemment militer contre les enlèvements internationaux par les parents. En tant que féministes, bien sûr, mais en partant d'une tradition bien plus large, d'un concept d'égalité et d'universalité des droits de l'homme.

En novembre 1983, au cours d'une visite officielle du président algérien Chadli Benjedid, les marraines ont manifesté devant l'ambassade algérienne à Paris, la police est intervenue violemment. Plusieurs femmes ont été arrêtées, jetées dans un car de police, et c'est là qu'Annie a rencontré Marie-Anne Pinel pour la première fois. Cette manifestation a marqué la naissance des *Mères d'Alger*.

Nullement découragée par ces arrestations, l'association a décidé de mettre la barre plus haut. La prochaine action devait attirer l'attention du public de façon plus spectaculaire. Les *Mères d'Alger* allaient prendre un bateau, le *Liberté,* à destination d'Alger, pour essayer de rencontrer les officiels sur place et de voir leurs enfants. Trente mères, dont quelques-unes originaires d'Afrique du Nord, devaient monter à bord de ce que les médias ont appelé le « bateau pour Alger ».

Elles se sont rassemblées sur les quais de Marseille, nerveuses et surexcitées par l'aventure car, si Marie-Anne réussissait à voir ses enfants tous les six mois, d'autres mères n'avaient pas de nouvelles des leurs depuis des années.

Allait-on les arrêter... Verraient-elles les enfants... Dans quel état d'esprit étaient-ils maintenant ? Cette rencontre serait-elle une perturbation nouvelle dans leurs vies ? Allaient-ils reconnaître leurs mères ? Comment subvenir à leurs besoins si on leur permettait de les emmener ?

Mais l'opération a tourné court. Convaincue par la promesse de négociations des deux gouvernements, Annie Sugier a annulé le départ, commettant, selon ses propres termes, « une grande erreur, doublée d'une grande responsabilité »...

À partir de là, elle redouble d'efforts pour gagner au nom de ces femmes la seule victoire importante : renouer avec leurs enfants.

Dans l'ordre de cette bataille, il fallait tout d'abord sélectionner un groupe de base, cinq femmes, cinq mères représentatives, sur lesquelles on pourrait compter en toute circonstance. Et dans cette optique Annie et Linda décident que seules les femmes qui luttent déjà sont dignes de confiance. Il faut qu'elles aient, en outre, un comportement irréprochable, une loyauté incontestable, qu'elles s'engagent à travailler ensemble et soient prêtes à tout sacrifier pour atteindre leur but commun. Marie-Anne en fait partie, dès le départ.

Linda me résume ainsi la chose en souriant :

– On ne peut pas demander à tout le monde d'être parfait, mais nous savions en tout cas que pour réussir, ces mères-là se devaient d'être parfaites.

L'information s'étant répandue, des douzaines de mères sont venues se joindre à elles. Toutes ces femmes dont les enfants étaient retenus en Algérie trouvent dans l'organisation une sorte de thérapie positive, de quoi canaliser les énergies, réduire l'angoisse, et les aider à se débrouiller.

Après le fiasco du bateau, elles décident d'une nouvelle stratégie. Il est impensable de demander le retour des enfants, elles en ont bien conscience ; il vaut mieux négocier et réclamer des choses que l'on sait pouvoir obtenir.

La principale réclamation des mères porte sur le droit de visite et une base juridique pour le faire valoir. Mais les circuits des administrations françaises et algériennes sont terriblement longs et compliqués. Alors, les *Mères d'Alger* lèvent l'ancre sur la Méditerranée. Nous sommes le 17 juin 1985.

Le petit groupe de base arrive à Alger, puis à l'ambassade de France, y pénètre à grands pas en prenant par surprise une secrétaire qui n'en peut mais...

Et elles s'installent tout simplement sur la pelouse avec leurs sacs à dos, en refusant de bouger.

Au début, les employés de l'ambassade essayent de les inciter gentiment à partir.

– Mais qu'est-ce que vous voulez exactement ? Vous savez que c'est une ambassade ici ? Vous ne pouvez pas restez.

Elles restent.

Aussi maladroite qu'elle soit, cette action a un avantage : toute tentative pour déloger ces mères serait un désastre pour les relations publiques internationales. Car la chance est avec elles : un avion détourné vient d'atterrir à Alger et toute la presse l'a suivi.

Quelques heures plus tard, le détournement étant réglé, les journalistes n'ayant plus rien à raconter se ruent sur le problème des mères qui occupent l'ambassade.

Chacune raconte son histoire, excitant l'intérêt et la compassion générale, puis au fur et à mesure que les anecdotes reviennent et se ressemblent, l'excitation retombe.

Au bout de quatre mois d'occupation, l'une des mères craque. Hélène Montetagaud décide qu'elle ne pourra plus supporter un jour de plus dans cette ambassade. Pour préserver l'image de leur groupe, les autres annoncent que Hélène doit les quitter pour devenir leur ambassadrice à Paris.

Ce qu'elle fait. Au Parlement français elle raconte leur engagement, leur vie à l'intérieur de l'ambassade d'Alger. Tous les mercredis, Hélène fait envoyer des roses blanches au président de la République, au Premier ministre, au ministre de la Justice, aux présidents des deux assemblées. Quarante roses blanches au total chaque jour de réunion du Conseil des ministres!

Au début, Hélène choisit des fleurs fraîches, puis au bout d'un certain temps, elle envoie des pétales de rose fanés, symbolisant l'espoir qui s'étiole peu à peu.

Grâce à une importante médiatisation internationale, l'occupation de l'ambassade leur a tout de même acquis une réputation. Les rouages de l'Administration, rouillés jusqu'à présent, commencent à grincer dans la bonne direction. Du côté français et algérien on propose un marché : si les mères arrêtent leur manifestation, chaque gouvernement nommera un médiateur pour accélérer les demandes de droit de visite et mettre au point une réglementation judiciaire, afin de résoudre le problème et d'organiser un voyage des enfants pour Noël.

Le 24 novembre, cinq mois après leur entrée dans l'ambassade, les quatre mères obstinées en ressortent. Leur aventure n'est certainement pas terminée, mais elles peuvent considérer cette expérience difficile comme le point le plus important de leur travail commun.

Les mères sont lasses d'attendre. Les vacances approchent et les enfants sont toujours en Algérie, aussi inaccessibles qu'avant. Le gouvernement algérien a accepté d'organiser le voyage pour les congés, à une condition : la garantie officielle française pour le retour des enfants. Alors les mères jurent, devant un juge français, de rendre les enfants à la fin des vacances.

Toutes les conditions étant réunies, le gouvernement algérien accepte d'appliquer l'accord.

Le premier voyage ne comprend pas beaucoup d'enfants ; six seulement, dont Amar et Farid, les enfants de Marie-Anne, franchissent la mer.

Les familles françaises ont célébré ce retour avec une certaine réserve, tout le monde ne ressentant qu'un bref répit dans le chagrin de la séparation.

Deux semaines plus tard, c'est atroce. Plus dur que de risquer une arrestation, plus dur que de manifester, de dormir cinq mois par terre. Pour prouver qu'elles n'abuseront pas de l'autorité parentale, pour rester fidèles à la « parole d'honneur », pour démontrer aussi leur solidarité indéfectible, les mères rendent chaque enfant comme prévu, alors que tout en elles hurle de faire le contraire.

Amar, le fils de Marie-Anne, à dix-huit ans était légalement adulte en France, mais encore mineur en Algérie, où l'âge de la majorité est fixé à dix-neuf ans. Il a dû signer lui-même à Ghardaïa sa propre déclaration sur l'honneur, promettant son retour en Algérie. Il aurait pu rester en France s'il l'avait choisi. Il n'a pas voulu manquer à sa parole.

Après le succès de cette visite de l'espoir, le temps semble venu pour la France de négocier un accord bilatéral sur les enlèvements parentaux. Mais en mars 1986, les socialistes perdent le contrôle du gouvernement et l'élan est une fois de plus arrêté.

Pour les enfants d'Alger, plus de « voyage hivernal ». (On ne surnomme plus ces voyages les « visites de Noël », pour ne pas offenser la sensibilité musulmane.) Plus de voyage du tout, d'ailleurs : les pères algériens refusent à nouveau de laisser partir les enfants.

Les *Mères d'Alger* sont crucifiées et furieuses. Elles ont fait tout ce qu'on a réclamé d'elles, et les enfants sont toujours prisonniers.

Alors les marraines complotent un nouveau plan. Une marche de protestation pendant trois semaines, de Paris à Genève. Le groupe devra marcher pendant 525 kilomètres, dans la froidure de l'hiver.

Dans un communiqué, elles lancent un appel vibrant :

À l'heure où les pères et les mères se déchirent à travers leurs enfants, les marcheuses veulent montrer qu'un enlèvement n'est jamais une preuve d'amour, mais toujours un acte de violence qui détruit un enfant. La loi du plus fort ne doit pas gouverner les relations privées au sein d'une famille.

Les demandes des *Mères* sont ambitieuses. Libre circulation des enfants. Droit de visite libre pour les deux parents. Désignation d'un médiateur européen. Nomination d'un nouveau médiateur français, dont le poste est vacant. Reconnaissance officielle par la commission des

Nations unies pour les droits de l'homme. Accord formel et définitif entre la France et l'Algérie.

Cette fois, le président Mitterrand les reçoit et promet de « traiter personnellement cette affaire avec le président Chadli ».

Le 10 février 1987, escortées d'un bataillon de journalistes et de caméras de télévision, les *Mères d'Alger* quittent Paris. Six jours après, elles font un détour par Strasbourg. Les Algériens ont décidé une réunion impromptue, organisé un charter d'enfants pour une rencontre familiale de quarante-huit heures.

Mais en arrivant à l'aéroport, les mères ont la fâcheuse surprise de constater que les pères sont venus aussi. Et d'autres hommes avec eux, qui ont tout l'air de gardes du corps...

C'est une réunion émouvante et douce amère que cette rencontre mères-enfants sur un terrain d'aviation.

Certains ne se sont pas vus depuis des années et n'arrivent pas à se reconnaître. Ils ne parlent plus le même langage. Certaines mères voudraient étouffer leurs enfants sous les baisers et se maîtrisent, pour ne pas les apeurer.

Le médiateur algérien espérait une réconciliation... Au moins l'oubli des différends... Faire passer aux parents une nuit ensemble... Curieuse illusion.

Pour la plupart des femmes, séparées ou divorcées de leurs maris depuis des années, c'est évidemment impossible.

Et les pères refusent bien entendu de laisser les enfants une nuit seuls avec leurs mères...

À Genève, la tempête médiatique a grandi et menace de balayer toute résistance.

Pas à pas, les *Mères d'Alger* obtiennent satis-

115

faction à la plupart de leurs revendications : une reconnaissance formelle des Nations unies, un engagement renouvelé par l'Algérie de favoriser les visites, et une reprise des négociations par un pacte bilatéral destiné à déterminer quel pays détient l'autorité pour attribuer le droit de garde...

En juillet 1987, vingt-six enfants font la deuxième traversée, qui se termine sans incident. En décembre, ils sont quarante-trois de plus à faire le voyage vers la France.

Chacun de ces événements est un mélange de joie et d'amère déception. Des mères se retrouvent les bras vides à Orly, le voyage des enfants ayant été annulé par le père à la dernière minute.

Certains ont laissé partir leurs fils, mais pas leurs filles.

D'autres ont gardé les deux.

Alors immédiatement, dix des *Mères d'Alger* entament une grève de la faim à l'aéroport.

Pour les autres la visite passe trop vite. Et puis l'impensable arrive!

L'une des mères refuse de renvoyer son fils de dix-sept ans en Algérie. En mars 1988, après une rencontre avec sa fille spécialement organisée pour elle, une autre mère décide de manquer à sa parole et de la garder. L'enfant lui a été enlevée des années auparavant. Les autres savent que c'est une femme fragile, la plus vulnérable du groupe. Et que sa propre histoire est tragique.

Ces deux défections sont catastrophiques.

Et les marraines des *Mères d'Alger* craignent réellement qu'elles ne torpillent leur mouvement. Mais quand Annie et son amie Linda retournent en Algérie, elles font valoir à leurs interlocuteurs que les deux défections sont un douloureux rappel à l'ordre. Les gens sont faillibles, et il est injuste d'obliger un père ou une mère à choisir entre son cœur et la cause la plus grande, celle de tous. Les accords privés sont des solutions inadéquates. Un traité est nécessaire pour renforcer leurs pouvoirs et pour faciliter une approbation légale autant que sociale.

Lorsqu'elles quittent l'Algérie, le haut fonctionnaire qui les a reçues conclut simplement :

– Il faut en finir.

De retour en France, Linda et Annie rapportent ce propos à un conseiller du Premier ministre :

– Ces mots ont une signification particulière dans le langage diplomatique, c'est très significatif. Peut-être allons-nous pouvoir entamer de nouvelles négociations.

Quelques semaines après ma visite, en juin 1988, après des mois de négociations menées par Georgina Dufoix, j'apprenais que les Algériens ont fait connaître leur accord pour la signature.

Le 21 juin la convention franco-algérienne sera signée, entérinée, publiée. Une commission rogatoire bipartite sera nommée pour s'occuper de tous les cas d'enlèvements ayant donné lieu à conflit.

C'est la plus belle des victoires, sans perdant, les enfants étant les premiers vainqueurs.

Désormais, la juridiction en matière de conflit de garde d'enfant entre pays appartiendra au pays où les parents se sont mariés ou ont vécu ensemble, ont élevé leurs enfants. Le lieu, en fait, où l'enfant considère qu'il est chez lui.

En même temps qu'il décidera du retour de

l'enfant, le tribunal attribuera un droit de visite au parent qui n'obtient pas la garde...

Marie-Anne n'a pas eu à apprendre la ratification pour retrouver ses enfants. Ayant tour à tour atteint leur majorité, ils sont revenus en France. Elle me dit qu'ils essaient de renouer le fil brisé de leur jeunesse, qu'ils tentent de ne pas se laisser gagner par l'amertume contre ce que leur père leur a fait. Je regarde Mahtob et, malgré la distance de la langue et des pays, je comprends ce que Marie-Anne veut dire.

Ces femmes m'impressionnent.

Elles montrent un exemple, une route à laquelle j'ai déjà songé, mais sans savoir où la prendre. C'est d'une organisation que nous avons besoin. Aux États-Unis, mon réseau n'est que défensif, fait de soutien moral et d'aide financière, pour parer les drames les plus urgents. Je suis seule, les autres femmes sont seules, et c'est cette solitude notre problème.

Autre différence énorme, que je constate chez Annie Sugier, qui me dit fermement :

— Moi, je ne m'implique jamais émotionnellement dans une affaire. Je n'ai pas d'enfant, je prends ce combat dans son ensemble, pour obtenir des résultats. Si je m'impliquais personnellement, je ne pourrais plus travailler. Je resterais assise derrière mon bureau à pleurer, et incapable d'agir.

Rester à l'écoute de chaque problème, comme je le fais maintenant depuis des mois... je reconnais que c'est dur. Mais je ne pourrais pas faire autrement.

Il faudrait que mon réseau devienne une véritable association, un pouvoir. Je ne suis pas féministe, mais à même combat mêmes armes.

118

Le mois suivant, je suis de retour à la maison. C'est au cours d'une conférence devant une association du Michigan que je rencontre un nouvel allié.

C'est un homme d'une quarantaine d'années, barbu, l'air tranquille, au regard doux derrière des lunettes rondes, et qui a semblé particulièrement attentif à mon discours.

Il se présente : Arnold Dunchock, avocat, spécialisé dans les problèmes familiaux. Il parle posément ; le ton de sa voix, son élocution, tout est rassurant en cet homme.

— Je ne suis pas, dit-il, le genre d'avocat à encourager les victimes à faire des procès, mais je crois que je peux vous aider.

Les hommes se sentent rarement concernés par ce problème. L'indifférence, voire l'animosité des juges, des avocats même, je l'ai trop connue.

— Comment se fait-il que vous soyez venu ?

— J'ai lu le livre, et j'ai entendu parler dans les couloirs des tribunaux de vos ennuis pour demander le divorce et la garde de votre fille. Je crois qu'il existe un moyen...

Un miracle. Cet homme a une tête de miracle, et il en fait !

Quarante-huit heures plus tard, il obtient une ordonnance de garde temporaire qui dénie à Moody un droit de visite à Mahtob.

Arnie connaît les ficelles. Il sait comment faire annuler une demande de divorce, la mienne, pour la renouveler cinq minutes plus tard, et redemander la garde de Mahtob... Le juge devient fou, mais il n'a pas le choix. Il n'y a là rien d'illégal. À malin, malin et demi. Et

119

Arnie se charge de cette valse de procédures en attendant de faire modifier la loi de l'État, qui exige que l'on demande le divorce dans l'État de son domicile, en y justifiant de son adresse...

Bien entendu, je tiens à obtenir la garde permanente de Mahtob dans l'avenir, et que ce soit l'élément essentiel du jugement de divorce, auquel je tiens aussi. Arnie sait que la nouvelle loi va passer, il suffit de jouer le provisoire en attendant. Et il ne se contente pas d'être mon avocat. Il est motivé par la cause des enfants. Je l'ignore encore à cette époque, mais il va devenir un compagnon de croisade, non seulement pour la protection de Mahtob, mais dans l'intérêt des autres enfants. Arnie est une sorte de saint-bernard, un habitué de l'aide judiciaire et morale gratuite, et dans nombre de cas où les mères démunies sont incapables d'assumer les frais et les complications de procédures infernales, il est là.

Maintenant que nous sommes devenus amis, il m'arrive de lui dire :

— Arnie, tu penses à tes honoraires de temps en temps ?

Et lui de me répondre en bougonnant :

— Betty, tu penses à te reposer de temps en temps ?

Outre la promotion du livre et les conférences, les choses avancent pour le film. Harry et Mary Jane me font venir en Californie pour rencontrer Brian Gilbert, extrêmement intéressé par la réalisation.

— J'aime votre histoire, mais je veux un nouveau script. Et la meilleure façon pour moi de mettre en scène ce film, c'est de réécrire le scénario avec vous.

Brian me plaît immédiatement. Je le trouve à la fois gai et modeste, et surtout préoccupé d'aligner le scénario au plus près possible de la réalité.

Je fais plusieurs voyages à Los Angeles durant ces deux mois, pour aider les scénaristes dans leur recherche de cette réalité. Chaque jour, nous allons dans les restaurants iraniens, les cercles culturels perses. Je tends l'oreille et, dès que j'entends prononcer une phrase en farsi, je traduis pour Brian. De son côté il observe les gens manger, boire, parler, leur comportement en général, et la manière dont les femmes marchent à quelques pas derrière les hommes.

L'été venu, Brian vient passer quelque temps dans le Michigan, à la maison, pour s'imprégner de notre vie et plonger dans les albums de photos. Les photos « d'avant ». Celle où Moody, dans une piscine bleue, soulève Mahtob à bout de bras, riant avec elle...

Même après son retour à Londres, où il s'est mis à écrire, Brian reste en contact avec moi par téléphone ou par fax. Il semble vraiment avoir compris ce que je voulais faire passer dans ce film. Hélas! lorsque le scénario final arrive entre mes mains, l'émotion véritable, celle que je désirais transmettre, n'y est toujours pas. C'est désespérant.

Malgré tout le travail accompli, c'est toujours et encore dans le même style que ce qu'on m'a présenté deux ans plus tôt. N'ayant plus rien à perdre, je me dis qu'il est temps de m'y mettre.

Au lieu d'appeler la production pour me plaindre, j'engage une baby-sitter pour Mahtob, et j'entreprends de réécrire dans la foulée les premières scènes de Brian. Je m'attache à chaque détail de ma vie en Iran, même au plus insignifiant, aux nuances que nulle autre que moi ne peut connaître aussi bien. Évidemment, je n'ai rien d'une scénariste professionnelle, mais je suis la seule avec Mahtob à avoir vécu cette aventure, et je me donne du mal pour traduire sur chaque page l'intensité de mes émotions d'alors.

Au bout de quatre jours de ce travail acharné, vingt-quatre heures sur vingt-quatre, je suis en mesure d'expédier à la production une bonne partie du script. Et c'est sans fausse modestie que je reçois dès le lendemain le message d'Harry Ufland sur mon répondeur.

– Tu nous a épatés! C'est exactement ce qu'on voulait!

C'est en plein milieu de mon travail sur le scénario que la sonnette de la porte d'entrée retentit. Un colis d'une agence d'expédition. Je sais ce que contient le paquet et j'appelle Mahtob, qui ronchonne :

– Encore un de ces scénarios débiles...?

J'use de patience pour la convaincre d'aller ouvrir la porte. Elle finit par céder et je la regarde se démener avec le paquet. Finalement, elle déchire le papier, et met son nez dans la boîte.

– Ho!... mon lapin!

Elle s'en étrangle.

– C'est mon lapin!

Un sourire éclaire son visage. Ma petite fille se met à embrasser le lapin vert et blanc, réplique exacte de sa peluche favorite qu'elle a dû abandonner en Iran.

– Qu'est-ce qu'il est petit!

Elle tient le lapin de quatre-vingt-dix centimètres devant elle, sans comprendre que c'est elle qui a grandi. Elle le serre contre sa poitrine, le couvre de baisers, se met à valser avec Bunny lapin dans ses bras, comme elle le faisait si souvent.

Il y a bien longtemps que Mahtob n'a été aussi heureuse. Elle s'assied sur le divan, Bunny lapin à côté d'elle. Soudain, le sourire s'éteint. Le regard se vide, se fait noir, insondable. Elle pense à l'Iran. Elle a l'air si triste, des larmes roulent sur ses joues.

Bunny lapin vient raviver le souvenir de son père, l'homme qui, autrefois, avait su l'entourer de tant de tendresse et de sécurité.

– Mahtob? Regarde-moi.

Pour chasser le démon, je raconte l'histoire du nouveau Bunny :

– C'est Mary, la fille de ton instituteur, qui a proposé de le fabriquer. Je lui ai donné les mesures de Bunny et une photo. Il lui ressemble vraiment?

– C'est son frère.

Nous allons le poser sur la commode de Mahtob. Il reprend sa place de gardien en peluche dans la chambre, comme avant. Pas plus que moi Mahtob ne s'habituera à assumer le double souvenir de ce père énigmatique, trop tendre un jour, si cruel le lendemain.

Le regard en boutons de bottine de Bunny lapin, témoin perdu et retrouvé, m'émeut comme une enfant, moi aussi.

Son frère n'a pas pu s'échapper d'Iran et je me demande fugitivement s'il est encore là-bas, vestige symbolique dans une chambre vide, ou bien jeté, détruit...

Le téléphone me tire de mes réflexions. La voix rauque de Marilyn :

– Betty ? J'ai le trac pour demain...

Marilyn est mon problème le plus actuel. Le cas dans lequel je suis impliquée totalement. Demain, je suis citée en qualité de consultante devant un tribunal qui va délibérer sur la garde de ses enfants.

Je lui ai consacré beaucoup de temps, je l'ai hébergée à la maison à une période où elle jouait à cache-cache avec le tribunal et refusait d'amener ses enfants devant le juge.

– Plutôt mourir, disait-elle, il va les prendre !

« Il », c'est Feridun. Il est iranien. Je suis arrivée dans leur vie à un moment où Marilyn était l'otage de son mari avec ses quatre enfants, dans leur propre maison de Detroit. Il lui interdisait de sortir, l'obligeait à lire le Coran à table devant les enfants. La battait, l'empêchait de voir sa famille, enregistrait ses conversations téléphoniques, menaçait de mettre le feu à la maison si elle n'obéissait pas. Il avait même entreposé de l'essence dans son garage... Quand il ne faisait pas mine de jeter la voiture et toute la famille par-dessus un pont.

Il a fallu que sa sœur demande du secours dans une église de Detroit, que ma tante soit justement dans cette église et m'appelle à son tour. Le danger, je le connaissais bien. Un jour, Feridun allait décider de rejoindre l'Iran avec ou sans Marilyn, mais avec les enfants. Marilyn n'avait guère de défense à lui opposer. Quatre enfants à charge...

Avec l'aide du gouvernement fédéral, j'ai d'abord réussi à la faire entrer dans un refuge pour femmes battues, mais elle ne pouvait y séjourner que trente jours. Arnie a pris son dossier en mains, elle est passée d'un refuge à un autre, jusqu'à s'installer dans le Minnesota. Elle a suivi des cours pour obtenir un diplôme d'ingénieur. Elle va mieux depuis un an et demi que je la connais, elle affronte la légalité avec plus d'assurance. Fini le temps où elle pleurait, affalée sur mon bureau, s'accrochait au téléphone durant des heures, débarquait à la maison avec ses enfants en attendant le prochain refuge de femmes battues... garait sa voiture dans l'Ohio, de peur qu'on la repère, en louait une autre pour aller voir le juge dans le Michigan... qui menaçait de la mettre en prison si elle continuait à « séquestrer » ses enfants et à refuser le droit de visite à son mari.

Pour la première fois, le fameux fonctionnaire chargé de donner son avis à la cour a bien voulu reconnaître que les quatre gosses ont peur de leur père, et l'avenir s'annonce bien. J'espère de toutes mes forces que, demain, tout sera réglé. D'autant plus que Marilyn a des biens – une pension d'un premier mari dont elle est veuve – et qu'elle a dû tout abandonner dans sa fuite, au risque que Feridun s'approprie le tout.

– Je suis à l'hôtel à côté du tribunal, avec les enfants.

– Je croyais que tu venais à la maison, comme la dernière fois.

– Non, ça va... ça va...

– Et ton mari ?

– Rien de neuf.

Rien de neuf depuis qu'il a menacé : « Si tu vas à la police, je tuerai toute ta famille... »

Rien de neuf depuis qu'il a fait un séjour en Iran.

Rien de neuf depuis qu'on lui a retiré le droit de visite à ses enfants.

Nous avons fait un grand pas en avant dans cette affaire. Et si tout allait trop bien ?

125

Je me lève à trois heures du matin, pour être à l'heure au tribunal.

Si Marilyn n'amène pas les enfants au juge, elle ira droit en prison. Nous sommes au pied du mur.

J'attends son arrivée dans le hall du tribunal. Sa mère l'accompagne, sa sœur aussi, l'avocat.

Feridun est déjà là. Il se tient près de l'ascenseur, les bras chargés de cadeaux, impassible, le regard sombre. Il ne me connaît pas personnellement, mais il va m'entendre témoigner tout à l'heure. Et il est iranien... Je devine ce qu'il pense des femmes qui refusent l'aliénation.

Enfin l'ascenseur s'ouvre et Marilyn apparaît, suivie de ses enfants. Ni jolie ni laide, Marilyn, effacée. Mais en un an et demi, elle a changé. Quelque chose dans l'attitude du corps, dans le port du visage, est plus agressif, plus indépendant.

Elle passe devant moi, devant Arnie, son avocat, ne s'arrête pas, se dirige vers son ex-mari, et je comprends qu'ils demandent la possibilité de s'entretenir en privé dans un bureau avant l'audience.

Arnie me regarde, je le regarde...
— J'ai l'impression qu'elle va se réconcilier avec lui... Elle t'a dit quelque chose ?
— Rien. Je crois qu'il était dans le même hôtel qu'elle, hier soir... ils ont dû se parler.

Quelques minutes plus tard, l'audience privée devant le juge est terminée. Marilyn embrasse son mari en sortant, les enfants ont l'air de pleurer... C'est fini.

Pas un remerciement, ni à son avocat, ni à moi, ni à sa sœur... Ils s'en vont réconciliés, avec les cadeaux, les enfants, sans un regard pour personne.

126

Je suis sidérée. C'est incompréhensible. Elle a lutté un an et demi pour en arriver là ? Pour retourner avec celui qui la bat, l'humilie, menace ses enfants ?

D'accord, il s'agit du fameux syndrome de la femme battue. Incompréhensible pour les autres. Plus le mari l'humilie, plus il y a de chance pour qu'elle retourne avec lui à la plus petite promesse de sa part. « Je t'aime, j'aime les enfants, ne me quitte pas et je ne recommencerai plus... »

Nous avons eu la preuve que cet homme est sournois, violent, dictateur. Arnie et moi avons fait plus que nous ne devions faire pour aider Marilyn, largement plus... Elle a occupé une grande partie de mon réseau, reçu de l'aide du gouvernement fédéral pour s'échapper de chez elle. Elle allait aboutir, atteindre la véritable indépendance pour elle et ses enfants, la protection de la loi... et voilà.

Le procureur s'avance vers moi, l'air à la fois ironique et furieux :

– Alors ? Que ferez-vous avec la prochaine qui va vous demander de l'aider ?

– Je n'aiderai plus personne !

Je me sens mortifiée, trahie, usée. J'ai répondu du tac au tac sous le choc. Mais je sais bien que je n'en ferai rien. La prochaine, toutes les prochaines, celles qui attendent, qui téléphonent, qui écrivent... me trouveront.

Mais je n'oublierai jamais le regard de ces quatre enfants, plein de larmes, d'incompréhension, d'angoisse, suivant leurs parents, comme un petit troupeau apeuré.

Le tournage prochain du film *Jamais sans ma fille* va me prendre beaucoup de temps, et je devine que ce tourbillon me coupera momentanément de mon réseau. Depuis la sortie du livre, j'ai dû m'occuper d'une centaine de demandes... Or, les lettres et les appels continuent d'affluer, et j'ai pris une décision importante.

Je ne peux plus travailler seule à ce bénévolat. Arnie s'est joint à nous, en sa qualité d'avocat spécialiste des problèmes sociaux, et j'ai engagé quelqu'un pour répertorier tous les cas, les mettre sur ordinateur, assurer les liaisons téléphoniques, et garder un contact permanent avec le département d'État.

Ce n'est que l'embryon de la fondation que je veux créer, mais l'exemple des *Mères d'Alger* m'inspire...

Le tournage du film se déroule en Israël. Sheila Rosenthal, une petite comédienne de six ans, y tient le rôle de Mahtob. Sally Field tient le mien. C'était mon choix depuis le début. J'ai vu ses films précédents, aimé son talent fait de

128

simplicité et d'émotion. Pendant le tournage elle est parfaite, d'un professionnalisme formidable. Elle a tellement bien repris à son compte mes sentiments, mes terreurs, mes angoisses, que c'est impressionnant de la voir faire. Revoir les scènes de ma vie, tournées devant une caméra, jour après jour, c'est réellement étrange. Une scène, surtout, m'impressionne.

C'est le jour où j'ai dû mentir à Moody, en lui disant que j'acceptais de vivre en Iran avec lui, pour avoir le temps d'inventer un plan d'évasion avec Mahtob. Cette fausse réconciliation, Moody qui me prend dans ses bras pour m'embrasser, alors que je ne suis que haine et angoisse intérieurement... elle est là devant moi, comme un miroir. Alfred Molina, alias Moody, Sally Field alias Betty. La caméra zoome sur les yeux de Sally-Betty, prend son regard ; elle ne dit rien, et l'on « entend » tout dans ce regard, on devine tout. Son dégoût de cette fausse étreinte, du mensonge, sa détresse, sa rage de vaincre l'adversité imposée par ce seul homme.

Sally ne m'a pas posé de questions personnelles, elle prend le rôle en charge, seule, en travaillant avec le metteur en scène.

Alfred Molina procède autrement. Il pose énormément de questions sur Moody. Sur son caractère, son comportement, ce qu'il aurait fait dans telle ou telle situation, quel geste, quelle sorte de fureur, de mauvaise foi, comment il parlait à Mahtob, comment il bougeait, il veut tout savoir. Alfred ne ressemble pas du tout à Moody. Il est plus grand et plus mince, barbu, et a beaucoup plus de cheveux. Mais il prend son rôle très au sérieux et le travaille jusque dans les moindres détails. Tout ce qu'il fait ensuite est si convaincant que je sursaute par moment en le voyant jouer une scène. Je vois Moody, son regard, ses attitudes... Il a pris jusqu'au ton de sa voix, parfaitement compris le comportement de cet homme nerveux dont l'agressivité va de degré en degré, jusqu'à l'explosion. On dirait qu'il a vécu avec Moody pour l'avoir compris aussi bien.

C'est étrange aussi de tourner en Israël, à Jaffa, dans ce vieux quartier arabe de Tel-Aviv, qui a une ressemblance inquiétante et mystérieuse avec Téhéran. Pour le film, on a installé partout des affiches, des graffitis en farsi, d'immenses photos de l'ayatollah. Les panneaux des rues ont été changés. Les voitures repeintes comme les vieilles Pakon de là-bas, les taxis orange. Des consultants iraniens sont là pour superviser les costumes et les Israéliens sont intrigués; ils s'agglutinent sur les lieux de tournage au point qu'il faut faire venir la police à certains moments pour dégager le champ des caméras. Et les rassurer aussi par un communiqué sonore qui leur explique qu'il s'agit d'un film et que l'esprit de l'ayatollah n'a pas envahi Tel-Aviv!

Toutes ces similitudes me rappellent chaque jour que nous ne sommes qu'à 1 000 kilomètres de l'Iran. Trop près de Moody, cette fois, pour être tranquilles. Entre cette proximité et l'interminable problème palestinien, je craignais énormément ce séjour en Israël. La production et le département d'État m'avaient assuré que la sécurité de ce pays était la plus efficace au monde.

J'en ai d'ailleurs fait l'expérience dès le début du voyage, à l'embarquement de la compagnie El Al.

– Mahmoody, c'est votre nom?

Un nom de famille iranien, c'était évidemment suspect pour eux. Ils ne m'ont pas laissée partir avant d'avoir pris leurs renseignements auprès de la production. J'avais beau expliquer le film, montrer le livre, rien n'y faisait. Ensuite la compagnie s'est excusée, mais, au fond, cette consciencieuse investigation m'a rassurée.

Le film terminé, nous rentrons aux États-Unis en passant par Paris. Paris, la France, c'est le pays où le livre *Jamais sans ma fille* s'est vendu à trois millions d'exemplaires! On me dit que c'est le livre le plus vendu en France depuis vingt ans! C'est extraordinaire, impressionnant. Quand je pense au libraire de ma petite ville du Michigan, qui ne voulait pas le vendre parce que c'était une « histoire d'Arabes »...

En rentrant de ce long voyage, le courrier qui m'attend est plus énorme encore que je ne le pensais.

Je suis là depuis quelques heures seulement, lorsque Bill Hoffer m'appelle pour me demander d'aider Jessie Pars, une femme dont les deux enfants viennent d'être kidnappés en Iran.

C'est une femme affolée que j'entends.

— C'était la semaine dernière, il m'a pris mes enfants, mon fils Cy a six ans, Sarah huit ans. Qu'est-ce que je peux faire? Qui peut m'aider? Je deviens folle, je vous en prie, faites quelque chose! On m'a dit que vous aviez l'habitude...

— Vous êtes divorcée?

— Oui, depuis quatre ans... Il avait une bonne situation aux États-Unis, il est diplômé de Princeton, il travaillait dans un grand laboratoire, jamais je n'aurais imaginé qu'il laisse tout tomber et me prenne les enfants! Il les voyait régulièrement...

— Il s'est passé quelque chose de particulier ces derniers temps?

— Non... à moins que... j'ai fait la connaissance d'un autre homme, mais...

— Jessie, selon la loi islamique, lorsqu'on a eu des enfants avec son mari, on ne se remarie pas.

— Mais je ne suis pas remariée!

— Les enfants ne doivent pas habiter avec un autre homme. Le mari peut avoir d'autres femmes, mais vous êtes censée exclure les hommes de votre vie...

— Il ne vit même pas avec moi... J'ai la garde des enfants depuis le divorce! Aidez-moi...

Deux jours plus tard, j'arrive en Pennsylvanie. Jessie, sa sœur et son beau-frère viennent me chercher à l'aéroport. Dans la maison, les chaussures des enfants sont encore dans le couloir, leurs jouets dans un coin, leur décor en place. Ce vide, cette impression de petits fantômes qui devraient être là m'arrachent le cœur à chaque fois.

La gorge serrée, Jessie me raconte :

— Les enfants s'en allaient voir leur père, c'était le jour de visite, je me souviens que...

Elle serre les lèvres pour s'empêcher de pleurer, et continue :

— ... C'est mon fils Cy, il était en route, il a fait demi-tour pour venir me dire : « Maman, n'oublie pas d'inviter mon copain Bob à mon anniversaire! » et il est reparti sur la route... Aujourd'hui il a six ans, c'est son anniversaire, et je ne sais pas où il est! Je n'ai qu'un numéro de téléphone!

Jessie a enregistré les dernières conversations téléphoniques qu'elle a eues avec son ex-mari. J'en écoute des extraits avec elle, notamment un passage très court où sa petite fille de huit ans, Sarah, est en larmes :

— Maman, je t'en prie, viens me chercher... viens me chercher...

C'est ça qui est le plus insupportable, la toute petite voix d'un enfant à des milliers de kilomètres, les larmes, l'appel au secours, et le téléphone qu'on lui arrache. Des otages. Voilà ce qu'ils font de leurs propres enfants, des otages internationaux.

En peu de jours, avec l'aide de Teresa au département d'État, j'apprends que les deux enfants de Jessie sont dans un village du nord de l'Iran.

Comme toujours je recommande à Jessie de ne pas rompre la communication avec son ex-mari, qui demeure le seul fil conducteur vers les enfants. Arnie met une stratégie sur pied.

– Vous allez l'appeler régulièrement, lui. Ne demandez pas à parler aux enfants, n'insistez pas pour cela, vous allez essayer de le convaincre que vous n'aimez personne d'autre, qu'il doit revenir, pour vous et pour les enfants, que vous avez décidé de reprendre la vie commune.

– Il ne me croira pas!

– Essayez quand même, proposez-lui de vous rencontrer dans un lieu intermédiaire, la Turquie, qu'il emmène les enfants avec lui juste pour une journée... Si ça marche, la loi étant pour vous, vous n'aurez plus qu'à disparaître avec les enfants.

Jessie parvient à jouer la comédie. Son ex-mari semble accepter de la croire, il veut bien passer un week-end en Turquie avec elle et les enfants... mais il réclame 225 000 dollars. Il se dit jaloux, il l'est sûrement mais de manière possessive et infantile. Il se dit vertueux... et il se vend pour un week-end avec son ex-femme, pour un paquet de dollars. Car il refuse de rendre les enfants. Il ne les amènera avec lui que pour servir d'appât. Le chantage est clair, c'est de l'extorsion de fonds.

Le père de Jessie a de l'argent, il est prêt à payer pour ses petits-enfants. Le kidnappeur le sait.

Istanbul. Jessie est à l'aéroport, elle porte une serviette contenant les 225 000 dollars. Un ami a pris le même avion, il attendra avec un taxi à l'aéroport.

Son ex-mari arrive en voiture, les enfants sont à l'arrière, surveillés par un inconnu. Tout cela ressemble vraiment à une remise de rançon. Le plan de Jessie est de remettre l'argent, de saisir l'occasion où elle sera seule quelques minutes avec les enfants, et de filer en taxi.

Arnie et moi attendons des nouvelles avec anxiété. La loi américaine protège Jessie, à condition qu'elle revienne, à condition qu'elle garde son calme sur place. Nous ne connaissons pas cet homme mais j'imagine tellement Moody à sa place... J'ai si peur pour les enfants...

Des heures à attendre. Et enfin le téléphone. Jessie raconte si vite, et il s'est passé tant de choses, que j'ai du mal à la comprendre. Elle est à l'aéroport, elle a les deux enfants, mais elle vient de vivre une journée infernale :

– ... La voiture était assez loin mais en face de moi, de l'autre côté de la piste, je voyais les enfants... j'en tremblais, et tout à coup Sarah m'a vue ! La pauvre gosse est sortie de la voiture d'un seul élan, elle s'est mise à courir vers moi en traversant la piste, et en hurlant : « Maman ! maman ! » Mon fils a compris, il l'a suivie en trois secondes ! Betty... Je les voyais courir, courir... J'avais la chair de poule, je tendais les bras vers eux et je me disais : « Le plan est à l'eau... il va rattraper les enfants et filer avec eux... » Le chauffeur de la voiture était déjà dehors, mon mari hésitait...

Jessie a finalement eu le bon réflexe. Ses enfants dans les bras elle s'est réfugiée au poste de police. Comme elle avait les documents prouvant son divorce et le droit de garde légal des enfants, la police turque n'a pas pu l'empêcher de repartir avec eux. Une journée de palabres et de tension affreuse...

Un soir, après l'aventure de Jessie, je me couche épuisée, la journée ayant été particulièrement éprouvante. Mahtob est en vacances chez sa grand-mère, je suis seule, et la tête à peine posée sur l'oreiller je sombre dans un sommeil noir.

Soudain je m'entends hurler. Ma propre voix résonne dans la chambre.

Moody est là. Je l'ai vu, guettant à côté de mon lit, j'ai senti son corps sur le mien, ses mains ont entouré mon cou, ses lèvres crispées en un affreux sourire de vengeance.

Il est là, je l'ai senti... sa peau, son odeur...

Cauchemar ou réalité? J'ai crié si fort qu'il me faut quelques secondes avant de reprendre mon souffle. Puis je tremble comme une feuille, un grelottement de tout le corps, incoercible, le cœur sautant dans ma poitrine, comme s'il voulait bondir pour s'en échapper.

C'était un cauchemar. Mais tellement réaliste, tellement plus vivant que les rêves habituels, un cauchemar de chair et d'os, une terreur en relief. Un mauvais présage? Je ne peux plus me débarrasser de cette image.

Il me poursuit de ses menaces, il va mettre à exécution ses projets, ressurgir dans ma vie pour

135

la détruire. Ma chance ne peut pas durer comme ça.

Depuis notre évasion, il ne se passe pas un jour sans que je pense à lui et à ce qu'il pourrait nous faire, s'il en a la moindre possibilité. Quand viendra-t-il ? Comment s'y prendra-t-il ? J'ai tout envisagé, j'ai peur de ne pas avoir tout prévu...

Ce cauchemar où il m'étranglait en ricanant me poursuit encore.

Mon passé en Iran me rattrape aussi parfois de façon plus heureuse. Par une tierce personne, j'ai des nouvelles régulières d'Amahl, l'homme qui nous a aidées et qui m'a dit : « Je ne quitterai pas l'Iran si ma femme et mes enfants ne peuvent pas venir avec moi. » Son rôle dans notre fuite n'a jamais été découvert. Un jour, quelque part dans le monde, je le reverrai...

Quant à Helen Balasanian, la femme de l'ambassade de Suisse à Téhéran qui m'a conseillée et soutenue, elle m'appelle régulièrement. Elle insiste à chaque fois pour échanger quelques mots avec Mahtob.

Un soir, je décroche le téléphone pour entendre une étrange voix masculine qui commence :

— Ne vous inquiétez pas, c'est Helen qui m'a donné votre numéro.

L'homme m'explique qu'il est irano-arménien et qu'il vit en Californie.

— Je suis veuf, me dit-il, et je veux épouser Helen. Quand je lui ai fait ma demande, elle m'a dit : « Appelle Betty Mahmoody et demande-lui son autorisation. »

Je ris et je suis émue.

136

Chaque fois que je mets les pieds au bureau, l'ordinateur fait défiler sous mes yeux des listes de cas – huit par semaine nous sont signalés, quatre cents par an aux États-Unis seulement –, les réponses que nous pouvons donner, l'aide qu'il est possible d'apporter. Ce listing froid en surbrillance sur l'écran noir est une étrange galaxie. État par État, en Amérique, pays par pays, recensés par le département d'État à Washington, ce sont des enfants qui défilent devant mes yeux. Des petits fantômes d'enfants, arrachés à leur terre.

Plus émouvant encore, les lettres de mères, de pères, d'enfants aussi, que l'on m'apporte précieusement :

Amshad : « *Je ne veux pas de cadeau pour Noël, je ne veux que toi, maman...* »

Ma fondation va s'appeler *Un monde pour les enfants*. Arnie s'occupe du dépôt officiel des statuts. Le bureau commence à être efficace dans la mesure où nous pouvons donner maintenant systématiquement, et rapidement, un certain nombre de conseils essentiels : devant quelle juridiction demander la garde des enfants ? À qui s'adresser au département d'État ? Qui, dans le réseau, est susceptible de donner des renseignements précis sur le pays concerné ?

Énormément de choses sont encore à faire mais au moins, dans la modeste mesure de mes possibilités et celles de la fondation naissante, au moins, il y a une réponse, une aide juridique, sociale, morale.

Ramez est plutôt petit, pas plus de 1,70 mètre, à mon avis. Son teint est pâle, très pâle pour un

Libanais, son regard intense. Il n'a pas l'air très costaud. Son corps se voûte déjà, ses cheveux grisonnent. Il n'a que quarante-cinq ans.

Depuis des semaines, il m'écrit longuement, précisément, et me téléphone régulièrement. Aujourd'hui, il vient me chercher à l'aéroport et, à peine dans la voiture, il se met à parler. Très vite, nerveusement, comme si le souffle lui manquait. Souvent, il tourne son visage vers moi, en un centième de seconde, comme pour appuyer son propos, mais si vite... On dirait un oiseau affolé. Une fois chez lui, il continue à parler, ouvre la porte, m'emmène aussitôt au salon et se précipite sur plusieurs choses à la fois.

– Vous allez écoutez ça... Il faut que vous lisiez ça...

Je regarde autour de moi. Les murs sont entièrement recouverts de photographies. Entièrement, c'est-à-dire du sol au plafond. C'est affolant, étouffant. Ramez a étalé là, sous mes yeux, les albums de famille au complet, du jour de son mariage, en 1978, au jour du drame, en 1986.

Ramez Shteih, venu de Beyrouth pour occuper un poste de comptable à New York, à la Pan Am, a été naturalisé citoyen américain quelques années plus tôt. Parmi tous les avantages offerts par cette compagnie aérienne, il en était un idéal pour un homme passionné de voyages : la gratuité sur presque tous les vols internationaux.

Au cours de l'un de ses voyages, en 1977, dans les montagnes en fleurs du sud de l'Écosse, Ramez fait un petit arrêt dans une auberge au bord d'une route. Une jeune serveuse attire son attention... Ainsi commence l'histoire d'amour de sa vie.

Muriel Dunlop a à peine dix-neuf ans alors que Ramez en a trente-huit, mais ils s'entendent à merveille dès le début. Ils échangent leurs adresses, entament une correspondance passionnée et, lorsque Ramez revient en Écosse six mois plus tard, ils se font la cour comme deux vieux amoureux.

Ramez est très bien reçu par les parents de la jeune fille. David Dunlop, le père, est outilleur, sa femme Isobell, réceptionniste d'hôtel. Ils ont l'air de gens tout à fait raisonnables, dénués d'*a priori* sur l'âge, la nationalité ou les différences religieuses entre Muriel et son fiancé. Ramez fréquente une église catholique grecque, alors que Muriel est presbytérienne, mais non pratiquante.

La famille Dunlop a mené une vie aventureuse. Muriel a passé une grande partie de son enfance et de son adolescence en Rhodésie, où ses parents avaient trouvé un travail plus lucratif, jusqu'à ce que l'insurrection ne les ramène en Écosse, en 1975.

En février 1978, Ramez et Muriel se marient dans une petite église écossaise. Dès que la carte de séjour de Muriel est établie, ils vont s'installer aux États-Unis. Cependant, la nouvelle épouse, à peine sortie de l'adolescence, s'adapte difficilement.

En février 1979, Muriel s'envole vers l'Écosse pour la naissance de son premier enfant. Vicky naît en avril, et Muriel reste encore trois mois dans son pays. Ramez vient en avion les week-ends.

Six mois après la naissance de Maya, le

deuxième enfant du couple, Isobell, la mère de Muriel, rend visite au couple dans le New Jersey. Les Dunlop se sont réinstallés en Afrique pour se rapprocher de leurs deux fils qui y travaillent et Isobell débarque directement du Zimbabwe.

Deux jours après son arrivée, Isobell demande à Ramez où sont les passeports des deux petites filles et paraît stupéfaite d'apprendre qu'ils sont dans un coffre à la banque.

– Le jour suivant, elle me convoque dans sa chambre pour une conversation particulière. Elle va droit au but : « Je veux que ma fille et mes petits-enfants viennent avec moi au Zimbabwe pour voir la famille. » J'étais furieux de l'arrogance de ma belle-mère, et je l'ai un peu envoyé promener : « Je parlerai de ça avec ma femme. » Mais Muriel refusait de me parler! Je n'y comprenais rien! Quelques jours plus tôt, elle me téléphonait trois fois par jour, s'endormait dans mes bras et voulait absolument un autre bébé! Elle était toujours absolument loyale avec moi, et moi avec elle. Aucune dispute, rien du tout. Mais dès qu'elle est avec sa mère, sa personnalité et son comportement changent complètement. Elle n'est plus elle-même. De même qu'elle domine son mari, ma belle-mère entend diriger sa fille et toute notre famille. Si elle n'y parvient pas, elle essaie alors de tout briser...

Ramez comprend que sa femme a complètement perdu pied lorsqu'il découvre dans la poche de son peignoir la carte d'un avocat spécialiste du divorce.

Les jours passent dans la souffrance, les nuits, surtout, l'angoissent. Il retrouve souvent Muriel faisant les cent pas dans la maison, buvant du café, fumant cigarette sur cigarette. Quant à Isobell, elle ne cesse de le lanciner avec ce voyage de Muriel en Afrique :

– Ta femme ne t'aime plus! Je vais l'emmener avec les enfants au Zimbabwe et si elle t'aime à nouveau, elle reviendra.

Mais Ramez tient bon et refuse de donner les passeports. Deux mois après son arrivée, Isobell abandonne enfin et quitte la maison.

– On aurait dit que quelqu'un avait éteint une lumière chez ma femme et que quelqu'un d'autre venait de la rallumer. Elle a retrouvé brusquement son ancienne personnalité, comme si elle sortait d'un rêve.

Quatre années passent ainsi, paisiblement.

Monica, leur troisième fille, naît en décembre 1983. Mais bien que la paix règne maintenant dans la maison, Muriel ne s'est toujours pas adaptée aux États-Unis. Tous les ans, elle part au Liban avec les filles rendre visite aux parents de Ramez. En septembre 1984, elle s'y rend pour un an et Vicky fréquente une école anglaise. Ramez les rejoint pour de courts séjours. Il trouve cette séparation très dure, mais c'est le seul moyen de tenir Isobell à l'écart. Elle restera tranquille aussi longtemps que sa fille sera contente de son sort. Et c'est le cas. Muriel écrit à son mari :

Je ne sais pas pourquoi, mais je ressens ici une sorte de paix. Je suis toujours heureuse, gaie, si je me sens déprimée je vais voir ta sœur Leila, ou Nohad, la femme du médecin voisin, et là tout ce qui m'avait parut insupportable sur le moment est tout de suite oublié.

En 1986, Muriel propose d'aller rendre visite à sa famille en Afrique. Elle veut emmener ses trois filles, pour y passer deux semaines; son mari les rejoindra la deuxième semaine et ils repartiront tous ensemble.

— J'étais ennuyé à cette idée mais, d'un autre côté, je n'avais aucune raison valable de refuser ce séjour. Ma femme n'avait pas vu sa famille depuis cinq ans, il était normal qu'elle lui manque. C'était comme pour vous, Betty, votre mari voulait voir sa famille! D'ailleurs, Muriel n'avait pas l'air de remettre l'avenir en question. Vicky allait entrer en seconde primaire, Maya à la maternelle, Monica à la crèche. Et, en plus, elle était allée voir un médecin, elle s'inquiétait de ne pas être enceinte depuis la naissance de Monica, elle voulait un garçon.

Le 12 août, Muriel et les enfants débarquent dans les collines désertiques de la province du Natal, en Afrique du Sud, à environ quatre-vingts kilomètres à l'intérieur des terres, près de la ville côtière de Durban, où ses parents se sont installés après avoir quitté le Zimbabwe. Ils y louent à un paysan une partie de sa vieille ferme. L'endroit est isolé, pauvre; pas d'autre habitation en vue que celle des trente ouvriers noirs de la ferme, en haut des collines.

Muriel dit qu'elle a trouvé le paradis. Elle écrit à son mari, cinq jours après son arrivée, avec son enthousiasme habituel :

Ramez, tu vas adorer cet endroit. Ça ressemble tellement à Beyrouth et aux montagnes.

La suite de la lettre est un baume pour Ramez :

*Les filles te réclament, et moi aussi. Elles
n'arrêtent pas de demander quand tu vas venir.
Je t'aime!*

Vers la fin août, Ramez embarque pour
l'Afrique. Après dix-neuf heures de vol, il
arrive à la ferme largement passé minuit. Il se
glisse doucement dans le grand lit que Muriel
partage avec ses filles. Trop excité pour dormir, il reste là pendant des heures à regarder
les enfants dormir, à guetter leurs douces res-
pirations.

Quand il me parle de ses filles, cet homme est
extatique :

– Elles se sont réveillées l'une après l'autre,
se demandant si j'étais un rêve ou la réalité.
Elles me regardaient tendrement, leurs yeux
étaient aimants, doux, chaleureux. Quand elles
ont compris que je n'étais pas un rêve, elles m'ont
sauté dessus en débordant de joie. Heureuses, si
heureuses... Nous étions un paquet entremêlé
de rire et de bonheur...

Il me fait tant de peine. Son regard se perd
sur les photos qui tapissent le mur, devient fixe.
J'attends qu'il reprenne courage pour raconter
la suite.

Les deux premiers jours, Isobell se montre
aimable. Tout semble parfait. Puis Muriel
commence à se comporter bizarrement. Le soir,
pendant la veillée familiale, elle s'écarte de
Ramez pour aller dans une autre pièce.

– Elle marchait comme une sorte de zombie.

Le 3 septembre, la veille du départ prévu,
Ramez ne peut s'empêcher d'avoir un pressentiment, comme s'il allait recevoir une mauvaise

nouvelle. Il la lit d'abord sur les visages de certains amis de la famille : cet après-midi-là, on lui adresse des regards de sympathie et de compassion. Il l'entend ensuite de la bouche de Vicky, toujours au courant de tout, et qui dit de but en blanc : « Papa, tu sais que maman va avoir une voiture et un travail ? »

Ramez pense qu'il s'agit d'un travail de bureau au New Jersey.

– Je n'osais pas réfléchir au-delà. Mais, bizarrement, cette nuit-là, les parents de Muriel ont regagné leur chambre à huit heures du soir. D'habitude, ils discutaient jusqu'à minuit. Une fois les enfants au lit, j'ai vu que les bagages n'étaient pas faits. « Muriel, tu n'as pas préparé les valises ? » Elle m'a dévisagé d'un regard étrange. « Je ne veux pas repartir, je ne t'aime plus. » J'ai eu l'impression de prendre un coup de poing. « Et les enfants ? Tu as réfléchi à leur sujet ? Tu vas les faire souffrir. Et me faire souffrir aussi. » Mécaniquement, comme si elle récitait un texte répété d'avance, Muriel m'a répondu : « C'est ton problème, elles restent avec moi. »

Je comprends que Ramez soit assommé. Sa femme vient de confirmer ses pires soupçons, mais il veut encore nier l'affreuse réalité. Il est impossible que Muriel parle sérieusement ! Il insiste :

– Nous réglerons cela chez nous, aux États-Unis.

Mais Muriel demeure sourde à tous les arguments, de même que ses parents qui, à la demande de Ramez, se joignent au débat. Isobell a du mal à contenir une sorte de joie mauvaise :

– Ta femme ne t'aime plus. Pourquoi resterait-elle avec toi ?

144

– Elle peut divorcer au New Jersey, si elle ne veut pas de moi, mais elle n'a pas le droit d'éloigner les enfants!

Isobell est inflexible, comme si elle parlait de la même voix que sa fille :

– Pourquoi faudrait-il qu'elle aille au New Jersey se battre toute seule contre toi devant les tribunaux? Ici, nous lui donnerons tout le soutien dont elle a besoin. À propos, comment vas-tu annoncer aux enfants que tu ne vivras plus avec elles?

– Il n'y a aucune raison que je dise cela aux enfants!

La discussion se poursuit toute la nuit sans avancer d'un pouce. Quand Ramez réclame les passeports des filles, Muriel a un ricanement menaçant en lui annonçant qu'elle les a cachés.

– C'était encore pire que ce que je pensais. Ma femme savait à quel point il m'était dur d'être séparé de mes enfants.

Le lendemain matin, Ramez annule son vol de retour. Il choisit un avocat au hasard, un homme jeune, apparemment sérieux, qui lui conseille de rentrer au New Jersey et d'y obtenir, auprès du tribunal, le statut de tuteur légal des enfants.

Après avoir retardé son départ de plusieurs jours et tenté vainement de faire changer d'avis son épouse, Ramez se résigne à suivre le conseil de l'avocat : laisser ses enfants en Afrique du Sud et organiser, depuis les États-Unis, la bataille pour les reconquérir. C'est la chose la plus difficile qu'il ait jamais eu à faire.

Le jour de son départ, Muriel reste au lit. Son visage est très rouge, elle est si tendue qu'elle ne peut même pas le regarder en face ou lui dire au revoir.

Les mois passent et l'existence de Ramez perd toute forme et toute signification.

– Ma vie tournait autour de ma famille, ma femme, mes enfants, mon travail. Je ne sortais jamais avec des copains...

– Vous êtes resté en contact avec les filles ?

– Au début je les appelais chaque semaine, j'envoyais des cassettes sur lesquelles j'avais enregistré les histoires que je leur racontais le soir. Les filles parlaient aussi sur ces enregistrements, j'avais l'impression d'être avec elles. Mais quand on me passait les filles au téléphone, j'entendais Isobell souffler les réponses. Moi je disais : « Je vous aime, vous me manquez » et les filles me faisaient : « Hum, hum... » ou « Moi aussi. »

Au début, Ramez reçoit trois ou quatre lettres de ses enfants, puis plus rien, pas même une carte de Noël.

Le 9 janvier 1987, il gagne devant la cour supérieure de l'État, à Union County, New Jersey, un droit de garde provisoire des enfants.

Nouvellement armé, Ramez prend un congé sans solde de trois mois, retourne en Afrique du Sud et se prépare à la lutte. En ce qui le concerne, la bataille pour le droit de garde est déjà gagnée grâce à une décision très bien argumentée de la cour du New Jersey. Le reste ne devrait être que paperasseries et diplomatie.

Mais le 12 mars 1987, la cour suprême d'Afrique du Sud accorde le droit de garde des enfants à Muriel et condamne Ramez à payer une pension alimentaire. L'ordonnance du tribunal du New Jersey est complètement ignorée. Et même si la cour lui reconnaît un droit de visite, Ramez est anéanti.

Jusque-là, les contacts entre ses filles et lui étaient étroitement surveillés par la famille de Muriel. « Comme dans une prison. » Le jour où, pour la première fois, il roule sur le chemin difficile qui mène à la ferme, les filles se précipitent dans ses bras :

– Nous sommes restés comme ça, près de vingt minutes, nous serrant les uns contre les autres. Ma femme et ses parents nous observaient depuis le portail du jardin. Ils n'ont pas bougé d'un centimètre. Je suis entré dans la maison, ils n'ont pas dit un mot. Je me suis assis avec les enfants dans le salon, ma femme et ses parents sont restés dans la cuisine.

Moment poignant pour Ramez, qui a mis toute sa confiance dans le système judiciaire et se retrouve maintenant dans l'incapacité totale de consoler ses filles, d'adoucir leur chagrin.

Il a le sentiment que son meilleur atout est de parvenir à convaincre Muriel de venir passer quelques temps chez lui, même pour une simple visite, et de l'emmener ensuite à des milliers de kilomètres de sa sorcière de mère.

En mars, Ramez a une longue conversation avec sa femme, un marathon de quatre heures, dans le salon. Alors qu'il la croit sur le point de dire qu'elle va rentrer à la maison, Isobell traverse la pièce et le foudroie d'un regard mauvais, en claquant la porte. Le lendemain Muriel refuse de lui parler.

– Voilà, je n'avais plus qu'à rentrer au New Jersey, le cœur vide. J'ai concentré tous mes efforts pour faire établir la validité de l'ordonnance du New Jersey. Regardez, Betty, ce que j'ai là...

147

Ramez semble avoir une boulimie de documents, il me tend des lettres, des attestations, des témoignages. Il veut me faire écouter des enregistrements.

Profitant de ses trois semaines de vacances, Ramez fait un ultime voyage en Afrique du Sud en août 1987, dans l'intention de lancer une dernière perche à sa femme. Il la submerge d'invitations à dîner ou à pique-niquer avec les enfants, mais elle ne « doit » pas ou ne « peut » pas accepter.

Rentré chez lui, Ramez ne se rend pas, mais les mois passent, la famille est à des milliers de kilomètres et les contacts se font de plus en plus rares. Malgré ses demandes, l'école néglige de lui faire parvenir les bulletins scolaires de ses filles. Il devient totalement étranger à la vie quotidienne de ses filles et ne peut rien y faire, semble-t-il.

En 1989, il parle pour les dernières fois à ses enfants au téléphone, après le déménagement de la famille pour Margate, une ville côtière d'Afrique du Sud. Là, au bord de l'océan Indien, Muriel et les filles occupent un appartement contigu à celui des parents. Muriel n'a pas le téléphone, ce qui oblige Ramez à la joindre, elle et les enfants, par l'intermédiaire de la belle-famille.

Sa grande peur est que ses filles croient qu'il les a abandonnées, qu'elles se disent un jour : « C'était notre père, il était avec nous jour et nuit, il a tout fait pour nous, et voilà qu'il ne nous parle plus. » Dans ce cas, elles grandiraient sans plus jamais croire en quelqu'un, en n'ayant confiance en personne.

Ramez continue d'écrire deux fois par mois et d'envoyer des cadeaux à chaque anniversaire, sans être certain que le courrier arrive à bon port. Ses trois filles quittent rarement ses pensées. La dernière lettre de Muriel est arrivée en août 1990; elle lui reproche de ne pas être venu en visite et de ne pas envoyer d'argent. L'enveloppe contient une photo des trois fillettes, alors âgées de dix, douze et huit ans. Ramez pleure de les voir grandies, changées, sans lui.

– Je rate la chose la plus importante de mon existence...

Mais cette photo reste dans son enveloppe, interdite dans la galerie de portraits du salon. Après me l'avoir montrée, Ramez la range soigneusement dans un tiroir.

Il veut préserver le passé, laisser les choses telles qu'elles étaient quand son cœur s'est brisé. Chez lui, les enfants sont encore ses petites filles, figées dans leurs boucles et leur salopette, exactement comme dans son souvenir. Il évoque les anecdotes de leur enfance au présent, comme si elles s'étaient déroulées hier et devaient se reproduire demain. Je crois qu'il hésite à reprendre l'avion et à aller voir ses filles de peur d'altérer ses souvenirs. Maintenant, il ne téléphone plus.

– Il faut y aller, Ramez, vous avez des facilités dans votre compagnie d'aviation pour voyager.

– Je veux qu'on me les rende. Elle les a pris, elle doit les rendre.

Plus qu'un sanctuaire, l'appartement est un lieu de préservation du bonheur passé. Complètement bloqué à la date de sa séparation d'avec les enfants.

L'arbre devant la maison est un pommier : autrefois ses filles y cueillaient les fruits et Muriel aimait faire des tartes.

C'est en juin que j'ai rendu visite à Ramez, des mois avant la saison des pommes, et l'arbre portait des fruits amers bien différents. Quatre nœuds jaunes, noués autour de son tronc. Au-dessus, il avait aussi enroulé du ruban jaune avec une inscription en noir : *11 août 1986*, la date à laquelle Muriel a emmené ses filles en Afrique du Sud. Et aussi : *Priez pour leur retour saines et sauves à la maison.* Comme les lettres s'effacent, tous les six mois Ramez remplace la fragile bannière par une neuve. Mais le message ne change jamais.

J'ai vu d'autres parents abandonnés réagir comme Ramez au traumatisme de la séparation. Ils sont tellement dévorés par leur problème qu'ils en perdent de vue ce qui devrait être leur objectif premier : maintenir une relation avec les enfants, quoi qu'il arrive.

Quand je leur parle, je leur conseille d'exercer au maximum leur droit de visite, de continuer à assumer leurs enfants, d'envoyer des cadeaux d'anniversaire, de faire, en somme, tout ce qu'ils peuvent pour préserver le lien.

Ramez a trop donné, il attend qu'on lui rende. Il m'écrit plusieurs fois par mois, il téléphone presque chaque matin au bureau...

Je l'ai eu hier au téléphone encore :

— Betty, je ne vous ai pas jointe depuis trois semaines, qu'est-ce qui se passe ?

— J'étais occupée, Ramez, nous travaillons sur un autre problème, avec l'Irak...

Il ne m'écoute pas, il enfourche son obsession...

— Vous comprenez, il faut me tenir au courant...

– Ramez, vous avez un droit de visite, d'autres n'ont même pas cette chance... Exercez-le, allez voir vos filles...

J'ignore si j'arriverai à convaincre Ramez.

J'ai demandé la réouverture de son dossier au département d'État mais je me trouve devant un problème qui, cette fois, vient du père abandonné. La perte de ses enfants l'a profondément perturbé. Il est figé dans le passé, au milieu des murs de photos, des étagères de documents. Il est animé d'une volonté qui ne va pas dans le bon sens.

C'est le seul cas que j'ai rencontré où le parent abandonné refuse à ce point l'avenir.

Joe et John n'ont jamais voulu lire *Jamais sans ma fille*, ont toujours refusé de parler avec nous de notre période en Iran.

John a essayé de m'expliquer, les larmes aux yeux :

– Essaie de comprendre, maman, quand tu étais là-bas, on était morts de peur, impossible d'aller se coucher et de dormir, on ne savait pas si tu étais vivante ou morte.

Et Joe d'ajouter :

– On croyait que vous ne reviendriez jamais...

Je ne doute pas que mes deux fils aient souffert, à leur manière, aussi fort que Mahtob et moi.

C'est pourquoi je comprends leur refus de plonger dans cette partie de notre histoire commune.

Et je suis d'autant plus fière qu'ils aient accepté d'assister avec moi à la première publique du film, à New York.

Cette fois, c'est autre chose que le tournage

en Israël, les scènes entrevues en extérieur et par petits morceaux. Ma vie, celle de ma fille pendant dix-huit mois en Iran, vont de nouveau se dérouler sous mes yeux.

Je me sens bizarre devant cet écran, presque en dehors de New York... Lors de la scène où Moody me dit brutalement qu'il ne nous laissera pas repartir, j'éclate en sanglots silencieux au fond de mon fauteuil. Je me demande même si je vais pouvoir tenir le coup jusqu'au bout. Ce moment précis demeure pour moi le sommet de la cruauté, du mensonge qui vous prend de plein fouet, vous humilie, vous terrasse. Le moment où j'ai perdu ma vie, mon mari, l'homme que je croyais mon ami et mon proche. Le moment, aussi, où Mahtob a perdu son père.

Je surveille ma fille du coin de l'œil, son visage est impassible. Il est possible que le manque de ressemblance physique du comédien avec son père l'aide à maîtriser son émotion, à ne pas rentrer comme moi de plein fouet dans ce qui fut une réalité et se retrouve maintenant fiction sur un écran en couleurs. Mais je me trompe, malheureusement. Lorsque vient la scène où Moody dit à sa fille que je vais m'en aller, quitter l'Iran, et la laisser seule avec lui, à son tour elle se met à trembler et finit par pleurer elle aussi.

Je serre sa petite main bien fermement dans la mienne, mais je ne veux pas l'empêcher de pleurer ; les larmes font du bien, les larmes lavent le chagrin, nettoient la peur. Tout de même, elle tremble si fort que je me demande s'il ne faut pas quitter la salle.

Les souvenirs remontent, se mélangent aux images du film... Mahtob était dans le bureau de son père, dans notre maison de Téhéran. J'ai vu ma fille ressortir avec un regard de haine et de désespoir immense, bien trop grand pour son petit visage enfantin. C'est là qu'elle m'a hurlé : « Tu vas partir sans moi! Il me l'a dit! »

C'était effroyable. J'ai mis toute mon âme à lui faire comprendre que son père voulait m'y forcer pour me détacher d'elle et se débarrasser de moi en même temps. Mais qu'elle avait ma promesse de ne jamais quitter l'Iran sans elle, jamais. Jamais sans toi, Mahtob, jamais sans ma fille...

Tout à coup, elle lève les yeux vers moi dans le noir, esquisse un petit sourire à travers ses larmes :

— Merci, maman.

Certes, je n'ai jamais douté réellement d'avoir fait ce qu'il fallait faire au moment où il le fallait, mais ce moment unique vaut tout l'or du monde.

Le lendemain de cette première, nous allons ensemble acheter une robe pour Mahtob, qu'elle doit porter pour la sortie publique du film. Quand elle ressort de la cabine d'essayage, ce n'est plus la petite fille qui a courageusement traversé les montagnes kurdes vers la liberté, avec une détermination et un instinct de survie mentale et physique étonnants. C'est déjà une adolescente, au caractère forgé par l'expérience, construit par la réalité. Une petite jeune fille de onze ans, dont je suis fière d'être la maman.

J'ai dû faire face à certaines critiques à propos du film. L'une d'elles l'attaquait comme porteur d'une idée raciste, alors que toute l'équipe du début à la fin s'était efforcée, au contraire, de ne pas tomber dans ce piège idiot.

De même avec Bill Hoffer, au moment de

153

l'écriture de *Jamais sans ma fille*. Nous nous sommes tenus lui et moi, sincèrement, à ne rapporter que l'exactitude des faits. Il était hors de question de faire une attaque susceptible de blesser les Iraniens.

Il est important de lire le livre et de voir le film sans jamais se dire que le caractère de Moody est celui de tous les Iraniens, que sa famille est représentative de toutes les familles iraniennes. Je l'ai dit immédiatement aux producteurs et au réalisateur. Et j'irai encore plus loin : c'est dans ce but que nous avons délibérément écarté du scénario certaines scènes de violence physique montrant Moody sous son plus vilain aspect. Cet aspect-là lui est personnel. Nous ne voulions pas heurter, même sans l'avoir voulu, la sensibilité de la communauté iranienne. Je ne me lasse jamais de rappeler que c'est grâce à des Iraniens, et pas à des Américains, que Mahtob et moi avons pu recouvrer la liberté.

Il existe, en revanche, dans le film, quelques inexactitudes mineures, en particulier au moment concernant notre évasion. Le climat, le décor neigeux des montagnes, l'ambiance kurde étaient impossibles à rendre comme dans le livre. Pour des raisons de tournage en Israël, les montagnes kurdes, la neige, les ravins, les sentiers de chèvres, les villages inquiétants ne sont pas dans le film.

En dépit de ces quelques critiques, le film fait son chemin au box-office. Tant et si bien que nous avons quelques frayeurs, peut-être dues à ce succès...

À San Diego une alerte à la bombe dans un cinéma oblige tout le monde à passer par les détecteurs de métaux. Pendant quelques jours, la vie de Sally est menacée, ce qui la pousse à s'entourer de gardes du corps...

Et le 15 janvier 1991 expire l'ultimatum du président Bush à Saddam Hussein pour retirer ses troupes du Koweit. Le lendemain, c'est l'attaque américaine. Pendant deux semaines, les Américains cessent d'aller au cinéma pour regarder la télévision, avides d'informations sur la guerre du Golfe. L'opération Tempête du désert est un drame bien plus important que n'importe quel film. La guerre se regarde au jour le jour et pour Mahtob et moi, qui avons vécu en direct, entre 1984 et 1986, la guerre Iran/Irak, cette coïncidence de l'Histoire est étrange.

Mars 1991, dans l'avion qui me ramène dans le Michigan après une série de conférences, une douleur atroce me prend, irradiant toute l'épaule droite et toute la cage thoracique. Je respire avec difficulté. J'ai dû prendre froid. Le soir en me couchant, c'est pire et je me dis : « Cette fois, Betty, c'est l'infarctus. »

Le lendemain on me transporte à l'hôpital, où je suis admise en unité de soins intensifs.

Après une série d'examens, de radios, de tests, je m'attends au pire des diagnostics... En fait, j'ai un bon ulcère à l'estomac, et une inflammation de la vésicule biliaire.

Alors je m'offre le luxe de craquer un peu.

Cinq jours à l'hôpital, sans dire à personne où je suis, sauf à Mahtob, bien entendu. Besoin de respirer, de reprendre souffle. Envie de ne plus parler à personne. De dormir et de réfléchir en silence. J'ai beau être solide, le stress ronge, l'angoisse gagne. J'en arrivais ces derniers temps à haïr le téléphone, à ne plus supporter le moindre bruit.

Ce court espace-temps, protégée, bouclée dans ma chambre, respirant chaque seconde de solitude avec soulagement, va me permettre de repartir. Ce n'est pas le Club Méditerranée, mais j'avais réellement besoin d'un break.

Mon premier souci, c'est Mahtob. Je ne veux pas qu'elle s'inquiète de me voir si faible tout à coup. Mais elle se débrouille comme une grande.

Je suis tout de même malade à la maison pendant deux semaines. Je ressens le poids de mes quarante-cinq ans. Le poids de tout ce travail accompli depuis que mon père est mort et qu'il m'a dit : « Tu t'en sortiras, Betty, tu es forte... »

Le mois d'avril approche, il fait encore frais dehors. Les écureuils font de petits bonds frileux dans le jardin, dans quelques semaines ils piétineront toutes mes plates-bandes. C'est à quinze parfois qu'ils défilent sur la barrière de bois et s'affrontent en conquérants au milieu des loirs.

Mahtob est dans la cuisine, sa frimousse penchée sur un dîner iranien qu'elle concocte pour nous. Elle doit tenir de moi, elle aime la cuisine.

– Dis, maman, tu es née quand ? Dans les années cinquante ou les années soixante ?

Je regarde ma gamine en coin :

– Qu'est-ce que tu dirais des quarante ?

Ses yeux ont d'abord triplé de volume, écarquillés de stupéfaction. Puis, avec la délicate tolérance de la jeunesse, elle vient m'embrasser :

– Ça ne fait rien, je t'aime quand même...

La vie reprend de plus belle. En juillet, nous traversons l'océan jusqu'en Australie. Ce voyage offre des vacances exceptionnelles à Mahtob. Mais je me méfie.

Je n'imagine pas sérieusement que Moody puisse tenter quelque chose alors que nous sommes à l'autre bout du monde, mais c'est un réflexe.

Nous sommes sur la côte Ouest, à Perth. En arrivant à l'hôtel, je trouve un message de Mitra et Jalal, deux parents éloignés de Moody que nous avons connus en Iran et qui se sont maintenant installés en Australie.

La dernière fois que j'ai vu le couple, c'était quelques semaines avant notre évasion finale, qu'ils avaient d'ailleurs tenté eux-mêmes de m'aider à réaliser quelques mois plus tôt. Jalal avait alors manigancé de me faire « épouser » un homme. Il avait engagé pour cela l'ouvrier d'une boulangerie et organisé une fausse cérémonie de mariage. Une fois « mariée », j'étais censée quitter le pays en me servant du passeport de cet homme sur lequel nous serions inscrites, Mahtob et moi. Le plan paraissait prometteur, mais l'ambassade de Suisse me l'avait déconseillé. Car si j'étais arrêtée par les autorités iraniennes, on m'aurait tout simplement exécutée pour bigamie.

Mitra m'accompagnait souvent à l'ambassade où je pouvais récupérer des messages de ma famille ; elle me servait de couverture pour ces sorties et, chaque fois, j'espérais un miracle qui ne venait pas.

Mitra et Jalal furent donc mes fidèles alliés en Iran.

Et pourtant, en recevant leur message ce jour-là, je réfléchis un moment avant de leur téléphoner. Leur famille est très proche de celle de Moody. J'hésite. Puis je me lance et la voix affectueuse de Mitra balaye toute ma réserve.

Ils sont installés ici depuis huit mois, elle me raconte que Jalal a trouvé un poste de chercheur scientifique à Perth. Il est spécialisé dans les ordinateurs.

– On vient te voir où tu veux et quand tu veux, Betty.

Nous renons rendez-vous pour le soir même à huit heures.

Durant toute cette journée d'interviews mon esprit ne cesse de vagabonder, les vieux souvenirs d'Iran me reviennent en mémoire.

La famille de Mitra, au contraire de celle de Moody, était plutôt libérale. Ils regardaient les films étrangers interdits; je me souviens avoir regardé *E.T.* sur leur magnétoscope. Nous nous réunissions parfois dans la cuisine pour chuchoter mes rêves d'évasion.

La sœur de Jalal a elle-même épousé un neveu de Moody. Les conventions familiales lui interdisaient d'intervenir directement auprès de Moody, mais il manifestait sa sympathie pour Mahtob et pour moi en nous invitant régulièrement. Sa mère préparait toujours à mon intention mes plats favoris, du poisson au tamarin, par exemple. Nous allions aussi chez eux écouter parfois de la musique américaine, plaisir oh combien défendu à Téhéran.

Quand ils arrivent tous les deux à l'hôtel, je les reçois dans un petit salon, tandis que Mahtob reste dans la chambre. Malgré toutes ces années, cette précaution est encore un réflexe. Je dois m'assurer qu'ils sont bien seuls.

Ils n'ont pas changé, mis à part le fait que Mitra, comme moi, ne porte plus le tchador.

Nous nous embrassons. Elle est ravissante, maquillée, bien coiffée. Jalal me serre dans ses bras avec affection, en toute simplicité. Ils me présentent leur fille Ida, un bébé que j'ai connu à l'âge de deux semaines à Téhéran...

Nous nous apprêtons à monter dans ma chambre rejoindre Mahtob lorsque quelqu'un du service de promotion du film, un Australien, me tend une enveloppe. Elle contient un fax du magazine allemand *Quick*.

Distraitement, et surtout occupée par la présence de mes visiteurs, je le mets de côté sans le lire tout de suite.

Et nous bavardons d'autre chose. Mitra est encore stupéfaite que nous soyons libres, elle me raconte qu'en Iran on a pas mal parlé de nous :

— On a dit beaucoup de choses sur toi et sur ton évasion, mais l'essentiel, c'est que tu aies réussi. C'était drôlement dangereux...

Une de ses amies a, elle aussi, essayé de s'échapper d'Iran quelques mois plus tard. Les forces de sécurité, la Pasdar, l'ont rattrapée et tuée. Son corps était tellement criblé de balles que sa famille a refusé de le reprendre. Il faut dire qu'en Iran, les familles qui veulent récupérer le corps de leurs proches exécutés par la police doivent payer pour chaque balle... Je frémis à cette évocation.

Pour changer de sujet, Jalal rappelle un souvenir :

— Tu te souviens quand on allait au bord de la mer Caspienne ? Tu restais là à regarder la mer, tu te demandais si tu pourrais nager jusqu'en Russie... Je me souviens aussi qu'un jour, tu as dit que tu écrirais un livre! Et tu l'as fait!

Mitra, qui a subi énormément de pression de

la famille de son mari, a lu *Jamais sans ma fille* avec curiosité, alors qu'elle vivait en Irlande. Elle me dit en confidence que ce livre a sauvé son mariage.

– Je l'ai fait lire à Jalal... il a bien voulu reconnaître certaines ressemblances de comportement entre lui et Moody, et il s'est efforcé de changer.

Mitra attend un deuxième enfant, et ils ne m'ont jamais paru si heureux.

Ils s'en vont, et voilà que je me souviens de l'enveloppe. Je l'ouvre avant de me coucher. Je commence à lire. Incroyable! Je relis deux fois pour me persuader.

Le fax dit que la télévision allemande a enregistré une interview de Moody la veille. Et qu'il a prétendu que Mahtob et moi, nous n'avions pas fui l'Iran; qu'il n'est jamais allé à l'encontre de nos désirs; que nous avions pris un avion pour Zurich tranquillement, qu'il a même payé nos billets!

Le magazine *Quick* en Allemagne, ne l'ayant pas cru sur parole, me demande non seulement l'exclusivité d'une réponse mais de lui indiquer quelqu'un pour vérifier mon histoire!

Vérifier mon histoire!

Les lettres dansent devant mes yeux. Je suis secouée, outragée, humiliée par cette prétention immonde.

Je sais Moody capable d'à peu près n'importe quoi. C'est le pire des menteurs et des sournois que j'aie connus. Mais je ne m'attendais tout de même pas à ce qu'il ait le front de nier une vérité pareille. Une réalité que des millions de lecteurs – sans compter le département d'État, des diplomates, des personnalités des États-Unis et de Turquie – connaissent maintenant.

Et comme d'habitude, il a bien choisi son moment.

Quand j'ai perdu mon père, cinq mois après notre évasion, l'appui d'un époux m'a cruellement manqué. J'ai même repensé à lui, à l'affection qu'il disait me porter, au prétendu amour qu'il disait avoir pour moi et sa fille. J'étais si seule alors.

Et voilà que, loin de tout, privée de ma famille, de mes amis, en Australie, il me fait cet affront public, contre lequel je vais bien être obligée de lutter. C'est cela la force du mensonge éhonté en public! Il oblige la victime à se défendre. Impossible de dormir cette nuit-là. Je suis prise d'une frénésie de téléphone.

Depuis l'Australie, je communique avec New York, le Michigan, l'Allemagne, partout où les fuseaux horaires me permettent de joindre quelqu'un.

D'abord mon agent, Michael Carlisle. Il m'apprend que notre amie Anja, éditeur en Allemagne, est submergée d'appels de journalistes et désespère de me joindre.

Michael est d'avis de répondre très vite. Il faut envoyer un double des prétendus commentaires de Moody, par fax pour qu'Arnie puisse venir le lire. J'ai confiance dans le jugement d'Arnie. En plus de son intelligence, de son énergie et de son professionnalisme, il est le seul ami capable de me calmer en ce moment.

Après avoir pris connaissance du texte, il me dit:

– Maintenant, écoute, Betty. Calme-toi et réfléchis. Si on t'avait expédié cinq types armés de poignards dans ta chambre d'hôtel, je n'aurais rien pu faire pour toi. Mais ce n'est pas le cas. Michael et moi, nous sommes avocats.

161

Nous savons très bien comment répondre à ce genre de situation. Moody vient d'agir dans un sens qui nous permet d'agir à notre tour...

Et il travaille aussitôt à la mise au point d'une réponse.

Enfin je joins mon amie Anja, en plein milieu de la nuit, en Allemagne. Elle s'exclame :

– C'est terrible! Il me faut quelque chose pour répondre aux journalistes!

Et elle m'explique que Moody a donné cette interview installé dans une maison qui ressemble à un palais, luxueusement meublée, avec tapis persans partout, maison qu'il prétend avoir achetée pour moi et Mahtob avant notre départ. Rien à voir avec la petite chambre d'un appartement de l'hôpital où Mitra et Jalal pensent qu'il habite actuellement.

Et Moody a poursuivi ses déclarations en affirmant qu'il ne m'avait jamais frappée, que j'étais parfaitement libre, comme Mahtob, d'aller et de venir!

Il n'y a rien à faire, ça me rend malade. Anja me crie au téléphone :

– Il ment, Betty, nous savons tous qu'il ment, mais tu dois répondre. Et si tu ne le fais pas immédiatement, il sera trop tard.

Je supplie Anja de comprendre. Je n'ai pas mes documents personnels avec moi, mon passeport délivré par l'ambassade et tamponné par la police d'Ankara. J'ai même conservé le billet du car qui nous a menées de Van à Ankara. Mais il est chez moi, aux États-Unis. Il faut que je demande à Michael Carlisle d'en faire des copies pour les lui envoyer.

Le fax grésille à travers les trois continents. En vingt minutes, une copie de mon passeport fait le tour du monde, tamponné en Turquie, et non à Zurich!

162

Avant que l'aube se lève à Perth, Arnie et Michael ont mis la réponse au point. Et je décide d'en faire état publiquement, plutôt que d'en réserver l'exclusivité à quelqu'un. Je ne veux pas qu'en plus on s'imagine que je suis payée pour une exclusivité de ce genre. Comme a dû l'être Moody...

Ma réponse dit ceci :

Il est révélateur que le docteur Mahmoody ait attendu cinq ans et demi pour récuser mon histoire. En prétendant le faire, il n'apporte aucune preuve concrète, ne présente aucun témoignage d'une quelconque inconsistance de mon histoire.

Ma vie avec mon mari et notre fille s'est déroulée exactement comme je l'ai décrite dans mon livre. Je certifie chaque détail de mon histoire.

Je devais faire une conférence à l'heure du petit déjeuner. Mon premier instinct aurait été de prendre un avion pour rentrer à la maison. Mais en faisant cela, j'allais décevoir tous les gens qui avaient payé leurs billets pour m'entendre.

Arnie et Michael me conseillent tous les deux d'aborder le sujet ouvertement, de raccourcir mon intervention et de faire ma déclaration.

Avant cela, lorsque quelqu'un me posait la question classique : « Avez-vous des nouvelles de Moody ? », ma réponse était simple : « Non, aucune. »

Maintenant, c'est différent. J'ai des nouvelles de Moody, même si elles sont indirectes. Et je ne voudrais pas laisser croire que j'ai quelque chose à cacher.

Encore quelques minutes de sommeil et je dois me résigner à avertir Mahtob de ce qui s'est passé cette nuit.

Je choisis d'entamer la conversation par un biais :

– Tu te rappelles bien avoir traversé des montagnes dans la neige ?

Interloquée par ma question énigmatique, elle répond :

– Oui. Évidemment.

– Tu te rappelles quand ton père nous frappait, quand il ne voulait pas nous laisser rentrer à la maison ?

Elle doit sûrement penser que j'ai l'esprit dérangé.

– Oui, je me rappelle parfaitement. Pourquoi ?

– Ton père a donné une interview...

À présent, nous pouvons en parler.

Ma fille est visiblement choquée et blessée. Son père devenait lointain, supportable dans son souvenir. Je m'y étais d'ailleurs employée, pour son équilibre.

Elle plaque sur ma joue un énorme baiser :

– Je t'aime, maman...

Je lui demande de pardonner le comportement de son père. Elle comprend. Mahtob n'est pas une grande bavarde. Un regard, un geste lui suffisent souvent pour laisser transparaître une émotion. Elle ne raconte pas volontiers sa vie, ni ce qu'elle ressent. Elle est calme, pondérée, réfléchie. Elle réagit en adulte.

Pour l'instant, j'ai du mal à faire comme elle.

Je me sens malade et tremblotante pour aller lire mon texte. Je monte sur l'estrade devant une rangée de visages attentifs. La salle est pleine à craquer, le silence se fait. Je commence à lire ma déclaration à propos de Moody, et je craque.

J'ai le souffle coupé, la voix éteinte, je

n'arrive plus à prononcer un mot. Pour tout arranger, je sens que je vais pleurer. Les larmes qui me serrent la gorge vont jaillir, je ne sais plus quoi faire, je ne peux m'arrêter comme ça, au milieu d'un texte. Personne ne comprendrait, personne ne sait encore pourquoi je pleure.

« Calme-toi, Betty, respire à fond, bois une gorgée d'eau et d'une manière ou d'une autre tu vas y arriver. » J'y arrive. Je lis le texte en entier et je vois sur les visages des premiers rangs la réaction de sympathie et de compassion que j'espérais. En Allemagne, les gens ont dû réagir de la même façon. Il ne faut plus que je me fasse de souci.

Restent Mitra et Jalal, qui peut-être ne savent plus quoi penser de cette histoire.

La première phrase de Jalal après la conférence me va droit au cœur :

– Comment peut-il dire des choses pareilles ? Comment peut-on mentir à ce point ?

Eux peuvent témoigner et m'aider à réagir, dans un deuxième temps. Eux peuvent certifier que nous étions retenues en Iran contre ma volonté. Et même s'ils n'ont jamais vu Moody me battre devant eux, ils l'ont su par d'autres membres de la famille.

Mitra, en particulier, se souvient d'avoir consolé Mahtob, effrayée par les coups que je venais de recevoir, et qui lui racontait la scène en pleurant.

Jalal rédige immédiatement avec sa femme une déclaration en ma faveur :

Nous sommes des amis très proches de madame Betty Mahmoody et nous avons été témoins des épreuves que Betty et Mahtob ont dû tra-

verser. On les a obligées à rester en Iran contre leur volonté, on ne leur a pas permis d'en partir librement.

Nous appartenons à la famille de Moody, nous avions des rapports étroits avec tous nos parents, et sommes témoins des tentatives de Betty pour mettre fin à son supplice, en s'évadant de l'Iran.

Le docteur Sayyed Mahmoody a abusé physiquement et moralement de Betty, il l'a emprisonnée durant dix-huit mois.

Il est parfaitement inacceptable d'avoir traité Betty et Mahtob de façon aussi inhumaine, et encore plus inacceptable pour Moody de nier ses mauvaises actions, en utilisant le mensonge.

Nous souhaitons qu'il ne fasse pas subir d'autres épreuves à Betty et Mahtob. Il aurait lui-même des ennuis car nous connaissons personnellement beaucoup d'autres personnes qui peuvent témoigner des mêmes choses.

Jalal me paraît particulièrement gêné et concerné par les inventions de Moody. Il me dit :

— Si tu voles, on te coupe la main. Mais si tu mens, tu n'es plus musulman.

Les jours suivant cette lâche attaque verbale de Moody, ma colère s'aggrave d'un sentiment aigu de rancune. Je me suis toujours montrée trop gentille avec lui. Beaucoup trop.

La première à l'encourager à renouer des liens avec sa famille. La première à conseiller à Mahtob de se souvenir des bons côtés de son père. J'ai même formellement demandé à toute ma famille de ne jamais dire du mal de son père devant elle.

Tout cela n'a servi à rien. Moody a complètement ignoré sa fille pendant cinq ans, et le jour où il rompt le silence, c'est uniquement pour se montrer ignoble et nous faire du mal. J'ai perdu l'ultime poussière de respect que j'avais encore pour lui et je ne pourrai pas blâmer ma fille maintenant si elle pense la même chose.

Deux jours après que cette tempête a éclaté, nous sommes à Adélaïde, et la télévision fait une promotion du film.

L'extrait est composé de deux scènes : la première montre Moody dans le Michigan jurant sur le Coran la promesse qu'il n'a jamais tenue en Iran. La seconde le montre à Téhéran, jurant qu'il ne me laissera pas retourner chez nous.

Mahtob a les yeux pleins de flammes :

– Regarde, maman! Regarde ça! J'aime la scène où il dit que nous reviendrons d'Iran et où il ment. Parce que c'est ça qu'il a fait.

Ce résumé est éloquent. Comme moi, elle a perdu ses dernières illusions sur son père.

Il nous a menti, il a menti à l'islam, il s'est parjuré, il continue à mentir ; la lâcheté et le mensonge semblent lui servir de système de pensée. Il nous a gardées en otage, comme des prisonnières, battues, maltraitées, poussées à bout.

Et il ne trouve à raconter qu'une minable histoire de billets d'avion pour Zurich... Il se montre dans une maison luxueuse, qui ne lui appartient pas...

Mais qui est-il? À quoi peut-il croire? Que cherche-t-il?

Une bonne dose de paranoïa dans son comportement, disent certains de ses amis. Mais je ne peux plus le plaindre. Ni pardonner.

En ce qui concerne son affirmation selon laquelle il nous aurait lui-même mises dans un avion pour la Suisse, le département d'État possède, au contraire, une lettre de lui qui raconte une autre histoire. Il l'a lui-même envoyée à l'ambassade. Il y écrit que nous avons « *disparu de chez lui le 29 janvier 1986* », que nous ne sommes « *pas réapparues depuis* »... Qu'il est « *très inquiet et particulièrement concerné par notre sécurité physique* ».

Si nous ne nous étions pas évadées, je suis certaine qu'il m'aurait définitivement séparée de ma fille, en m'emprisonnant quelque part.

Je sais qu'il est vivant en Iran. Je sais qu'il est mon ennemi. Ses menaces de mort résonnent encore à mes oreilles. Je sais qu'il pratique maintenant activement la religion islamique. Comme il l'a dit dans son interview en Allemagne, Mahtob est malheureusement séparée de l'un de ses parents et coupée de l'un de ses héritages culturels. À qui la faute ?

L'automne au Michigan est une saison superbe. Les arbres sont rouge sombre, dorés, le vent les agite et bouscule les feuilles sur le sentier le long de la rivière... Les buissons de mûres n'attendent que les mains de Mahtob pour déborder du panier qu'elle va me rapporter pour les tartes et les confitures. Je suis grand-mère.

Joe s'est marié. Joe a trouvé l'âme sœur. Il a pris son temps, contrairement à John qui, bien que plus jeune que lui, est toujours entouré d'une armée de petites amies. Je ne pouvais rêver mieux que Peggy pour belle-fille.

Le 18 septembre 1991 à huit heures du matin, un petit-fils de quatre kilos, Brandon Michael, est venu enrichir la famille. Rose et rond comme un sucre d'orge.

Le bonheur est dans le vent, dans les arbres, il glisse sur la rivière. Si mon père avait eu la joie de voir naître son arrière-petit-fils, il aurait préparé ses cannes à pêche le jour du baptême...

Au milieu de tous les récits de malheur qui ont afflué depuis mon retour, de tous ces gens désespérés qui ont une place dans ma tête, de tous ces prénoms d'enfants prisonniers au-delà des frontières, ce bonheur m'est donné. Brandon Michael, ce soir, nous allons boire du champagne pour saluer ta venue.

Six ans déjà. Ces dernières années ont passé si vite.

Le bureau m'attend. Lieu familier, je l'ai installé dans la première maison que j'avais louée pour travailler avec Bill sur le livre. Plus qu'un bureau, c'est un foyer où nous essayons de rassembler des familles éparpillées à travers le monde.

Kirk Harder est ma nouvelle voix à l'écoute de toutes les demandes qui nous parviennent.

Il est installé devant l'ordinateur. Grand, solide, un ancien des *Peace Corps*, il a quitté un poste d'enseignant pour travailler avec moi.

Malgré le réseau et celles qui acceptent de me relayer selon les pays concernés, on veut encore et toujours me parler en premier. C'est normal. Kirk s'efforce de me soulager, mais aujourd'hui encore, il me tend un feuillet. Cela veut dire : Iran. Mon domaine obligé. Je lis sur sa note les prénoms des enfants : Kayvan et Feresteh... C'est Meg.

Il y a du nouveau : son mari l'a autorisée à partir avec son troisième bébé pour rendre visite à ses parents. Elle est chez eux.

Je ne connais pas Meg – et pour cause : elle est prisonnière en Iran depuis huit ans. Son histoire est affreusement classique et symbolise le degré de sacrifice que peut atteindre une mère pour protéger ses enfants.

En 1982, elle a déposé une demande de divorce, ce qui a déclenché aussitôt l'enlèvement de ses deux enfants. Kayvan, son fils, et

Feresteh, sa fille, ont été emmenés par leur père, Hossain, en Iran.

Désespérée, Meg a décidé de les suivre pour rester près d'eux.

À Téhéran, elle est contrainte de vivre au milieu de la nombreuse famille de son mari, dans un deux-pièces minuscule. Autant être en prison. Il lui est impossible de communiquer librement avec un Occidental. Elle n'a même pas la permission d'aller faire la queue comme les autres devant les magasins pour obtenir de la nourriture, on ne la laisse jamais sans surveillance. Comme moi, elle a tout de même réussi à parler à Helen, à l'ambassade de Suisse. Mais avec quelles difficultés! Son mari ne la quittait pas d'une semelle, jusque dans le bureau de Helen. Une fois, une seule fois, parce que le bébé pleurait, le mari a accepté de sortir avec lui quelques minutes pour le calmer. C'est ainsi que Helen a été au courant de ses conditions de vie et de son désespoir.

Helen m'a dit ensuite :

– Je crois qu'elle n'est pas assez forte pour tenter la même chose que toi. D'autant plus que le troisième enfant est né ici. Si tu l'aides, fais attention à toi. Elle risque de ne pas tenir le coup et de tout faire rater. Si elle se fait prendre, « ils » raconteront tout, c'est dangereux.

Tout, c'est-à-dire par qui et comment j'ai réussi mon évasion.

Meg a une petite voix. Une voix pâle, triste et plate, celle du renoncement.

– Je viens de lire votre livre, et si ma vie à Téhéran était à moitié aussi supportable que le fut la vôtre, je m'en contenterais.

Elle me décrit ses conditions de vie à Téhéran dans cette famille. C'est assez terrifiant, mais je n'ai pas de peine à me l'imaginer. Je connais bien cette partie de la ville, ces maisons de deux pièces sans confort abritant une quinzaine de personnes, ce quartier surpeuplé.

Elle appréhende tout autant son retour en Iran que l'idée d'abandonner là-bas ses deux aînés.

– Vous êtes sûre de vouloir repartir ? Et vos parents ? Et le bébé ? En restant ici, vous pourriez peut-être obtenir légalement la garde des deux autres ?

– J'ai reçu une lettre de Feresteh aujourd'hui, je vais vous la lire.

– Quel âge a-t-elle maintenant ?

– Quatorze ans.

Elle l'a expédiée clandestinement.

Le cœur serré, j'écoute la voix de Feresteh partie à six ans de son pays natal, une voix terrible pour moi, que sa mère retransmet avec peine :

Maman, je t'en prie, lis bien ceci, lis-le deux fois! Maman, ne reviens pas. Tu serais vraiment stupide de revenir, maman! Maman, je te le promets, je vais lui casser les pieds, comme je l'ai fait quand il nous a enlevés. Ce jour-là, moi et Kayvan, on a hurlé sans arrêt. Je recommencerai. Je suis plus grande maintenant. Je peux faire mieux.

Crois-moi, maman, on a une bonne vie. Nous avons à manger, des œufs et aussi des fruits. Alors ne t'inquiète pas pour nous. Maman, j'ai reçu aujourd'hui ta lettre avec les photos. J'aime bien les gens de là-bas. J'ai vu ton visage sur la photo. J'ai bien vu que tu te sentais très seule. Mais si tu reviens tu seras malheureuse. Je t'écris tout ça et je ne sais pas si tu m'écouteras ou non. Mais réflé-

chis, maman, à ce que tu vas faire. D'accord ? Dis
bonjour à tout le monde, maman. Je prie pour que
cette lettre t'arrive vite !

Je n'entends plus que le silence au téléphone.
Le bruit du papier que l'on replie, puis à nouveau Meg, la voix étranglée :
– Je suis déprimée, sans force, mes parents
sont âgés et seuls ici. Ils adoraient les enfants.
Mais je n'ai pas le choix, pas le choix... Elle a
quatorze ans, un jour il va vouloir la marier...
elle a besoin de moi. Kayvan aussi. Pendant les
attaques des missiles irakiens, il a risqué sa vie
pour aller chercher du pain... c'était notre seule
nourriture et c'est lui qui courait hors des abris
pour y aller... Je l'ai cru mort tant de fois...
L'abandonner là-bas, sans savoir comment ils
vont vivre... je ne peux pas... je ne peux pas...
D'ailleurs, s'il a fini par me laisser partir, c'est
qu'il sait bien que je vais revenir. Je n'ai aucun
pouvoir là-bas, le droit de me taire, c'est tout.
Vous avez eu de la chance...
Les jours suivants, je la rappelle régulièrement, jusqu'à la date de son départ, en hiver. Ce
jour-là, une tempête de neige retarde son vol.
J'espère qu'elle va réfléchir encore. J'ai le cœur
serré pour ses deux adolescents, pour Feresteh
qui cherche un moyen de s'évader d'Iran. Je
comprends son désespoir. Elle se raccroche à
n'importe quoi, exactement comme moi en
Iran.
Le jour de son départ manqué, Meg m'a
raconté que Kayvan avait tellement mal réagi
lors de l'enlèvement qu'on l'avait enfermé au
sous-sol. À l'arrivée de sa mère à Téhéran, il
s'est vanté de son exploit :
– Tu vois, maman, tu es venue vivre avec
nous parce que j'étais méchant.

Et Meg a ajouté :

– Je me souviendrai de votre livre. Il m'a redonné espoir. Je pars, je n'ai pas le choix. Mais un jour, peut-être ?

Après son départ, j'ai reçu d'elle une lettre dans laquelle elle exprimait plus complètement ses sentiments :

C'est difficile à expliquer, mais j'ai peur de séparer les enfants. Les uns et les autres seront également meurtris et abandonnés. La famille, les amis, personne ne pourra jamais comprendre. Il faut avoir vécu là-bas, et vous, vous savez.

Feresteh essaie de se comporter en adulte, d'être la femme de la famille. Elle tente de vivre mon rêve. Je me demande quand l'enfant devient adulte, et quand l'adulte reste un enfant ? Je l'ignore. Mais je vais essayer de les garder ensemble et de leur donner un semblant de rêve, à eux aussi.

Depuis cette lettre, je n'ai plus jamais entendu parler de Meg.

Meg a raison, j'ai de la chance.

La maison, ma maison au milieu des arbres, est pleine. Mahtob tapote sur le piano, mes fils sont en grande discussion à propos de base-ball, Brandon Michael avale goulûment le biberon que lui donne sa mère dans le jardin. Je les rejoins pour cueillir de la menthe fraîche et un bouquet de coriandre. Ce soir, je me « mets en cuisine ».

Pendant que mes mains travaillent à découper la viande, les légumes, à assembler les couleurs et les saveurs, je suis tranquille dans ma

174

tête. Un jour, je ferai un livre de cuisine avec Mahtob — telle mère, telle fille...

Le cycle des conférences qu'on me demande de faire à travers le pays va reprendre. J'ai rendez-vous à Washington, au département d'État. J'ai des montagnes de choses à leur demander.

Que de chemin parcouru en cinq ans, depuis la première réunion où j'ai tenté de faire prendre conscience du problème à des responsables politiques ou judiciaires. Je me souviens de cet avocat écrasé sur sa chaise, les bras croisés, qui m'a dit :

— Mais au fait, de combien d'enfants sommes-nous en train de parler ?

— Environ dix mille, ai-je répondu.

Et lui, de sa voix impatiente :

— Vous voulez dire qu'on est ici à perdre notre temps pour dix mille enfants ! Vous savez combien il y a d'enfants dans ce pays ?

— Et vous, vous savez combien nous avons d'otages au Liban ?

L'avocat s'est redressé sur sa chaise et il a décroisé les bras. Il avait compris qu'il y avait un problème.

C'est ainsi que nous avons progressé, de rencontre en rencontre, de réunion en réunion, avec des gens qui se levaient à chaque fois, une femme qui disait : « Moi, je connais un cas dans ma ville », une autre : « Oui, moi aussi... »

J'ai pu juger l'évolution des mentalités, d'abord à l'accueil que j'ai reçu dans les procès où j'ai pu témoigner en tant que témoin expert, puis à l'écoute que j'ai obtenue des hommes politiques de mon État.

J'ai pu, en 1989, faire voter dans le Michigan une loi qui permet à un résident de l'État marié à un étranger, quand il est jugé en danger, d'engager sa demande de divorce ailleurs que dans sa ville de résidence, afin de diminuer les chances de l'autre parent de retrouver sa trace et d'enlever ou de réenlever les enfants.

J'ai été d'ailleurs la première à bénéficier de cette loi. Seule l'astuce d'Arnie m'avait permis de renouveler ma demande de divorce sans avoir à communiquer mon adresse. Grâce à « ma » loi, j'ai finalement obtenu mon divorce et la garde permanente de Mahtob le 19 juin 1991.

J'avais espéré que le divorce mettrait fin à cette partie de ma vie. Ce n'est pas le cas, et il en sera ainsi tant que pèsera sur nous la menace d'un enlèvement de Mahtob...

Mon action s'est maintenant déplacée à Washington. J'essaie d'obtenir un contrôle systématique des sorties du territoire des enfants par les voies aériennes. J'œuvre aussi pour faire de l'enlèvement international d'un enfant un crime fédéral. Aussi étrange que cela puisse paraître, le kidnapping est, dans le monde entier, considéré et puni comme un crime. Mais pas le kidnapping de son propre enfant.

Le projet de loi que nous essayons de faire passer et pour lequel j'ai déjà témoigné devant une commission du Sénat s'est jusqu'à maintenant trouvé bloqué – bien qu'officiellement personne ne s'y oppose – dans les complications de la politique à Washington. Je peux mesurer par moi-même le courage et l'endurance qu'il a fallu aux *Mères d'Alger* pour obtenir leur convention, sans aide politique ou financière particulière. Comme elles, je ne lâcherai pas et je continuerai mes infernales journées qui m'emmènent du département d'État aux bureaux des sénateurs, ces conversations qui n'avancent pas ou si lentement...

Je suis fière de représenter les États-Unis à la prochaine conférence de La Haye. La Haye, c'est le nom de l'espoir pour beaucoup de parents. La convention de La Haye, à laquelle ont adhéré à ce jour vingt-quatre pays, dont les États-Unis et la France, est la seule qui permette de protéger les enfants enlevés. Elle dit en effet que tout enfant de moins de seize ans *éloigné à tort* vers un autre pays doit être ramené rapidement dans son lieu habituel de résidence. Les conflits juridiques à ce sujet doivent être tranchés devant les tribunaux du pays de résidence de l'enfant.

La convention a ses limites, ses faiblesses, à commencer par le fait qu'elle ne peut être respectée par les pays qui ne l'ont pas encore signée : la quasi-totalité des pays africains, asiatiques, et musulmans...

Aussi souvent que je le peux, je fais à pied les quelques centaines de mètres qui séparent ma maison du siège d'*Un monde pour les enfants*. Avec Kirk, nous faisons le point des différents cas, nous cochons avec soulagement chaque nouveau pays qui adhère à la convention.

Un de ceux qui n'y adhèrent pas – le Yémen – est le cadre d'un des drames qui me tiennent le plus à cœur : celui de Zana et Nadia Muhsen.

Zana est une personne à part dans la galerie de mes rencontres. Anglaise, de mère britannique et de père yéménite, elle vit actuellement en Angleterre.

J'ai entendu parler d'elle pour la première fois en 1988, peu après mon premier voyage à Paris. Et c'est mon amie Anja, mon éditeur allemand, qui m'a communiqué les épreuves du livre qu'elle a publié.

Le Yémen est un pays terriblement difficile. L'accès aux informations particulièrement délicat. Des cas de kidnapping d'enfants y ont été répertoriés, mais leurs traces y disparaissent comme dans des nuages. Ainsi Zana a-t-elle disparu un jour avec sa sœur Nadia, alors qu'elles avaient quinze et quatorze ans, c'était en 1980. Un avion de vacances, deux semaines de séjour organisées par leur père dans ce pays mystérieux et magnifique... et plus de nouvelles pendant des années.

Le père leur avait fait miroiter des images de courses de chameaux sur des plages immaculées, un voyage de carte postale qui s'est transformé en enfer, au lieu de l'intermède exotique qu'elles attendaient dans leur existence de collégiennes anglaises.

Leur père a abusé de leur confiance de la manière la plus affreuse qui soit. Il les a « vendues ».

Leurs deux mariages ont été arrangés et payés d'avance par les acheteurs. Le mari de Zana avait quatorze ans, l'air d'un enfant de huit ans. On les a enfermés dans une chambre, les hommes de la famille attendaient la consommation obligatoire de ce mariage, pour lequel ils avaient payé le père de Zana, 13 000 francs. Nadia, la jeune sœur, faisait partie du prix, un autre jeune époux était prévu pour elle...

Les deux adolescentes sont restées prisonnières dans deux villages voisins, sans espoir d'évasion. Contraintes de subir les rapports sexuels que leurs prétendus mariages impliquent. Leur long cauchemar a commencé.

Car il est hors de question de fuir, les montagnes yéménites sont une prison qui n'a pas besoin de barreaux. Ni route, ni orientation possible, Zana et Nadia ne savent pas avant longtemps dans quelle région elles se trouvent exactement.

Être une épouse dans un village yéménite équivaut à être une esclave. La parole du mari, ou plutôt celle du beau-père, est force de loi absolue. Si Zana ou Nadia refusent d'obéir aux ordres d'un homme, elles sont sévèrement battues.

Au Yémen, les villages de montagne manquent d'eau courante, d'électricité, de téléphone, de soins médicaux; le travail domestique est éreintant, et c'est une torture quotidienne supplémentaire pour ces deux petites Anglaises que leur éducation n'a en rien préparées à cela.

Pour fournir l'eau à leurs belles-familles, elles sont obligées d'escalader la montagne, jusqu'à douze fois par jour, portant de lourdes jarres sur la tête. Elles passent des heures interminables à égrener du maïs à la main, pour faire du pain. Lorsqu'elles donneront naissance à des enfants, alors qu'elles en sont encore elles-mêmes, il leur faudra accoucher par terre, sans hygiène, sans soins, sans médicaments.

Zana écrit à sa mère, mais le courrier sera intercepté si longtemps qu'elle craindra – et on la comprend – que sa mère elle-même ne se soit mise d'accord avec les acheteurs!

C'est en 1988 seulement que leur mère les localise enfin et, avec deux journalistes anglais, les retrouve dans le village. Zana réussit, après huit années, à attirer l'attention de la presse britannique. Les autorités yéménites subissent alors des pressions sévères de la part des médias et de certains diplomates anglais.

Finalement, les autorités acceptent de relâcher Zana, à condition qu'elle signe ce qu'on lui présente comme un document de régularisation du divorce, et qui est en réalité une déclaration d'abandon de son enfant...

Quand elle le découvre, Zana décide tout de même de partir, seule, dans l'unique espoir de pouvoir se battre à l'extérieur du pays pour son fils et sa sœur.

En se quittant, les deux sœurs se promettent de ne pas s'oublier. Nadia dit :

– Pars, fais-le pour moi et les enfants. J'ai confiance en toi. Reviens nous chercher.

– Je le jure.

Le petit Marcus est resté avec Nadia. Zana n'avait accepté de partir que dans ce cas, certaine que sa sœur prendrait soin de l'enfant comme du sien. Mais, Zana l'apprendra plus tard, le garçon a été retiré peu de temps après de la garde de sa tante. Car pendant quatre ans, Zana est complètement coupée de sa sœur, toute communication est impossible, elle ignore si Nadia est toujours dans le village de montagne ou si on l'a emmenée ailleurs, dans un autre village, sans route, sans communication, sans intermédiaire pour transmettre un message. Ses lettres demeurent sans réponse.

Zana est une jeune femme maintenant, au caractère extraordinaire. Longue, mince, brune, un regard noir presque insoutenable de tristesse mais aussi de volonté intérieure. Elle est belle de cette volonté-là. Belle de courage – et d'obstination.

Sa sœur Nadia lui ressemble physiquement – même beauté sombre, même regard intense – mais plus enfant, plus fragile, plus impressionnable. Zana sait que, seule, Nadia est en danger là-bas. Danger de perdre son identité, sa culture, sa langue, après avoir déjà perdu son enfance, son innocence, sa liberté.

Alors Zana se bat de front. D'abord en poursuivant son père devant les tribunaux anglais pour kidnapping.

L'homme est énigmatique, il se contente de nier avoir vendu ses filles, alors que Zana en a la preuve.

L'attaquer en justice était la première démarche importante à faire, mais le dossier est toujours en cours, compliqué. Et le père nie toujours. De temps en temps, il donne une interview à un journal britannique, en se contentant de répéter la même chose : elles étaient libres au Yémen...

L'idée d'écrire un livre avec un journaliste anglais, sous le titre *Sold* (*Vendues !*), n'a été acceptée par Zana que deux ans après son retour à Birmingham. Elle souffrait de dépression, ne voulait plus voir personne, concentrée sur sa haine de l'homme qui lui a fait subir un calvaire de huit ans, son père.

Puis elle s'est mise à espérer l'intérêt du public et des diplomates des deux pays en faveur de sa sœur. Le livre est sorti, sans grand retentissement en Angleterre. Mais je le lis le cœur serré, sans pouvoir le poser une minute.

Je fais part de mes impressions à mon éditeur français : Bernard Fixot et son équipe sont des fidèles supporters de ma cause. Si ma notoriété peut servir à quelque chose...

C'est ainsi que tout s'enclenche. Et que je retrouve Zana Muhsen à Paris, en 1992, pour la sortie du livre. Dans son édition française, *Vendues !* a l'impact que nous espérions sur le public. Enfin Nadia sort de l'ombre, enfin Zana peut accéder aux grands médias français, se faire entendre des journalistes et du public. Dès ses premières apparitions sur TF1, dans les émissions *Ex Libris*, puis *Sacrée Soirée*, l'ambassade du Yémen reçoit appels et messages pour la libération de Nadia.

Plus de dix ans après qu'elles ont été vendues, comme du bétail domestique, leur cas devient enfin une cause dont on parle et qui remue l'opinion.

Je suis à côté de Zana lorsque, en direct, elle se met à raconter, en peu de mots, son calvaire de tant d'années. « Ils voulaient m'attacher sur le lit si je n'obéissais pas... », le silence du public dans l'immense studio est impressionnant.

Puis Jean-Pierre Foucault, l'animateur, lui demande d'accepter à ses côtés la présence d'un conseiller de l'ambassade du Yémen à Paris. Une solution de bonne volonté est peut-être possible.

Je sens que Zana se raidit. Elle a tant et tant supplié déjà, là-bas, au Yémen, devant les autorités. Elle s'est sentie tellement humiliée que je comprends sa réaction.

Le diplomate semble faire preuve de compassion : « Ces jeunes filles ont été retenues contre leur gré, les hommes qui ont fait cela donnent une mauvaise image de tout le peuple yéménite. » Il dit aussi qu'il s'agit d'une malheureuse histoire de famille, que les autorités ne connaissaient pas l'existence de Zana et de sa sœur. Que dès qu'ils ont su, ils ont immédiatement mis les jeunes filles sous la protection du gouverneur de Taez, la grande ville la plus proche de leur village.

Zana lève les yeux au ciel, comme en prière, je vois bien qu'elle retient désespérément sa colère.

Jean-Pierre Foucault parvient à se montrer aussi diplomate que le diplomate lui-même.

Calmement, un léger sourire aux lèvres, avec une remarquable politesse, il remet les choses en place. Ce face à face est extraordinaire pour moi. Il y a quelques années, personne n'aurait osé organiser une telle confrontation.

Deuxième surprise pour Zana, la télévision a demandé, en forçant un peu du côté ambassade, à établir une communication téléphonique avec Nadia.

L'émotion est grande pour Zana. Elle ravale ses larmes et dit seulement de sa voix un peu rauque :

— Je vais parler à ma sœur...

Hélas! nous n'entendons qu'une toute petite voix, qui ne parle pas anglais. Quelques mots incompréhensibles, puis, derrière, une voix d'homme. A-t-on obligé Nadia à parler arabe ? Qui est près d'elle ? Qui la surveille ? Zana dit fermement :

— Elle peut parler anglais... elle n'a pas pu oublier.

Les téléspectateurs, cette fois, n'entendront pas en direct la conversation des deux sœurs. Problème technique, semble-t-il... Jean-Pierre Foucault demande que la liaison ne soit pas interrompue, Zana va quitter le plateau et prendre un autre appareil dans les coulisses. Mais avant cela, il s'adresse aussi au conseiller :

— Et si nous allions au Yémen, Zana et moi ? Avec une équipe de télévision ? Accepteriez-vous que nous rencontrions Nadia sur place ?

Le diplomate accepte.

— Betty ? Pensez-vous que ce soit là une occasion pour Zana ? Qu'elle doive y aller ?

— Je pense que c'est un miracle, et une occasion qu'elle ne doit pas manquer.

Et c'est un miracle, en effet. Car sous la pro-

183

tection d'une équipe de télévision française, Zana ne craint rien. L'événement est public. Le diplomate le sait bien.

Le pouvoir des médias ne m'était jamais apparu aussi efficace qu'à ce moment-là.

En coulisses, Zana parle à sa sœur, mais avec difficulté, elle n'entend pas grand-chose, de plus je la sens tendue à craquer. Nadia n'est pas seule, elle est, semble-t-il, dans la maison du gouverneur de la ville. Comment parler dans ces conditions ? Ce premier contact se limite à quelques phrases.

Cinq jours plus tard, Zana et sa mère partent pour le Yémen, avec Jean-Pierre Foucault et Bernard Fixot. Une équipe de télévision doit les suivre partout. Nous sommes le 9 février 1992.

Et c'est tragique.

Les téléspectateurs français ont vu Zana mettre le pied sur la terre de ce pays qui fut une prison pour elle. Attendre sa sœur, le cœur serré, nerveuse à craquer, mais toujours décidée. Et nous avons vu arriver sa sœur, vêtue de noir, voilée, à peine reconnaissable, sans Marcus, le fils de Zana, et sans ses enfants à elle, à part le plus jeune qu'un homme tient dans ses bras.

C'est un fantôme noir que retrouve Zana, une sœur dont elle ne peut voir que les yeux. Elles se regardent, incapables de s'embrasser, ce qui surprend tout le monde, mais s'explique par le choc. Quatre ans de séparation et, surtout, dit Zana :

– On nous avait promis que nous serions seules, et que tous les enfants seraient là...

Nadia ne sait que répéter en tremblant qu'elle ne veut pas partir... que tout va bien :

– J'ai un toit sur la tête, j'ai à manger, mon mari s'occupe bien de moi.

Jean-Pierre Foucault demande :

– Voulez-vous retourner en Angleterre ?

Le regard effrayé de Nadia derrière le voile accompagne sa réponse :

– Angleterre ? Pas possible... trop de gens, trop d'ennuis... Je suis musulmane, j'ai appris la loi musulmane...

Plus tard, elle a quand même un entretien privé avec Zana, quelques minutes de confidences que Zana garde pour elle. Par sécurité pour Nadia probablement.

Le reportage est diffusé la semaine suivante, et Zana explique devant les millions de téléspectateurs qui connaissent à présent son histoire :

– Je sais ce qu'elle veut maintenant.

Comment juger des véritables sentiments de Nadia ? Était-ce une leçon sévèrement apprise ? Pourquoi les enfants n'étaient-ils pas avec elle ? Ils étaient à l'école, lui a-t-on répondu. Alors qu'ils ont moins de six ans et qu'au Yémen on ne va pas à l'école avant sept ans.

Quant à se rendre au village dans la montagne, c'était possible, bien sûr, mais on ne pouvait pas assurer la sécurité de l'équipe étrangère...

Peut-être était-il trop tard déjà pour Nadia, mariée de force à quatorze ans, mère de quatre enfants à vingt-quatre ans, pour retrouver le pays de son adolescence...

Lors de la diffusion de ce reportage, le conseiller de l'ambassade du Yémen s'est retourné vers Zana :

– Votre sœur est grande, majeure, elle a des enfants, elle est yéménite, vous êtes anglaise...

Zana a bondi :

– Grande ? Elle ne sait pas ce que c'est

185

qu'être grande, elle n'a pas pu grandir là-bas. Elle a vingt-quatre ans, mais elle en a toujours quatorze! Sa vie s'est arrêtée là.

Puis Jean-Pierre Foucault demande à Zana si ce voyage, ces retrouvailles lui ont fait du bien.

— Je me sens mieux, jusqu'à présent j'étais une blessure ambulante... mais il faut que ma sœur quitte ce pays.

À l'heure où j'écris (juillet 1992), Nadia est encore au Yémen, et les enfants aussi. Et Marcus, le fils de Zana, a déjà sept ans.

Zana m'a dit avoir rencontré, dans un autre village du Yémen, une jeune Anglaise, blonde aux yeux bleus, vendue comme elle. La rumeur parle de beaucoup d'autres, mais leur dispersion dans un pays où il est difficile de voyager, de communiquer, fait que le mystère demeure sur leurs conditions de vie.

Mais je n'oublie pas Zana Muhsen. Je sais qu'elle ira au bout de sa promesse à sa sœur.

Revoir sa sœur libre est une réelle obsession pour elle. Le gage de sa victoire sur les hommes qui l'ont tant fait souffrir, qui l'ont si violemment privée de sa vie.

Elle est droite, belle, pure dans son combat de vengeance. Effilée comme une lame de poignard. Tendue comme un arc, impressionnante. Elle dit et redit toujours :

— Oui, c'est une obsession. Je ne vis que pour ça. Autrement ma vie n'a pas de sens.

Quelque part au Yémen, sous son voile noir, Nadia attend.

Lorsque je suis rentrée au pays, avec Mahtob, je n'imaginais pas que ma nouvelle vie serait aussi prenante. J'ai rencontré tant de gens, fait tant de choses en six ans! J'ai écrit un premier livre et me voilà lancée dans un deuxième... Je me souviens pourtant de ce que Mahtob m'avait dit :

– Maman, j'espère que tu ne feras pas un autre livre!

Elle avait six ans. Elle me voyait pleurer souvent en travaillant avec Bill Hoffer. Un livre, pour elle, c'était irréel, une entité mystérieuse dont le but ne paraissait pas évident, à son âge.

Et maman fait un autre livre! Mais Mahtob a douze ans, elle comprend qu'il est nécessaire, celui-là aussi. Nécessaire pour compléter le premier. Pour faire comprendre cette fois que notre expérience en Iran n'est pas unique, malheureusement. Pour parler de tous ceux que j'ai rencontrés, aidés parfois jusqu'à la limite de mes forces. Leur donner la parole à eux aussi, qu'ils s'expriment à travers moi, dans un livre, comme ils le font tous les jours, chez moi.

Mahtob connaît tous ceux dont je vais parler maintenant.

Malheureusement elle ne connaît pas tous leurs enfants. La majorité d'entre eux figurent encore comme des petites étoiles perdues qui clignotent sur l'ordinateur de notre bureau. *Un monde pour les enfants* est un espoir nécessaire pour eux.

Cette galerie de personnages, ces histoires vraies dramatiques, presque incroyables parfois, dangereuses, émouvantes, elle les a écoutées en même temps que moi.

Voici Christy Khan, ses trois fils et le Pakistan. Christy ou le courage.

Voici Craig DeMarr, ses deux filles et l'Allemagne. Craig, l'aventurier.

Et puis voici Mariann Saieed, son fils et sa fille dans la tourmente de l'Irak.

Mariann, le bonheur et le désespoir.

Chacun d'eux est un exemple. Aucun ne ressemble à l'autre.

Ils n'ont pas vécu les mêmes amours, les mêmes drames, et pourtant c'est encore et toujours la même histoire recommencée. Les enfants kidnappés, prisonniers, les frontières, les lois imparfaites ou inexistantes, des vies déracinées, des hommes et des femmes se déchirant pour l'amour de leurs enfants, séparés par une frontière.

Deuxième partie

Les enfants déchirés

Christy, ou l'obstination

Elle est venue pour la première du film à New York. Une longue femme, jeune, si jeune, aux cheveux courts, noirs et luisants, aux yeux gris lumineux, au teint pâle. Je connais déjà son nom et son histoire, je lui ai parlé au téléphone, mais c'est la première fois que nous nous rencontrons.

— Bonjour, je suis Christy Khan, mes parents vous ont contactée après la mort de mon mari... Vous vous souvenez de moi ? Je voulais vous dire...

Elle hésite un peu, puis se lance :

— Je n'ai pas pu regarder le film. La seule vue de l'affiche me rend malade. C'est trop dur pour moi, cette femme qui court avec son enfant dans les bras...

— Et le livre ? Vous l'avez lu ?

— J'ai failli. Je l'ai acheté, je me disais : « Bon, tu as épousé un Pakistanais, tu ferais bien de te renseigner. On ne sait jamais... » Et puis je ne l'ai pas lu.

— Pourquoi ?

— Quand je l'ai apporté à la maison, je n'avais fait que le parcourir, j'ai dit à Riaz : « Regarde, c'est l'histoire d'une femme qui a épousé un

191

Iranien et... » Il ne m'a pas laissé finir. Il a pris le livre en grognant : « Je te défends de lire ça, tu veux me faire honte ? » Et il l'a jeté je ne sais où.

Christy est formidablement sympathique, tout est franc chez elle, le sourire sur les dents blanches, le regard qui ne vous lâche pas, une droiture qui frappe immédiatement.

— Je repars au Pakistan demain. Je vous raconterai la suite... Merci de m'avoir crue.

— Je sais trop ce que c'est...

— Oui, mais vous êtes différente. La plupart des femmes qui ont récupéré leurs enfants ne veulent plus entendre parler de ces histoires. Elles changent. Pour elles, c'est fini. Vous, vous n'êtes pas comme ça... Vous êtes chaleureuse!

Et elle se sauve. Il y a beaucoup de monde, et elle a tant d'ennuis, tant de courage aussi. Nous ne nous reverrons qu'à son retour... Dieu la garde.

L'histoire de Christy est un drame en trois actes. Je connais les deux premiers, le troisième acte, c'est l'espoir, un difficile combat qu'elle va maintenant mener au Pakistan. Elle devra affronter une famille et un tribunal islamique, auxquels il lui faudra arracher légalement ses enfants. Jusqu'à présent, à ma connaissance, aucune femme occidentale n'a gagné devant un tribunal islamique.

Le premier acte, donc, est une curieuse histoire d'amour. En juin 1985, Christy quitte le Michigan pour étudier le marketing à l'université de Tulsa, en Oklahoma. Elle voulait devenir orthophoniste, mais on lui a conseillé une carrière plus lucrative.

À vingt ans, c'est la première fois qu'elle se sépare de ses parents, qui vivent à Detroit – besoin de liberté et de changer d'air, même si elle entretient d'excellents rapports avec eux.

Et c'est la rencontre avec Riaz Khan, vingt-cinq ans, étudiant à la même université, tignasse de cheveux noirs, peau sombre, regard de braise, grand, pas vraiment beau, mais tellement romantique et enthousiaste.

– J'adore les États-Unis. Je suis né musulman, mais je me suis converti au christianisme. Dieu est le même pour tout le monde... Et vous ?

– Je suis très croyante. Et très patriote !

Ce n'est pas vraiment le coup de foudre, mais cela y ressemble un peu. Riaz ne quitte plus Christy, il lui raconte ses études de droit, son voyage en Europe. Il est charmeur, il plaît à tout le monde, son enthousiasme est communicatif. Et, surtout, il sait s'effacer devant une femme, lui ouvrir la portière, offrir des fleurs, s'intéresser à elle, la mettre en valeur. Dans le milieu étudiant, c'est rare. Christy est sensible aux bonnes manières, et la courtoisie de ce garçon lui plaît.

Riaz parle peu de son pays natal, élude les questions sur sa famille. Il a quitté le Pakistan peu de temps après que la loi martiale y a été imposée, en 1982. La vie y est devenue trop difficile, dit-il...

Quelques mois plus tard, c'est la première visite chez les parents de Christy. Excellente impression. Pour l'instant Christy et Riaz ne sont qu'amis, mais le père et la mère sont heureux que leur benjamine ait un ami aussi sympathique. Et Riaz est enthousiasmé :

– Ils sont merveilleux, j'aimerais faire partie

de ta famille... Christy, je ne peux pas vivre sans toi.

– Mais tu ne vis pas sans moi : tu peux venir me voir quand tu veux.

– Je dois retourner au Pakistan, mon visa d'étudiant va expirer, et je ne pourrai peut-être pas revenir.

– Personne ne te refusera un nouveau visa, puisque tu n'as pas terminé tes études. Tu peux aussi chercher du travail, tu es déjà inscrit à la Sécurité sociale, tu vis ici depuis longtemps, tu connais beaucoup de monde...

– Si tu ne veux pas être avec moi, je ne vois pas l'intérêt de revenir. Je veux t'épouser.

Christy n'est pas encore prête pour le mariage et cette précipitation la gêne. D'un autre côté, cette passion, cette manière théâtrale qu'a Riaz de présenter sa demande sont émouvantes.

Le jour de son départ, il la supplie encore.

– Prends l'avion avec moi, viens! Je t'en prie, viens...

– Non, pas comme ça, pas maintenant.

Ils se connaissent depuis six mois, Christy n'a pas terminé ses études, et le Pakistan est loin. Mais s'il l'aime, il reviendra! Elle le laisse partir.

Le courrier circule difficilement entre les deux pays. Riaz téléphone chaque semaine, mais Christy ne peut pas lui parler aussi librement qu'elle le voudrait. Elle est chez ses parents et serait gênée s'ils entendaient ses conversations. Et pourtant, il lui manque, cet amoureux lointain. Il lui manque de plus en plus. Deux mois plus tard, elle est dans l'avion à son tour, sans véritablement penser au mariage, juste à l'amour, juste au voyage. Ses études, elle pourra les reprendre après, il ne lui reste qu'un semestre à travailler, ce n'est pas grand-chose... Mais l'amour, l'exotisme... c'est important à vingt ans.

Deuxième acte. Peshawar se trouve au nord-ouest du Pakistan, à environ 80 kilomètres de l'Afghanistan et du col Khyber, sur l'ancienne route qui mène des Indes à la Russie. Les montagnes environnantes ne sont que de simples collines comparées à l'Himalaya, mais Christy n'a jamais rien vu d'aussi beau, d'aussi spectaculaire. Des routes étroites et sinueuses sans garde-fou. Une chute pouvant précipiter l'imprudent bien bas, les endroits les plus dangereux sont indiqués par des têtes de mort peintes sur le flanc de la montagne!

Moins fabuleuse est la ville elle-même. Lieu touristique en vogue dans les années soixante-dix, avec son bazar particulièrement célèbre, Peshawar est maintenant envahie par des dizaines de milliers de réfugiés afghans, qui ont afflué après l'invasion russe de 1979.

Les nouveaux arrivants vivent dans de misérables bidonvilles, grevant les ressources en eau déjà limitées de la communauté et saturant la capacité d'absorption des égouts. Peshawar est ainsi devenue une ville sale, à la population dense, rongée par la maladie, étouffant sous un nuage de pollution.

Riaz et Christy vont séjourner en ville, mais la plus grande partie de la famille de Riaz vit dans un village paysan, à une vingtaine de kilomètres à l'ouest, au cœur d'une région plate et marécageuse. La famille, en fait, possède ce village, ainsi que l'océan de canne à sucre qui s'étend alentour et les cultures de manguiers et de cotonniers. Les habitants vivent dans de simples huttes, travaillent tous aux champs, comme jadis les esclaves dans les plantations. Il n'y a aucune autre possibilité de travail.

Par rapport au Pakistanais moyen, l'immense famille Khan, dirigée par le père et l'oncle de Riaz, est extrêmement riche. Cependant, d'après Riaz, le domaine et le commerce de fruits en gros, terriblement mal gérés, sont en déclin. « Mais nous avons beaucoup de grandes maisons », précise-t-il.

Pendant le voyage, Christy s'est empli les yeux d'images superbes, de paysages fantastiques ; elle s'attendait à autre chose qu'à la maison délabrée que lui montre enfin Riaz...

Le portail est ouvert, ils entrent. Riaz se met aussitôt à hurler des ordres à un tas de gens qui s'agitent dans tous les sens. Il ne s'occupe plus de Christy. Elle ne sait même pas chez qui elle est. Soudain, Riaz disparaît. Un inconnu s'approche alors et fait signe à Christy de descendre. Il la conduit dans une chambre. Elle est seule. Il fait sombre... Au bout d'un moment, elle commence à paniquer et appelle :

— Où est Riaz ? Je veux voir Riaz !

Il arrive et s'énerve :

— Qu'est-ce qu'il y a ? Tu as un problème ? Tu es dans ma famille maintenant !

Le ton chaleureux, amical, presque onctueux, qu'il emploie d'habitude, a disparu.

— Je suis dépaysée, c'est normal ! Je ne comprends rien à ce qu'ils disent, et je te croyais parti !

— Tu n'es pas bien ?

« Bon, je ne vais pas le vexer en arrivant, pense Christy. Je ne vais pas lui dire que la maison est sale, que tous ces gens qui brûlent de l'encens en m'envoyant la fumée dans la figure m'effraient. Ce ne serait pas très délicat. Il a l'air sur les nerfs... Je vais visiter la maison. »

Elle est grande en effet, cette maison. De hauts murs, de hauts plafonds, des pièces spacieuses mais quasiment vides et mal entretenues. Des murs nus, des tapis infestés de fourmis... Peu à peu, la grande demeure se remplit de gens. Des cousins, des amis... Il semble que tout le quartier soit venu.

Second des huit enfants, Riaz tient, à l'en croire, une place d'honneur dans la famille. Il est depuis toujours le plus ambitieux des fils Khan. Le plus aventureux, celui qui est sorti des frontières étroites de Peshawar pour explorer le monde. Adoré par sa mère, une femme effacée, soumise à son père, un homme maigre au visage émacié que torture un ulcère à l'estomac, Riaz semble être une sorte de dieu pour eux. Même son frère aîné, Fiaz, le respecte, dit-il. Parce qu'il est allé partout dans le monde. Fiaz a une tête de faucon impressionnante. Tarik, le troisième frère, ressemble à la mère. Ils sont tous grands, immenses, même, 1,90 mètre, 1,80 mètre... Et les tailles vont ainsi en s'amenuisant, jusqu'au plus jeune frère qui n'arrive encore qu'à l'épaule de Christy. Une belle famille.

– La maison est en pleine rénovation, explique Riaz, je vais faire refaire le hall. C'est une bonne chose que je sois rentré, j'ai l'esprit moderne, je vais m'occuper de tout ça.

L'électricité a l'air de marcher une fois sur dix, l'air conditionné aussi, par voie de conséquence. Les mouches et les moustiques pullulent. Il y a tout de même une question que Christy ose lui poser.

— Riaz, tu m'as dit qu'il y avait beaucoup de domestiques chez toi ?

— Oui... Ils sont tous à mon service.

— Est-ce que quelqu'un pourrait nettoyer les toilettes avant qu'on les utilise ?

— Ah... oui. On verra. Tiens, prends un comprimé contre la malaria.

Excepté les problèmes de confort et d'hygiène, Christy est accueillie comme une hôte d'honneur, en qualité de fiancée de Riaz. On la traite avec égard ; elle a droit aux meilleurs plats, on la laisse aller où elle veut, s'habiller comme elle le désire... Mais Riaz, dès le premier matin, disparaît, sans dire où il va. Alors Christy déambule dans la maison, jusqu'à ce qu'elle déniche l'une des filles de la famille, la plus ouverte. Ambreen est douce, elle a un visage biblique.

— Ambreen, où est Riaz ?

— Il ne t'a pas dit où il allait ? C'est affreux ! Un homme ne doit pas traiter ainsi sa future femme, c'est lui manquer de respect ! Quand il rentrera je le lui dirai.

Les jours se succèdent et Riaz continue de réapparaître très tard le soir. Il arrive, des fleurs à la main, s'excuse, la famille le sermonne, et il reconnaît sa faute. Il a toujours des réponses toutes prêtes : il a rencontré un vieil ami, et n'a pas vu le temps passer ; il n'a pas visité le pays depuis si longtemps... Christy doit pouvoir comprendre ?

Elle comprend. Sauf qu'elle ne peut pas,

comme lui, se promener en ville, c'est trop dangereux pour une femme occidentale seule. Il faut que quelqu'un l'accompagne à travers ces rues où l'on ne croise pas un homme sans fusil. Ils sont tous armés, c'est l'habitude, c'est nécessaire, et celui qui sortirait sans arme serait fou!

Christy a apporté un livre, *Guerre et Paix*. La maisonnée s'y intéresse; elle se passionne également pour tout ce qui parle de l'Amérique. Les photos qu'a prises Christy de sa propre famille, ses récits, comment on vit, on mange, on dort, là-bas... En retour de ces informations, on lui offre des cadeaux, des vêtements pakistanais. Et lorsqu'elle veut visiter le bazar, les sœurs de Riaz l'accompagnent dans les boutiques de souvenirs.

« Je ne pourrais pas vivre là facilement, pense Christy, mais que ces gens sont adorables. » Elle les observe, les femmes surtout, faire la lessive, empilant en dépit du bon sens le linge propre sur le sale, faire la cuisine. Elle ne supporte pas leur nourriture trop épicée, mais ils se donnent tant de mal pour lui offrir les meilleurs plats.

Après un mois, chacun se lasse. Les hôtes de faire des efforts, l'invitée des plats pimentés, des moustiques, de la saleté. Elle est fatiguée, elle a envie de retourner chez elle.

– Riaz? Tu rentres avec moi?

– Tu pars quand?

– Mon visa expire dans deux semaines... Alors?

– Seulement si tu m'épouses.

– On verra. Rentrons d'abord aux États-Unis.

– Je ne peux pas, mon visa d'étudiant est expiré. Je ne peux pas le renouveler, j'ai séché trop de cours, j'en avais assez.

– Pourquoi tu ne me l'as pas dit ?

– Je ne voulais pas que tu me prennes pour un bon à rien.

– Tu pouvais m'en parler. J'ai déjà cinq ans d'études derrière moi, et j'en ai parfois assez moi aussi...

– Si tu pars, je vais mourir... Épouse-moi !

– Écoute, je vais rentrer aux U.S.A., et je vais réfléchir. Il y a sûrement un moyen pour que tu repartes avec moi...

– Donne le bonjour à mes amis, là-bas. Si je ne les revois pas avant de mourir, dis-leur que je les aime bien...

Mélodramatique, déprimé, sombre, Riaz en rajoute un peu. Mais il est amoureux. Et, comme souvent, il passe de la tristesse, ou de la nervosité, à l'enthousiasme :

– On se mariera bien un jour de toute façon...

Le lendemain, il recommence :

– Pourquoi pas maintenant ? Qu'est-ce que ça change, aujourd'hui ou plus tard ?

– Mais je suis chrétienne !

– Eh bien nous ferons une autre cérémonie plus tard aux États-Unis. Au moins on pourrait vivre ensemble.

Christy se tourmente. Que vont-ils devenir tous les deux ? Le quitter maintenant, c'est dur, mais elle doit finir ses études. Se marier ? Au fond, pourquoi pas ? Ainsi il pourra la rejoindre aux États-Unis, et puis un mariage à Peshawar, c'est exotique, ça ne compte pas beaucoup...

– Bon. Je vais réfléchir, mais il faut que tu saches une chose : je ne veux pas que nous vivions ici. Et notre enfant ne grandira pas ici.

– Quel enfant ? Tu es enceinte ?

– Je crois que oui. Mais ça ne doit pas entrer

en ligne de compte. D'abord, je ne suis pas sûre, il faut que je voie un médecin aux États-Unis. Ensuite, je ne veux pas me marier à cause de ça...

Christy est sincère. Enfant ou pas, le mariage n'est pas une obligation. Riaz a l'air heureux. Il ne se sert pas de cet argument pour l'influencer davantage.

Le lendemain matin, autre ultimatum, dans la tendresse et le désespoir mêlés :

– À toi de choisir : ou tu m'épouses aujourd'hui, ou tu repars sans moi !

L'imam est déjà là. Plus le temps de reculer, même pas de se changer. Riaz, lui, est rasé de frais, en costume-cravate, il a tout prévu. La cérémonie a lieu dans la maison.

Christy pénètre dans une pièce sombre, des visages graves l'entourent. Parmi eux, Hyatt, l'oncle de Riaz, qui remplace son père absent. Hyatt est barbu, immense, assez gentil. La mère de Riaz, enveloppée dans ses pantalons longs et ses châles superposés, a un air sévère. Il y a aussi des hommes inconnus, dont le regard ne croise jamais celui de Christy.

Riaz lui montre une traduction du contrat de mariage en anglais. Rien de spécial. Ambreen demande :

– Tu vas prendre un nom islamique ?

– Je n'ai pas l'intention de me convertir, je vous l'ai déjà dit !

– Oui, mais tu épouses notre frère... Pour nous, tu es musulmane, c'est la coutume.

Christy s'appellera donc Myriam sur le certificat de mariage.

L'imam ne parle pas un mot d'anglais. Riaz se penche et chuchote à sa fiancée :

– Tu n'as qu'à répondre *Gi*.

Christy-Myriam Khan répond *Gi*, à la question « Veux-tu prendre Riaz pour époux ». Et c'est fini. La cérémonie a duré trois minutes. Christy n'a pas de bague.

— Je t'achèterai des bijoux demain...

Riaz serre des mains, frappe l'épaule de ses amis, salue son oncle.

— Où vas-tu, Riaz ? lui demande Christy.

— Je vais fêter ça avec mes frères.

— Et moi ?

— Aucune femme ne doit être présente, c'est la tradition. Même pas toi ! Je te rapporterai un morceau de poulet !

Dans sa petite robe ordinaire, Christy regarde partir son mari et l'imam. Bientôt, il ne reste plus que les femmes.

— Ambreen, dis-moi, est-ce que ça se passe toujours comme ça ?

— Non. D'habitude on fait de grandes festivités. Mais quand tu reviendras, on fera ça dans les règles. Il y aura une grande cérémonie, ce sera différent, tu verras.

La nuit de noces non plus n'est pas comme d'habitude. Christy la passe seule. Dans la chaleur et l'humidité de la nuit, luttant contre les moustiques, choquée, incapable de dormir, elle réfléchit à la situation. « Aux États-Unis, ce sera différent. Pas question de se laisser entraîner par les événements. C'est moi qui déciderai... Mais pour l'instant, il faut accepter. D'ailleurs, je ne peux pas aller acheter mon billet d'avion sans lui... Alors j'ai intérêt à faire ce qu'il veut. Sinon, il ne m'y emmènera pas. »

Le lendemain, Riaz lui tend le morceau de poulet.

— Qu'est-ce que c'est que ça ?

— Je suis ton mari, tu ne dois pas refuser ce que je t'offre.

202

– C'est épicé... Je ne peux pas manger ça, tu le sais bien.

– Je suis ton mari. Tu es chez nous, et chez nous, les plats sont épicés. Mange.

Les deux dernières semaines de ces vacances et ce mariage peu ordinaire sont assombris par la nouvelle attitude de Riaz, qui oublie maintenant d'ouvrir les portes, d'offrir des fleurs, et envoie Christy avec les femmes lorsqu'il reçoit ses amis. Par quelques petites insinuations inquiétantes, aussi, de la part d'une des sœurs :

– Tu n'as pas peur de lui?

– Bien sûr que non! En voilà une idée!

– Il a un caractère épouvantable. Toute la famille a peur de lui.

Puis, de la part d'un cousin :

– Il ne t'a jamais battue?

– Non! Naturellement. S'il me battait, je m'en irais tout de suite!

La réponse de Riaz semble logique, lorsque Christy lui en parle :

– Ce n'est pas grave, ils ne me comprennent plus. J'ai vécu trop longtemps loin d'eux.

Arrive le jour du départ de Christy. Riaz doit la rejoindre trois mois plus tard. Ce ne sont que des adieux provisoires, la scène pourtant n'a rien de tendre.

– Qu'est-ce que c'est que ces vêtements? Je veux que tu t'habilles à la pakistanaise.

– Pourquoi?

– Tu seras mieux pour voyager. Et ne demande pas tout le temps pourquoi!

– C'est mon caractère, je n'aime pas les disputes. Je préfère poser des questions et essayer de comprendre.

Ils sont interrompus par l'arrivée d'Ambreen,

203

à qui Riaz s'adresse en lui montrant des chaussures :

– Elle doit porter lesquelles ?

Cette fois, Christy est furieuse :

– Ça ne regarde que moi ! Je prendrai l'avion avec cette robe et je mettrai les chaussures qui me plaisent.

– Tu ne me respectes pas !

Ambreen intervient gentiment :

– Ne te fâche pas contre elle... Sors...

Elle explique à Christy l'essentiel de la philosophie des femmes pakistanaises :

– Tu sais, c'est ton mari maintenant, et ici, au Pakistan, nous, les femmes, on écoute le mari. On dit : « Oui... Oui... » et dès qu'il a le dos tourné, on fait ce qu'on veut...

– C'est ridicule d'en arriver là...

Mais ce n'est pas le moment d'en discuter. Le taxi attend, l'avion n'attendra pas, lui. Christy s'habille à la pakistanaise, enfile les chaussures qu'Ambreen lui tend, et s'en va. À l'aéroport, dès que Riaz lui a fait ses adieux et qu'il a le dos tourné, elle se change.

Sa mère l'attend à l'arrivée :

– Tu as l'air bizarre ? Tu l'as épousé ?

– Oui.

– Il y a autre chose !

Les mères sont terribles, elles devinent les choses les plus secrètes.

– Enceinte ? Tu vas bien ? Tu n'es pas fatiguée par le vol ?

Il n'y a pas d'autres questions. Les parents de Christy constatent la situation, l'acceptent sans exprimer de reproche. Ils l'aiment.

Quatre mois plus tard, le 24 décembre 1986, Riaz prend l'avion pour Detroit. C'est leur premier réveillon de Noël ensemble, et la première fois que Riaz voit son fils Johnathan, nouveau-né. Les retrouvailles sont tendres et passionnées. Les accrochages oubliés. Christy a l'impression que Riaz lui fait à nouveau la cour. En tout cas, il l'aime passionnément.

Ils louent une maison à Livonia, pas très loin de chez les parents de Christy, et Riaz se met à chercher un travail. Qu'il ne trouve pas tout de suite...

— Ne t'en fais pas! la situation n'est que temporaire, le temps de mettre en route mon affaire de tapis orientaux.

Riaz est un père attentionné et affectueux; les premiers mois passent paisiblement, sans aucun incident. Mais un détail idiot gêne Christy : Riaz dit à tout le monde qu'il a cinq ans de plus que son âge, et ment à sa famille au Pakistan en racontant qu'il est propriétaire d'une station-service, alors qu'il espère seulement y trouver un travail de nuit!

— Pourquoi leur racontes-tu des histoires?

— Si je dis la vérité, on ne me respectera plus.

Le respect est une chose qui le tourmente, car il demande régulièrement à Christy :

— Tu me respectes?

— Bien sûr. Si tu travailles dur, ce que tu fais ne regarde personne.

Mais Riaz n'est jamais content. Et peu à peu, le mariage dérape. Malgré les apports de capitaux venant de son père (un chèque de 10 000 dollars arrive un jour de Peshawar), l'entreprise de tapis de Riaz ne voit jamais le jour. Personne ne veut lui louer de local et il se plaint des préjugés contre les étrangers. Il manque constamment d'argent, ce qui oblige

205

Christy à reprendre son travail de secrétaire dans un cabinet d'avocats, alors que John n'a que quelques mois. Et que Riaz se laisse aller.

Maintenant, il se désintéresse du bébé et n'aide plus sa femme dans les tâches domestiques. Il trouve cela dégradant. L'ambiance devient pesante. Christy est de nature plutôt accommodante. « Trop accommodante », elle s'en mordra les doigts plus tard.

Elle se rebiffe quand même devant la mauvaise tournure de leurs relations. Perpétuellement obsédé par le manque d'argent, Riaz ne se prive pas, cependant, d'acheter ses vêtements dans les plus belles boutiques, de dîner – sans Christy – dans les restaurants chics et de se promener en ville dans des voitures de location dernier modèle, prétendument louées « par des amis ». Un jour il rentre même à la maison avec une nouvelle bague en or; il en a déjà à plusieurs doigts. Cadeau de la famille, dit-il.

Christy ignore totalement la provenance de tout cet argent. Riaz a un compte bancaire séparé qui lui sert à régler l'épicerie et l'essence de sa voiture. Christy, elle, se débrouille pour le loyer et tout le reste. Son travail et le bébé l'épuisent.

– Si ta famille t'envoie de l'argent, fais-nous en profiter au lieu de le dépenser en bijoux! On a besoin de manger, de s'habiller, le bébé et moi!

Christy se plaint régulièrement au téléphone de ne pas être aidée, et Riaz a horreur de ça. Elle lui manque de respect... Il menace, puis s'excuse :

– Pardonne-moi, je suis fatigué, angoissé par les problèmes d'argent. Je t'aime...

Ce printemps-là, peu après la naissance de

John, Christy fait une fausse couche. Déprimée, elle téléphone à une de ses amies et lui explique que, si elle avait pu se faire aider à la maison, ne pas travailler autant à l'extérieur, elle aurait pu garder le bébé.

Riaz l'entend et entre dans une colère terrible :

– Comment oses-tu m'insulter devant une autre femme ?

Quelque temps plus tard, elle appelle sa mère, qui la supplie d'abandonner son travail.

– C'est impossible, maman, on ne peut pas se le permettre !

Le lendemain, Riaz est encore furieux :

– Pourquoi vas-tu raconter à ta mère qu'on manque d'argent ? Maintenant elle va dire que je suis un bon à rien !

Comment sait-il ce qu'elles se sont dit ? Il n'était pas présent lorsque Christy a téléphoné. Ce n'est pas la première fois qu'elle a le sentiment qu'il l'espionne.

Le pot aux roses est découvert par hasard. Un cambriolage a lieu dans leur maison, alors que Christy est au bureau et Riaz en déplacement à Chicago pour de vagues affaires. Le salon, la chambre à coucher sont dévastés. Et au milieu de ce désastre, un petit enregistreur que Christy n'a jamais vu auparavant. Elle appuie sur la touche « marche », et entend sa propre voix au téléphone... Une conversation avec une amie. C'est terriblement désagréable, un peu effrayant même... Elle a l'impression de se retrouver dans un film d'horreur. Qui a fait ça ? Riaz ? Les voleurs ?

La police, venue constater le vol, emporte le magnétophone pour relever les empreintes. Ce sont celles de Riaz. Manifestement, les cambrio-

207

leurs portaient des gants. Quant à l'installation pirate, elle devait être astucieuse. Un fil de téléphone contournait le lit. L'avait-il branché en passant sous le matelas, s'était-il servi d'une ligne extérieure? Christy, ayant découvert l'appareil débranché au milieu de la pièce, il était difficile pour la police de repérer le système.

Depuis Chicago, Riaz semble désolé de cette histoire de cambriolage, il voulait vendre les meubles pour en acheter des neufs, il a passé une annonce, il craint que les malfaiteurs aient repéré la bonne affaire... Il en fait trop, comme s'il avait peur d'être découvert, et Christy se demande s'il n'a pas organisé lui-même ce cambriolage, avec des complices, pour toucher l'assurance. Elle lui demande enfin :

— C'est à qui, cet enregistreur que j'ai trouvé?

— Qu'est-ce que tu en as fait?

— Il est à toi? Je l'ai donné à la police.

— Pourquoi as-tu fait ça?

— Pour les empreintes, il fallait bien.

Il semble inquiet, mais raccroche sans rien dire. C'est le lendemain seulement, à son retour, qu'il se décide :

— Chérie, il faut que je t'avoue quelque chose : l'enregistreur est à moi. J'avais peur que tu dises du mal de moi à la famille, à cause de ces chamailleries pour l'argent. Mais je sais que tu es une femme formidable, que tu ne dis pas de mal de moi, je te promets de ne plus recommencer...

— Alors tiens, le voilà, jette-le à la poubelle.

Riaz prend l'appareil, sort, se dirige vers la poubelle, et Christy, crédule, naïve même, ne s'aperçoit pas qu'il va le cacher quelque part, car il s'en resservira plus tard...

208

Le mariage est déjà fissuré. Mais la grande cassure n'est pas encore faite. C'est une petite dispute sans importance qui va déclencher la fureur.

Un soir, Riaz est allongé sur le lit ; il n'a toujours pas de travail, et Christy s'affaire avec le bébé ; les tâches domestiques, après une journée de travail épuisante. Elle s'énerve :

— Tu pourrais me donner un coup de main au lieu de te prélasser !

— Je suis pakistanais !

— Pakistanais ? Et alors ?

Silence.

Christy marmonne toute seule, fatiguée :

— Fainéant, oui !...

— La ferme ! Je ne peux plus supporter ça !

Soudain, Riaz bondit sur elle, lui serre le cou à deux mains, se met à la secouer violemment de gauche à droite ! Étouffant, Christy tente de s'accrocher à la porte pour lui échapper, parvient à se dégager, se précipite dans la chambre où elle vient de coucher le bébé, et tire le verrou. Là, elle reprend son souffle assise par terre, pendant qu'il cogne sur la porte en hurlant :

— Ouvre-moi ! Ouvre ou je te tue !

Le bébé est réveillé, Christy panique. Il y a une fenêtre, pourra-t-elle s'échapper avec l'enfant dans ses bras en passant par là ? Il faut essayer. Elle est à un mètre de la fenêtre lorsque Riaz réussit à enfoncer la porte et se jette sur elle... pour la serrer dans ses bras en sanglotant, en s'excusant lamentablement. Puis il tombe à ses genoux, lui embrasse les pieds :

— Comment est-ce que je peux faire des choses aussi horribles ? Horribles... Comment est-ce possible ?

Sidérée, en larmes, Christy ne sait plus quoi penser. Elle regarde ce grand gaillard moustachu, à genoux, caresser le petit John en pleurant :

– Notre fils... c'est notre fils!

Puis, tendre envers elle, le visage gonflé de chagrin :

– J'ai tant de soucis d'argent...

Que faire ? Que lui dire ? Surtout pas qu'elle est enceinte de nouveau. Christy le sait depuis deux semaines déjà, et ce n'est pas le moment d'être enceinte. Elle prenait d'ailleurs la pilule, ça n'aurait jamais dû arriver. « Une chance sur un million », a dit le médecin... Un deuxième enfant dans cette situation, ce n'est pas précisément une chance.

Le lendemain, Christy décide de prendre du large :

– On va se séparer quelque temps, je vais chez mes parents, ça nous calmera.

Riaz se met aussitôt à geindre :

– Tu vas me laisser seul ? Je ne connais personne, je n'ai pas de travail, tu veux me jeter à la rue et que je mendie pour manger ?

Alors elle reste. Riaz doit bien la connaître, car il la manipule parfaitement dans les situations critiques. Les jours suivants, il fait la cuisine, l'aide à faire le ménage, et Christy souffle un peu. Pas longtemps, deux semaines...

Alors que tout semble aller mieux – il a obtenu son travail de nuit dans une station-service Mobil, bien accueilli la nouvelle de la deuxième grossesse de Christy –, quelle raison a Riaz de s'en prendre à Christy en tentant à nouveau de l'étrangler ? Et cette fois, il ne relâche sa pression que lorsque Christy a quasiment perdu connaissance. Ce qui ne l'empêche pas, ensuite, de s'excuser en pleurant :

– Je suis désolé... Pardonne-moi, je me dégoûte...

Pour un affront imaginaire sans doute, un manque de respect, ce fameux respect dont il a besoin comme un assoiffé.

Christy s'enfuit, cette nuit-là. Il l'a giflée, lui a ouvert la lèvre, elle est enceinte, John est encore un bébé, elle ne peut supporter cette vie. Cette perpétuelle alternance de violence et de regrets lamentables est épuisante. Ses parents n'habitent pas très loin et elle arrive chez eux vers dix heures du soir. Son père ouvre la porte et dit :

– Il t'a battue ?

– Oui.

– Entre...

Le père va s'expliquer immédiatement avec son beau-fils.

– Tu peux casser la maison, faire tout ce que tu veux, mais ne touche plus à ma fille!

– Ce n'est pas de ma faute, je suis humilié, je ne gagne pas assez d'argent, et ici je ne suis pas à ma place, ma famille me manque, j'ai le mal du pays... Vous comprenez? Vous qui êtes un homme, je suis sûr que vous comprenez? Je suis incapable d'entretenir ma famille, je ne sers à rien... Je suis déprimé...

– Rentre au Pakistan, si tu veux...

Riaz réussit à convaincre son beau-père de sa frustration, il réussit aussi à persuader Christy, il accepte même, sur son conseil, de consulter un médecin et de suivre une thérapie. Christy reste encore deux semaines chez ses parents, puis rentre au domicile conjugal. Elle sait qu'elle a tort, mais elle attend un nouvel enfant. Après tout, il va peut-être guérir; lorsqu'on a aimé un homme, il faut le soutenir dans les mauvais moments... Et puis il n'est pas toujours ainsi, il lui arrive d'être charmant, merveilleux, amoureux comme au premier jour... Le genre d'homme qui tout à coup se précipite dans la cuisine pour faire un petit plat, ou masse tendrement les épaules de sa femme fatiguée.

Ce sont les arguments que Christy donne à ses parents, inquiets de la voir retourner dans ce qui leur semble être un piège infernal... Selon le médecin, Riaz souffre d'une tension nerveuse extrême et de dépression. Cela explique, paraît-il, les crises de violence. Un traitement est prescrit, qu'il va suivre consciencieusement pendant quelque temps. Riaz est calme, il travaille la nuit, et Christy le jour. Les finances ne sont tout de même pas suffisantes pour bien accueillir le deuxième enfant. Ils quittent leur maison pour emménager dans un appartement plus petit et réduire ainsi les frais.

Novembre 1987. Le fragile équilibre est à nouveau perturbé par un curieux coup de téléphone. Christy décroche, une voix féminine demande :

– Riaz est là ?

Christy propose de prendre un message en son absence, et la femme ajoute :

– Qui êtes-vous ?
– Sa femme, Christy.
– Ah bon ? Je suis Nicole, sa petite amie.
– C'est une plaisanterie ?

Sur le moment, Christy croit réellement à une plaisanterie. Riaz est tout le temps à son

212

travail, même quand elle l'appelle en pleine nuit, et lui-même téléphone chaque après-midi Où trouverait-il le temps d'avoir une maîtresse ? Il lui faudrait une énergie surhumaine.

— Non, je vous assure... Je ne savais pas qu'il était marié !

— Et il vous a donné notre numéro de téléphone ?

— Non, je l'ai trouvé dans une valise qu'il a laissée chez moi, j'étais persuadée d'appeler chez son oncle !

— Son oncle ? Il vit au Pakistan !

— À moi, il a dit qu'il vivait chez un oncle très riche, à Detroit ! Il m'a juré qu'il n'était pas marié, ni père de famille !

— Eh bien, je suis sa femme, il a un fils de dix-huit mois — John — et je suis enceinte d'un deuxième enfant !

Christy raccroche, folle de rage. Comment a-t-il pu renier son fils ? Comment a-t-il osé la tromper, l'humilier à ce point ?

Devant l'évidence, Riaz prend immédiatement l'offensive :

— De toute façon, c'est bien mieux chez Nicole... J'en ai marre de tes nausées tous les matins ! Et d'abord, si je couche avec elle c'est de ta faute ! Et ton aventure avec tes avocats, au bureau ?

— Moi, une aventure au bureau ? Tu deviens fou ! Ils ont tous plus de soixante ans !

Après quelques échanges houleux, Riaz finit par admettre que son accusation est sans fondement, et dit d'un air penaud :

— Bon, eh bien dans ce cas, tu veux divorcer ?

— Divorcer ? ce serait trop facile, je suis enceinte de six mois ! Tu dois assumer ta famille... Je veux bien sauver notre mariage, à deux conditions : d'abord, tu vas rompre aujourd'hui avec cette Nicole. Ensuite tu ne lèveras plus la main sur moi !

Riaz accepte les conditions en sanglotant.

– Je te jure, je ne recommencerai plus...

Mais Christy n'est pas tranquille pour autant.

– Et je te préviens, si on doit divorcer un jour, je serai intransigeante au sujet des enfants. J'ai déjà entendu parler de pères comme toi, qui ont emmené leurs enfants à l'étranger.

Riaz est offusqué, il se jette aux genoux de sa femme :

– Allah est mon Dieu, je ne t'enlèverai pas les enfants, jamais, je le jure. Moi, j'ignore les douleurs de l'accouchement. Toi, tu portes les enfants dans ton corps, tu les nourris, tu prends soin d'eux. Tu es la meilleure mère du monde. Je pourrais avoir beaucoup de femmes, mais aucune ne serait une meilleure mère.

Christy se sent vaguement rassurée par cet aveu, pour le moins mélodramatique. Riaz ne violerait pas délibérément un serment fait à son dieu... Car il est bien musulman, sa prétendue conversion au catholicisme n'était, elle aussi, que de la poudre aux yeux. Alors elle choisit d'oublier, pour l'instant, qu'elle est mariée à un homme pour qui si peu de choses, sont sacrées...

Au début de 1988, Riaz se met à parler constamment de sa famille, à évoquer le Pakistan à tout propos. Curieux déclic pour un homme qui a si longtemps dénigré son pays natal, qui parle de ses compatriotes en les traitant d'ânes attardés et fait toujours autant de cas de l'Amérique !

Il réserve une place d'avion, pour lui seulement, en mars, soit un mois avant la date prévue pour l'accouchement de Christy. Au moment de l'accompagner à l'aéroport, Christy a une brusque bouffée d'angoisse.

– Je vais amener John chez mes parents, il n'a pas besoin de venir à l'aéroport.

– Qu'est-ce que tu imagines ? Que je vais l'arracher de tes bras à l'aéroport et m'enfuir avec lui ? Christy ! Je ne ferais jamais ça ! L'enfant appartient à sa mère ! Je ne pourrais jamais faire ce que tu fais pour lui.

Seule chez elle, Christy ne regrette pas l'ambiance tendue qu'entretenait Riaz, mais elle espère tout de même qu'il va revenir pour l'accouchement. Or, il refuse d'écourter son séjour, il n'a pas envie d'être auprès d'elle pendant les douleurs :

– Je t'ai déjà fait trop de mal, je ne supporterais pas de te voir souffrir de cette façon.

Adam naît le 6 avril 1988. Riaz est de retour un mois plus tard. Il se montre bizarrement soupçonneux à propos du nouveau-né :

– Ce n'est pas mon fils ! J'ai des yeux marron, comment pouvons-nous avoir un fils aux yeux bleus ?

Christy lui fait remarquer que son frère et son grand-père ont aussi les yeux bleus, mais il n'est pas convaincu, et à partir de ce moment, reste à l'écart du bébé. Riaz n'a plus recours à la violence physique, mais Christy sent que quelque chose ne va pas. Il a cessé de prendre ses médicaments pendant son séjour au Pakistan et est de plus en plus dépressif. Depuis longtemps déjà, il trouve un réconfort dans le whisky et s'est mis à boire beaucoup trop.

L'incroyable, pour Christy, se produit de nouveau. Elle est enceinte pour la troisième

215

fois. Alors qu'elle allaite Adam, qui n'a que six semaines, qu'elle n'a pas de règles, et que le médecin lui a certifié que cet allaitement la protégeait plus efficacement que la pilule!

Riaz prend très mal la nouvelle :

— Une bouche de plus à nourrir! Je n'y arriverai pas, je ne pourrai pas le supporter. C'est ta faute!

En revanche, il a l'air très heureux et plein d'entrain dès qu'il parle au téléphone à quelqu'un de sa famille. D'ailleurs, on l'appelle régulièrement pour le convaincre de faire un autre voyage à Peshawar.

— Il faut que j'y retourne...

— Attends que j'aie accouché; en avril prochain on fera le voyage en famille.

La grossesse de Christy est difficile, elle souffre de contractions douleureuses; voyager est impossible. Riaz hésite :

— On verra, mais pour l'instant, j'ai besoin de partir seul, de me changer les idées, faire une coupure, tu comprends?

Il veut partir au mois de mars, comme il l'a fait l'année précédente. Et laisser Christy se débrouiller seule. Les grossesses, les bébés, ce n'est pas son fort, ça ne colle pas avec son éducation pakistanaise. Des histoires de femmes, qui ne concernent pas les hommes. L'homme a un rôle avant, mais pas pendant, ni après la naissance...

Au cours de ce printemps, Christy évoque devant ses camarades de bureau l'éventualité d'un voyage au Pakistan, et plusieurs femmes s'en inquiètent. Elles ont lu récemment *Jamais sans ma fille* et ont trouvé l'histoire bouleversante. L'une d'elles demande même à Christy :

— Il n'a jamais emmené les enfants sans vous, j'espère?

Elle leur dresse alors un portrait de Riaz, et évoque son indifférence envers ses fils, surtout ces derniers temps. L'imaginer en kidnappeur est impossible. Comment pourrait-il kidnapper un enfant alors qu'il est totalement incapable de changer une couche?

– Non... Rassurez-vous. Il n'a jamais pris les enfants sans moi.

Riaz doit toujours partir en mars prochain, mais durant quelque temps une paix relative s'installe. En septembre, le bail de location arrivant à échéance, le propriétaire de l'appartement appelle Christy à son bureau, et lui demande de venir signer le nouveau bail. Christy apprend que Riaz a demandé un nouvel arrangement mensuel, en affirmant que sa famille doit déménager en décembre!

Pour le moins déconcertée, Christy téléphone à son mari :

– Tu as dit qu'on déménageait en décembre? Pour aller où?

– Il a dû mal comprendre! Je n'ai demandé qu'une modification à partir de décembre... pour payer tous les mois, c'est tout! C'est pour mieux gérer le budget!

Le mercredi 28 décembre 1988, par une journée glaciale comme on en connaît dans le Michigan, Riaz appelle Christy à son bureau, vers midi. Elle ne se sent pas très bien ce jour-là, elle a dû prendre froid et compte rentrer de bonne heure à la maison. Riaz, sur un ton amical complètement inhabituel chez lui, lui conseille de n'en rien faire :

– Prends un jour complet de repos demain, ça ira mieux quand tu seras à la maison. Tu n'auras rien d'autre à faire qu'à te reposer.

Vers six heures du soir, elle arrive enfin chez elle, toussotante et épuisée, pour trouver l'appartement désert. Et un message sur la porte d'entrée :

Chéri°, nous allons à Holly. Il est trois heures de l'après-midi. Nous serons de retour avant six heures trente. Nous allons voir un ami, le docteur S. Ne t'inquiète pas, nous serons de retour à l'heure dite. Je t'aime.

Holly est une ville distante d'environ quatre-vingts kilomètres. Christy est contrariée, mécontente de cette rupture dans les habitudes des enfants. Ces derniers temps, Riaz est à nouveau très perturbé, il est bien capable de ramener l'un des garçons et d'oublier l'autre quelque part. Elle appelle la crèche, où on lui confirme que Riaz est bien venu chercher John et Adam plus tôt dans la journée. Christy s'allonge sur le divan et attend. Elle est épuisée. Cette troisième grossesse ne ressemble pas aux autres; parfois elle se dit que ce bébé est aussi fatigué qu'elle, et qu'à eux deux, ils n'ont plus guère de force. Trois enfants aussi rapprochés, le travail, les soucis avec Riaz... Elle s'endort un peu. Il va rentrer, il n'est jamais à l'heure, mais il va rentrer...

À neuf heures du soir, elle est sur les nerfs. Et si Riaz avait abandonné ses fils chez des inconnus pour aller boire tranquillement? Et si un étranger s'était emparé des enfants pendant qu'il ne les surveillait pas? John a à peine deux ans, Adam huit mois seulement. Ils sont si vulnérables et si mignons... On kidnappe si souvent les bébés.

À minuit, elle est paniquée, hors d'elle, et ses

pensées s'affolent autour de deux scénarios possibles : ou Riaz a eu un accident de voiture, ou il s'est tout bêtement saoulé et passe la nuit à Holly, chez son ami.

Enfin, Christy court chez ses parents. Sa mère est persuadée que s'il est saoul, Riaz serait bien trop ennuyé pour téléphoner.

Christy appelle la police :

– Il faut attendre vingt-quatre heures, Madame! C'est le délai! Venez demain matin.

De bonne heure le lendemain matin, Christy et son père se rendent au poste de police. Là, un sergent les reçoit, bourru, carré, la cinquantaine :

– Votre nom?

– Christy Khan.

– Votre mari est étranger?

– Pakistanais.

– Il a peut-être emmené les enfants au Pakistan!

– Oh non! Il serait incapable de s'occuper d'eux, il n'a rien emporté, rien, pas le moindre vêtement! Les enfants sont trop petits... C'est impossible!

– Vous n'y avez même pas pensé?

– Non. Honnêtement non... Je le connais...

– J'en ai vu d'autres comme vous, qui croyaient connaître leur mari...

De toutes les hypothèses, c'est la plus effrayante. Mais un voyage pareil, avec un bébé de huit mois, serait le pire des enfers pour un homme comme Riaz... Et pratiquement, cette hypothèse n'est pas logique. Non seulement il ne manque rien dans l'appartement, ni jouets ni vêtements de rechange, mais ces derniers temps

219

Riaz faisait tout de même des efforts... Il l'emmenait au bureau en voiture tous les jours, essayait de respecter une sorte de routine dans les rapports familiaux...

Paniqués, Christy et son père explorent chaque route menant de l'appartement de Christy à Holly, à la recherche d'un véhicule accidenté ou abandonné. Christy se sent devenir folle, redoutant de trouver ce qu'elle cherche, tout autant que le contraire.

Le soir même, après avoir épuisé tous les chemins environnants, elle appelle le F.B.I. On lui répond que Riaz est absolument libre de ses mouvements :

– Tant que vous êtes mariés, il a les mêmes droits que vous sur les enfants, on ne peut pas l'empêcher de les emmener. Si nous l'interceptons à l'aéroport, tout ce qu'on peut faire c'est lui demander de téléphoner chez lui. On ne peut pas le retenir.

L'agent du F.B.I. qui vient de répondre ainsi renvoie Christy sur une ligne directe au bureau fédéral de Chicago. Là, on lui apprend que des passeports américains ont effectivement été établis au nom des deux garçons et expédiés à Riaz par l'intermédiaire d'une poste restante. Le passeport d'Adam a été délivré le mois précédent. Mais Riaz a fait faire celui de John en juillet 1987, le mois où leur mésentente était si l'on peut dire à son apogée, c'est-à-dire quand il l'a frappée pour la première fois!

L'enlèvement n'est encore que théorique, c'est pourquoi les employés de l'aéroport de Detroit refusent de délivrer la liste des passagers pour le Pakistan. Cette attente infernale dure jusqu'à neuf heures du soir, heure à laquelle Riaz appelle depuis Karachi, la plus grande ville du Pakistan :

– Je suis arrivé, je vais prendre le train pour Peshawar avec les enfants!

– Mais pourquoi? Tu es fou, ils sont trop petits! Tu m'as menti! Tu les as kidnappés!

Il bafouille, s'excuse lamentablement, comme toujours, ignorant les pleurs de Christy:

– Je suis désolé, je suis désolé, attends, attends, non... Je ne t'ai pas enlevé les enfants. J'ai pris un billet pour toi aussi, chérie. Il est dans le coffre de cèdre de la salle à manger. Viens... Fais-moi confiance, tout ira mieux pour nous ici.

– Comment ça «ira mieux»?

– Ici, j'ai de l'argent, tu n'auras pas besoin de travailler.

Puis Riaz passe le téléphone à John. Le pauvre petit est complètement désorienté, il n'a pas l'habitude de passer autant de temps avec son père. La petite voix supplie:

– Je veux toi, maman, quand c'est tu viens?

Christy fait un effort terrible pour que la panique ne transparaisse pas dans sa voix:

– Je vais venir très vite, mon chéri; prends soin de ton petit frère jusqu'à ce que j'arrive. Tu as compris? Maman va venir, n'aie pas peur.

À présent qu'elle connaît la vérité, Christy est complètement assommée. Riaz a redoutablement brouillé les pistes. Même au cours de ses crises de rage, jamais il n'avait menacé d'enlever les enfants, menace qui, il le savait, aurait atteint Christy au plus profond. Et l'aurait fait divorcer. Son comportement calculateur et froid, tous ces mensonges, toutes ces mesquineries rendent la chose encore plus choquante.

Christy téléphone aussitôt à la famille à Peshawar et joint Tarik, le frère aîné.

– Il m'a demandé de venir le chercher à la

221

gare mais il n'a pas dit qu'il avait les enfants avec lui. Où es-tu ? Pourquoi n'es-tu pas venue avec lui ?

— Je suis malade et enceinte, et j'ai peur que la grossesse se passe mal. Il les a pris sans rien me dire, Tarik, il les a enlevés!

— Riaz est complètement fou! Quel idiot! Ne t'inquiète pas, Christy, ne t'inquiète pas. On va te rendre tes enfants!

« Ne t'inquiète pas? » Elle ne pourra faire autre chose que s'inquiéter tant qu'elle n'aura pas ses deux bébés dans les bras!

Christy obtient un congé sans solde, fait une réservation sur le prochain vol pour Karachi, prend la précaution de faire un check-up à l'hôpital, le tout en vingt-quatre heures. Fatiguée, affaiblie, elle a une mauvaise bronchite et une pneumonie en perspective...

Le vol étant annulé pour cause de mauvais temps, Christy doit attendre plusieurs jours avant d'obtenir une autre place d'avion. Entre-temps, elle apprend que Riaz a fait main basse sur les 2 000 dollars qu'elle avait mis de côté, et qu'il a entamé leur compte de 10 000 dollars. Elle le saura plus tard, il a, en plus, utilisé une bonne douzaine de cartes de crédit, à son nom à elle, en laissant sur chaque compte un solde débiteur important.

Enfin, le 6 janvier 1989, elle s'envole. Le vol dure vingt-six heures, avec des escales à Francfort et Istanbul. Christy ne cesse de tousser une minute, durant le voyage. En arrivant, à une heure du matin, dans la fraîcheur et l'humidité d'Islamabad, la capitale pakistanaise, elle est complètement à bout, vidée. Mais une fois passée la douane, elle oublie son épuisement.

Car Riaz est là, devant elle, sur la défensive, et déjà en colère. Mais sans les enfants!

– Où sont-ils? Qu'est-ce que tu as fait de John et Adam?

– Ils sont à l'hôtel, j'ai pris une chambre, ne t'énerve pas!

Ne pas s'énerver? Christy a envie de le gifler. C'est ce qui a dû lui manquer le plus dans son enfance, où il a été adulé par sa famille!

Il est deux heures du matin. L'hôtel est minable, il doit dater du début du siècle. Un vieux divan, une chaise, un cabinet de toilette sans porte, un trou dans le sol, et un lavabo éculé. Et de l'autre côté d'une demi-cloison, deux lits jumeaux et une lampe.

Ambreen est là. John est assoupi sur l'un des lits, et le petit Adam sur l'autre, où il dort avec Ambreen. Christy se penche sur John, il ouvre les yeux, ses grands yeux bruns immenses; ils n'ont jamais paru si grands à Christy, si ternes non plus, si vides, un regard mort.

– John, mon chéri, c'est maman...

Dès qu'il reconnaît sa mère, il la regarde comme une apparition, un rêve, et dit doucement :

– Maman, je t'ai dit de venir, et t'es pas venue.

Puis il referme les yeux, pour se réveiller quelques minutes plus tard, sauter du lit et poser sa tête sur les genoux de sa mère. C'est alors que Christy remarque les fines craquelures sur les mains et les pieds de John, minuscules meurtrissures, premiers symptômes de déshydratation. Adam, toujours endormi, a l'air malade, amaigri. Après moins de deux semaines, les deux petits présentent les signes de négligence les plus évidents. La couche d'Adam est trempée, et lorsqu'elle l'allonge sur le lit pour le changer, elle reçoit un choc : ses fesses sont couvertes d'énormes cloques. Elle les frictionne à l'aide d'une pommade et l'enfant se met à hurler de douleur. Il a dû refuser le lait de bufflonne, trop fort pour lui, trop épais, trop riche, et personne n'ayant dû penser à lui donner des jus de fruits, il s'est complètement déshydraté.

– C'est une honte, Riaz! Et tu n'as rien fait?

– Je l'ai emmené à l'hôpital, on lui a mis un goutte-à-goutte, aux mains et aux pieds. Qu'est-ce que tu voulais que je fasse de plus?

Christy a apporté les deux jouets favoris de John, un crocodile en caoutchouc et un ours en peluche. Il n'a rien pour jouer depuis que Riaz l'a emmené. Blotti contre ses petits trésors, il sombre à nouveau dans le sommeil.

Le manque d'intérêt de Riaz pour ses fils n'a rien d'étonnant pour Christy, ni le fait – comme elle l'apprend – que la famille ait joué à se repasser le bébé sans en prendre la responsabilité. Mais elle est consternée par l'indifférence de son mari à la souffrance des enfants. Cela la met, plus que tout, en colère, une colère noire qu'elle ne prend pas la peine de dissimuler.

– Tu oublies que nous sommes au Pakistan? Tu ne peux pas lutter contre moi, ici! Tu ne dois pas me parler comme ça!

Après une journée dans la capitale, Riaz emmène sa famille dans un village près de la ville de Fishour.

– J'ai une nouvelle maison là-bas, chaque fois qu'un fils se marie, on lui donne une maison.

– Tu veux m'y enfermer, c'est ça ? Que tout le monde puisse me surveiller ?

– Tu es au Pakistan ! Tu dois vivre comme je le dis !

Le village est immense, les fermiers y vivent dans des maisons de ciment cernées par les marais. Quelques cabanes pour les ouvriers pauvres, les réfugiés, qui travaillent aux champs. Pas de murs d'enceinte, ce n'est pas nécessaire, les champs alentour sont gardés par des hommes en armes, et les marais infranchissables.

Le nouveau foyer conjugal de Christy n'est protégé des passants que par un mur bas, plus symbolique qu'utile. L'intérieur n'a rien d'engageant. On entre par une porte en bois dans une pièce qui sert de salon, sans meubles, excepté un canapé, avec de tristes rideaux à la fenêtre. Un genre de grande véranda donne sur les chambres, aux murs de ciment recouverts d'une vague peinture écaillée. Le lit est une sorte de bat-flanc de corde tressée sur des montants de bois. Pour tout confort, une chaise et un lavabo.

Pour la cuisine, Riaz a suivi les conseils de son père et tenté de faire plaisir à sa femme en installant des appareils ménagers occidentaux. Mais le four à micro-ondes ne fonctionne pas, la cuisinière électrique a grillé, car le courant n'est pas aux normes, quant à la cuisinière à gaz, elle a carrément explosé. Christy se retrouve donc accroupie par terre en face d'un petit fourneau à gaz posé à même le sol de ciment de la cuisine. Et la plupart du temps, elle a à peine de quoi le faire fonctionner. La lessive se fait dans la cour, la toilette des enfants aussi, dans de grandes bassines de zinc qu'il faut remplir en transportant des seaux depuis la citerne d'eau douce. Dans un coin de la cour, une machine à laver qui ne fonctionnera jamais, posée là comme un décor.

Avant l'arrivée de Christy, Riaz a passé son temps à conforter sa position au sein de la famille. Elle s'en rend compte à leurs réactions. Il a raconté d'énormes mensonges sur leur vie en Amérique, et les a convaincus que les enfants n'étaient pas soignés, que sa belle-famille le haïssait... que Christy est une misérable, qu'elle a demandé le divorce et avait l'intention de lui voler les enfants. Comme preuve, il a fait entendre à sa famille l'enregistrement d'une de ces conversations téléphoniques au cours de laquelle Christy, en larmes, et mécontente du fait que son mari voulait la laisser une fois de plus accoucher seule, disait à sa mère :

— Comment je vais faire toute seule, avec un nouveau bébé, pour m'occuper des deux autres en même temps ?

Pour la calmer sa mère avait répondu :

— Si tu as besoin d'un endroit pour te reposer, viens à la maison, tu es la bienvenue. Tu sais que la porte t'est toujours ouverte.

Le mot « divorce » n'avait jamais été prononcé dans cette conversation, mais Riaz avait mis l'accent sur le fait que la mère de Christy lui conseillait de le quitter. Comme il est la seule personne de sa famille à bien comprendre l'anglais, il pouvait facilement interpréter l'enregistrement à son gré.

L'espoir de retourner aux États-Unis avec les enfants s'est évanoui, car Riaz détient leurs visas de sortie, et ils ne peuvent pas quitter le Pakistan sans une autorisation écrite de sa part, et authentifiée. Il revendique ce pouvoir au nom de sa version à lui de la loi islamique.

C'est en en apprenant un peu plus sur la structure sociale pakistanaise que Christy comprend pourquoi Riaz a enlevé les enfants dont il faisait, par ailleurs, si peu cas. S'il était revenu chez lui sans eux, il aurait perdu la face. Vis-à-vis de sa famille, et même de ses associés. Il serait passé pour un moins que rien. Un minable.

En dépit des mœurs si différentes de cette société, une partie de la famille sympathise ouvertement avec Christy, plus particulièrement les femmes. Surtout Ambreen. Elle a vingt-trois ans et connaît bien le caractère de Riaz.

Personne n'ose l'affronter directement, mais les frères sont de plus en plus mécontents de ses manières arrogantes et autoritaires de dictateur dans la direction des affaires familiales, alors qu'eux s'en sont occupé sans lui depuis des années.

C'est pour préserver la paix dans la famille que l'on a pratiquement exilé Riaz au village avec Christy et les enfants. Mais même de loin, il se querelle sans cesse avec ses frères. Le principal sujet de discorde étant la terre, source de la richesse des Khan.

Pendant que Riaz vivait aux États-Unis, la famille a acquis un nouveau terrain qui doit être partagé entre les frères. Tarik et Fiaz réclament les deux meilleures parcelles, qui longent la route principale. Pour Riaz, c'est une atteinte impardonnable au protocole. En qualité de deuxième fils, il s'estime le droit de choisir l'un des lots principaux. La discussion s'envenime, jusqu'au jour où Riaz prend un fusil et chasse son frère Fiaz de la maison, en le poursuivant de son arme comme un fou. Christy essaye de le calmer :

– C'est ton frère tout de même!

– Ça m'est égal. C'est une question d'argent. On peut tuer pour l'argent.

Riaz n'est pas un tyran sélectif. Christy le voit à plusieurs reprises s'attaquer physiquement à presque tous les membres de sa famille. Un jour, il va jusqu'à battre sa grand-mère, âgée de quatre-vingts ans! Et pendant cette scène épouvantable, le père, lui aussi victime de son fils, se met à gémir :

– Il vaut mieux que je n'intervienne pas, ça pourrait l'agacer.

Et Christy, incrédule, de hurler :

– Qu'est-ce que vous dites? L'agacer? Mais on se fiche complètement que ça l'agace!

Entre deux tempêtes de son mari, Christy doit se conformer aux moindres usages de la vie quotidienne au Pakistan. N'étant plus considérée comme une touriste, il lui faut obéir aux règles qui gouvernent toutes les autres femmes. Un tchador doit recouvrir son visage durant les cinq prières quotidiennes en famille, de même chaque fois qu'elle sort de la maison ou qu'un visiteur se présente.

Il arrive que le grand-père apporte d'énormes quantités de carottes, ou des melons dont le petit John se régale. Mais, excepté quelques aliments pour bébés, provenant du marché noir, et le plus souvent périmés, Riaz ne fait pas beaucoup de courses, et comme Christy n'a pas le droit de sortir seule, elle doit souvent se contenter avec les enfants de pain et d'œufs. Certains jours, il n'y a même que le pain.

Des plaies apparaissent dans la bouche des enfants, et la belle-mère reproche à Christy de trop leur brosser les dents :

– Les brosses à dents sont des choses sales!

Christy redoute un manque de vitamine C, mais Riaz enferme dans un tiroir les vitamines à croquer en affirmant que si les enfants en mangent trop, ils vont se couper l'appétit!

Le plus difficile, pour Christy, au milieu de toutes ces privations, c'est le sentiment d'être en prison. La maison est fermée par un portail métallique lui-même verrouillé en permanence. Elle n'a pas le droit de se promener dans le secteur, encore moins d'approcher le portail. Lorsque Riaz disparaît pour l'un de ses voyages aussi fréquents qu'inexplicables, il laisse des consignes très strictes aux serviteurs, qui doivent surveiller les appels téléphoniques de sa femme et limiter ses déplacements. Leur obéissance est sans faille. La tante applique les mêmes consignes; une femme chaleureuse, pourtant, qui apporte à Christy tout le soutien moral dont elle est capable. Chaque fois que Christy a l'air triste, elle lui dit :

– Rentre donc en Amérique...

Les rares sorties familiales les conduisent au bazar de la ville de Fishour, pour acheter des glaces. Riaz oblige Christy à attendre dans la voiture. Aucune chance de s'échapper. Elle adore les glaces, mais redoute bientôt ces expéditions rapides. Ce genre de choses si familières lui rappelle beaucoup trop à quel point elle est loin de chez elle, et des glaces de chez elle...

Les semaines passent, Riaz reste inflexible, et Christy se résigne à mettre au monde son troisième enfant à Peshawar. Elle a peur, elle craint un accouchement difficile et compliqué. Un pressentiment la tenaille, l'idée que cet enfant a été conçu trop tôt après la naissance du dernier, l'impression qu'il ne bouge pas de la même façon dans son ventre, plus doucement, plus difficilement...

La tension prénatale s'est aggravée avec les pénibles tâches quotidiennes, particulièrement la lessive. Chaque seau à porter est une douleur. Il y a la nourriture épicée aussi, qui lui ronge l'estomac, et Riaz qui ne cesse de répéter :

– Tu es au Pakistan ! Tu dois manger comme ça !

Il est loin le temps des jolies fiançailles, où ils posaient tous deux, vêtus de blanc, dans un parc fleuri de Peshawar. En touristes.

Le 15 mars, alors que Christy a, ce jour-là, transporté cinq seaux d'eau, les douleurs commencent brutalement, trois semaines avant la date prévue. L'hôpital n'a rien à voir avec ceux qu'elle a connus aux États-Unis. Hygiène élémentaire, voire inexistante. La salle de travail se compose d'une table de bois nu, un décor sorti tout droit d'une illustration moyenâgeuse ; on se contente de l'essuyer simplement après chaque patiente.

Le médecin qui dirige l'hôpital remet Christy entre les mains de deux sages-femmes, trop jeunes et inexpérimentées. Elles commencent par lui donner des calmants pour atténuer les douleurs des contractions et retarder un accouchement prématuré. Puis, comprenant que c'est

230

inutile, lui administrent à l'inverse des médicaments pour accélérer les contractions. Christy a l'impression que son corps est écartelé. C'est l'enfer.

Alors que la tête du bébé n'est pas encore engagée dans le col, les sages-femmes procèdent à une épisiotomie. Chaque fois que Christy hurle de douleur, elles la rabrouent sans ménagement :

– Allons! toutes les femmes du monde souffrent.

Riaz est en « voyage d'affaires », mais son frère aîné, Fiaz, passe à l'hôpital. Il n'entre pas dans la salle de travail, mais Ambreen lui dit :

– J'ai entendu hurler Christy plusieurs fois, le médecin l'a laissée seule avec deux infirmières...

Fiaz, au visage de rapace, au nez d'aigle, fonce à la recherche du médecin et le propulse quasiment dans la pièce :

– Occupez-vous d'elle!

Christy n'est pas sûre que ce soit une bonne chose. Doit-elle se sentir soulagée ou inquiète lorsqu'elle entend le médecin réprimander aussi platement ses assistantes :

– Je suis très mécontent de votre travail! Cet enfant a besoin d'aide! Je suis très mécontent!

Après huit heures de travail, Eric naît avec les forceps. Le médecin le déclare en bonne santé, mais Christy voit bien qu'il est plus faible que ses aînés. Ses mouvements sont plus mous, il ne pleure pas.

Trois semaines plus tard, Eric a du mal à retrouver son poids de naissance, et Christy l'emmène chez une cousine de Riaz, Shabina, interne en médecine à Peshawar. La jeune femme devine un problème grave et envoie à son tour Christy à son professeur de médecine.

Le diagnostic est fait en cinq minutes. L'enfant a une malformation cardiaque majeure. Au lieu d'avoir, comme les gens normaux, deux valves séparées, Eric n'en a qu'une.

– Je m'en doutais, j'avais la sensation de respirer pour deux, il s'essoufflait et moi aussi... On m'avait pourtant dit qu'il n'y avait pas de problème, aux États-Unis, quand je suis partie...

– C'était trop tôt, il aurait fallu refaire une échographie ! Il faut l'opérer d'urgence, le seul endroit pour cela, c'est les États-Unis, la technique est plus avancée, nous n'avons pas ce qu'il faut ici. Et il y a autre chose...

– Quoi ? Je vous en prie, qu'est-ce que c'est ?

– À mon avis, otre enfant est atteint d'une forme bénigne du syndrome de Down...

– Qu'est-ce que c'est ?

– Un retard mental apparenté au mongolisme. Il vous faudra beaucoup de patience... Attention, continue-t-il, ne parlez surtout pas de ça à la famille, ils refuseraient de le garder chez eux. S'ils apprennent qu'il est retardé, ils vous diront que c'est la volonté de Dieu, et qu'il doit mourir.

Christy tait donc ce nouveau sujet d'angoisse, et ne parle à Riaz que de l'état cardiaque du bébé. L'air méfiant, il se rend lui-même chez le professeur pour se faire confirmer la nouvelle. Et comme Christy le craignait, il déclare froidement :

– Je refuse d'aller au Michigan pour l'opération ! Je ne peux pas croire qu'il n'existe pas un autre endroit au monde pour ça !

Heureusement prévenu de son caractère, le professeur prend Riaz à part et lui parle sévèrement :

— Quelle sorte d'homme êtes-vous ? Quelle sorte de père ? Vous vous inquiétez pour l'enfant, oui ou non ?

Face à un homme au statut social aussi élevé, Riaz bat en retraite à contrecœur. Il accepte de repartir aux États-Unis avec sa femme et ses enfants !

Aussitôt, les parents de Christy envoient des billets d'avion pour toute la famille. Excepté son angoisse pour Eric, Christy reprend courage. Enfin Riaz revient à la raison. Il se rend compte que les enfants, comme elle, n'ont qu'une envie : rentrer. Une fois là-bas, le pouvoir qu'il exerce sur eux tombera de lui-même.

La veille du départ, alors que Christy prépare les bagages, Riaz entre dans la chambre :

— Qu'est-ce que tu vas me faire ?

— Qu'est-ce que tu veux dire ?

— Dieu est de ton côté, il t'aide ! Qu'est-ce que tu mijotes ?

— Rien du tout ! C'est ridicule ! Tu sais que le bébé a besoin de soins, nous allons rentrer ensemble, tu es son père ! Où est le problème ?

— Je ne peux pas partir maintenant, j'ai trop de choses à faire !

— Qu'est-ce que tu racontes ? Tu ne travailles pas !

— Il y a des choses que je ne peux pas laisser en plan comme ça !

— Qu'est-ce qu'il y a ? Tu as peur de rentrer à Detroit ?

— Je n'ai pas peur du tout, j'ai des choses à finir ! Tu sais ce que tu me fais ? Tu fiches ma vie en l'air !

— Ce n'est pas ma faute si le bébé est malade !

– Oh non, c'est Dieu qui l'a voulu! C'est Dieu qui t'aide à t'en aller d'ici!

Christy ne répond plus et continue de ranger les affaires de John et Adam dans une valise. Riaz s'approche et commence à retirer, vêtement par vêtement, tout ce qu'elle y a mis.

– Qu'est-ce qui te prend?

– Tu ne les emmènes pas avec toi! Tu ne me prendras pas mes fils, tu ne les emmèneras pas loin de moi! Tu m'en as trop fait voir, tu as ruiné ma vie!

Il se dirige maintenant vers le petit John, le prend brutalement dans ses bras:

– Écoute-moi bien, toi! Tu ne pars pas avec maman!

John le regarde avec un tel effroi que Christy lui arrache l'enfant des bras et court aussitôt dans le salon, où se tient apparemment une réunion de famille. Chacun baisse la tête, et fuit son regard. Elle se dit: « Ça y est, ils lui ont encore cédé. » Finalement le père de Riaz lève les yeux et parle:

– Nous ne devons pas intervenir dans les affaires entre mari et femme.

Christy se met à pleurer, hystériquement, jusqu'à suffoquer et s'évanouir. Quand elle reprend ses esprits, Mahreen, sa plus jeune belle-sœur, est penchée sur elle:

– Christy, tu dois comprendre! On ne peut rien faire. Nos cœurs sont avec toi et les enfants. Mais dès qu'on parle à Riaz, il devient fou furieux!

Alors, pour la première fois, Christy explose de rage devant toute la famille:

– Ah! vous avez peur qu'il se mette en colère?

Et elle se met à jeter violemment toutes les

pommes d'un panier en direction de Riaz, pas assez près pour risquer de le toucher, car elle a peur, elle aussi. Mais Riaz ricane, assis sur le sol et se moquant d'elle, il s'adresse à la famille :

– Vous avez peur de « mon » caractère ? Regardez ce que « moi » je dois supporter !

Il n'y a aucun moyen de raisonner cet homme, et Christy sait qu'elle doit partir. Eric est si faible qu'on doit le nourrir au goutte-à-goutte. Mais cette absolue nécessité ne parvient pas à rendre plus aisée l'annonce du départ aux enfants. John n'a que deux ans, il va pleurer pendant des heures, et Adam a eu un an depuis quatre jours seulement...

Au moment où Christy monte dans la voiture qui doit la conduire à l'aéroport de Karachi, Adam échappe aux bras de sa tante pour se jeter sur sa mère, s'agripper à elle, complètement apeuré.

Riaz, lui, toujours aussi bizarre, ne s'intéresse qu'à une chose : les billets de première classe que les parents de Christy ont dû réserver, toutes les places économiques étant déjà louées. Et il marmonne :

– J'aurais dû partir... J'aurais bien aimé voyager en première !

Un ou deux jours plus tard, l'idée le poursuit encore, car lorsque Christy téléphone pour annoncer la confirmation du diagnostic de la maladie d'Eric, Riaz n'écoute même pas le rapport médical mais il s'empresse de demander :

– C'était comment le voyage en première classe ?

Aussi enfantine qu'elle soit, cette question est révélatrice pour Christy. Riaz regrette énormément les facilités de la vie américaine. Cet homme est une véritable énigme. Bien trop égoïste pour supporter le style de vie austère du Pakistan avec pour motivations de se raccrocher à ses enfants ou de sauver son mariage.

Une autre raison le retient là-bas. Quelque chose dont il a peur, qui l'empêche de revenir en Amérique. C'est certain, mais quoi ?

Quatre mois plus tard, en août 1989, le petit Eric se remet de l'intervention cardiaque à l'hôpital pour enfants de l'université du Michigan. Une réussite, mais les multiples interventions successives l'ont affaibli. Comme il a également besoin de soins particuliers, à cause du syndrome de Down, il est hors de question de retourner au Pakistan avec lui.

Christy a de bonnes raisons d'être inquiète pour les enfants. Riaz multiplie ces petits voyages mystérieux, dont la famille ne sait rien apparemment; il laisse les deux garçons à la garde de sa mère, ou de la grand-mère, ou de n'importe qui d'autre. Chaque fois qu'elle téléphone, Christy sent bien que tous en ont assez de supporter sa prétention, ses colères. De sa paresse aussi. De ses mensonges...

Un jour, au téléphone, Riaz déclare :

– On arrive, on vient te rejoindre...

Il donne l'appareil à John :

– Vas-y, dis à maman que tu veux venir... Dis-lui.

Christy entend, loin, si loin, dans le grésillement de la ligne, la toute petite voix de John :

– Oui, je veux, maman; je veux rentrer à la maison...

Elle est si heureuse ce jour-là! Mais la semaine suivante, Riaz annonce le contraire, puis recommence à jouer à ce jeu cruel avec

John... Il se sert de lui comme d'un moyen de chantage. Christy n'en peut plus. Cet homme a tissé autour de lui une toile d'araignée de mensonges, et, de mensonge en mensonge, il ne sait plus lui-même où il en est. Elle lui a même proposé de l'argent pour qu'il vienne.

— Je vais t'envoyer les billets, des première classe, tu n'auras rien à faire, ni à payer, papa s'occupe de tout...

Un jour c'est oui, un jour c'est non ; il a des « affaires à régler », dit-il sans donner plus de précisions... Il prétend rester parce que sa famille l'aime, alors qu'on l'a relégué au village, sans personne pour l'aider à s'occuper des enfants. Il battait les servantes, qui l'ont fui les unes après les autres.

En août 1989 donc, Christy décide de prendre l'avion avec son père pour passer une semaine à Peshawar, sa mère prendra soin d'Eric pendant ce temps.

La séparation a visiblement marqué les enfants. John est bizarrement calme et nerveux à la fois. Si maigre que l'on distingue les côtes dans son dos. Il refuse de manger, le chagrin d'être séparé de sa mère l'a rendu anorexique. Les cheveux d'Adam ont poussé jusqu'aux épaules. À seize mois, il est affreusement indiscipliné, et très en retard pour parler. Il ne bredouille même plus les trois petits mots qu'il avait appris, ne gazouille plus ; c'est un enfant sauvage, muet. Aucun adulte ne s'est occupé d'eux, les deux enfants ont passé leur temps sous la garde d'une servante, puis d'une autre, qui ne s'intéressaient guère à eux. Aucun jouet dans la maison, l'unique jeu est une boîte de couches vide.

Mais Christy sait qu'il lui faut repartir.

Elle repart donc, puis revient, en octobre 1989, Éric étant maintenant hors de danger, en sécurité chez ses parents. Elle va passer dix mois à Peshawar, un séjour qui ne sera coupé que par un aller et retour aux États-Unis à Noël, Éric souffrant alors d'une grave dysenterie.

Il est encore plus difficile d'abandonner le tout petit, qui vient de frôler la mort de si près, pour rejoindre de nouveau les deux plus grands. Christy est écartelée entre eux tous. Le petit lui manque, elle se sent incapable de le laisser derrière elle aux États-Unis et de l'oublier, comme ça, au profit des deux autres. Jamais apaisée, Christy mène une existence à rendre folle une mère de famille.

À présent, Christy utilise une nouvelle tactique avec Riaz. Au lieu de se laisser entraîner dans des disputes sans fin, elle argumente prudemment en faveur d'un retour en famille aux États-Unis. Elle compte moins sur les sentiments paternels de Riaz, pour qui Éric est une punition de Dieu, que sur son irritation grandissante face au style de vie pakistanais, et sur sa nostalgie de cette vie occidentale, qu'il aimait tant.

Elle tâche d'insinuer que leur amour pourrait renaître en Amérique... Par moments, Riaz a l'air tenté, mais il hésite à partir. Il préfère dire :

– À ta place je divorcerais !

Peu à peu, son envie de partir disparaît complètement. L'hiver venu, il retombe dans son comportement absurde et méchant. Plus sa femme fait de concessions, plus il est furieux. Christy, qui ne cesse de pleurer en pensant à Éric, demande un jour à Riaz :

– Au fond, tu es décidé à ne jamais retourner là-bas ?

Il répond froidement, avec sadisme :

– Ne me parle plus de repartir. Il est temps que tu comprennes une chose : toi et les enfants, vous vivrez et vous mourrez au Pakistan.

Dans ces moments-là, Christy se tourne vers la religion. Très croyante, elle prie Dieu, le supplie de l'emporter loin de ce monde avec lui. Elle est mortellement calme. Quelque chose en elle, une voix lui murmure : « Ou tu vaincras cette idée-là, ou tu seras vaincue par elle. » Parfois aussi, elle craint que les prières ne suffisent plus à la soulager. Riaz boit de plus en plus, il a repris l'habitude de la gifler et de la battre. Souvent il grogne, en détachant chaque mot pour faire plus d'effet :

– Tu sais que ce serait plus facile de te tuer, de me débarrasser de toi ?

Un soir de sinistre mémoire, cette menace est bien près de se réaliser. Riaz, énervé par le refus de Christy d'envoyer John à l'école parce qu'il est trop petit, se lance dans une tirade virulente. Christy veut faire sortir les enfants endormis, en attendant qu'il se calme. Mais, d'un bond, il est sur la porte pour la verrouiller :

– Si tu passes cette porte, je te tue !

Paralysée, Christy reste assise. Adam, terrorisé, enfonce sa tête entre ses épaules. Alors, Riaz va chercher son revolver. Tous les hommes ont des armes, ici. Il l'applique froidement sur la tête de sa femme :

– Je peux tirer quand je le veux, tu le sais. Si je te tue maintenant, personne ne le saura. Je n'aurai qu'à dire que tu avais une liaison avec un type de Karachi, c'est simple !

Il en est capable. Les femmes ici sont moins bien traitées que des chiens. À Peshawar, il arrive que l'on trouve un cadavre dans la rue, et que le mari déclare simplement à la police :

– Oh! je ne sais pas... On a dû la voler, ou la battre, ou la violer...

Christy regarde fixement Riaz, elle prie, à voix haute, sans le quitter des yeux :

– Mon Dieu, sauvez-moi, aidez-moi, secourez-moi, mon Dieu...

Soudain, dans son champ de vision, une image lui transperce le cœur. John, le petit John qu'elle croyait endormi, est là, à quelques pas, immobile et pétrifié par la peur. Riaz lance soudain d'un air dégoûté :

– Laisse tomber... Je le ferai à ma façon et quand je le déciderai.

Les deux garçons dépérissent à vue d'œil. John est devenu plus nerveux depuis l'épisode du revolver. Adam, qui jusqu'alors était un bébé grassouillet et gai, se renferme complètement sur lui-même. C'est une véritable larve, il ne s'intéresse plus à rien, et durant ces deux années au Pakistan, il n'est pas une seule photo de lui où il sourit.

L'esclavage quotidien de Christy, particulièrement dur – cuisine, ménage, lessive, et l'entière responsabilité des deux enfants – l'anéantit physiquement. Elle perd dix kilos. Il lui arrive de penser que Riaz a peut-être raison, que jamais elle ne quittera ce pays; exactement ce que j'ai ressenti en Iran.

Mêmes sentiments de complète dépression, de terrible impuissance... Quand on se retrouve aussi isolée que Christy ou moi, il est très difficile de conserver le mince espoir que les choses iront mieux un jour.

En juillet, pourtant, Christy entrevoit une possible issue. Eric a besoin d'une nouvelle intervention. L'assistante sociale du Michigan est décidée à faire de lui un pupille de l'État, à moins que la garde ne soit confiée aux parents de Christy, ou que Christy et Riaz viennent attester leurs droits de parenté et renouveler l'assurance médicale subventionnée par l'État. Il faut donc choisir.

Riaz a toujours considéré l'état d'Eric comme une offense et un fardeau, mais là, son orgueil est atteint.

– Je refuse que d'autres réclament la garde de mon propre fils.

D'autre part, il prétend avoir des affaires à régler outre-Atlantique. « Un moyen de gagner beaucoup d'argent », selon lui. Il ira donc au Michigan.

Au fur et à mesure que la date de son départ approche, son comportement devient bizarre. Il refuse de prendre les communications téléphoniques dans la soirée. Il n'autorise plus la servante à emmener John dans la rue acheter des bonbons. Il se montre obsédé par les kidnappings d'enfants. Il veut rester seul la plupart du temps :

– Laisse-moi tranquille, j'ai des problèmes qui ne te regardent pas.

À d'autres moments, il est vaguement agressif :

– Prie pour qu'il ne m'arrive rien là-bas. Sinon tu ne sortiras plus jamais de ce pays.

Christy met tout cela sur le compte d'un délire paranoïaque, jusqu'au jour où Fiaz, le frère aîné, la menace clairement :

— S'il arrive quelque chose à mon frère, ce sera ta faute.

Le plus inquiétant, ce sont les curieux aveux de contrition de Riaz, le jour de son départ :

— Je suis désolé pour tout ce que je t'ai fait, et navré pour ce que je vais te faire.

Il a vraiment l'air d'un homme qui part sans espoir de retour. Christy est terrifiée. Qu'a-t-il voulu dire ? Sa pire angoisse serait de tomber sous la coupe masculine de la famille Khan. Domination redoutable, établie par la loi islamique en cas de disparition de l'époux. Elle supplie son mari de la laisser partir à sa place au Michigan, mais il ne veut rien entendre. Il se dit « prêt à affronter son destin », sans expliquer ce qu'il entend par là. Quel destin ?

Le périple de Riaz commence par une escale en Allemagne, où il doit rencontrer un marchand de pierres précieuses, puis en Angleterre, où il a rendez-vous avec une relation de Peshawar. La première semaine d'août, il est à New York, quelques jours plus tard, il atterrit à Detroit, où le père de Christy vient le chercher. Vers huit heures du soir, il arrive chez ses beaux-parents et téléphone à Christy. Elle est presque rassurée d'entendre sa voix, pourtant prétentieuse et sarcastique :

— Qu'est-ce qui ne va pas chez Eric ? Pourquoi tu ne lui as pas appris à marcher ?

— Je suis au Pakistan depuis dix mois !

Cette remarque le fait beaucoup rire, et Christy se dit qu'il a bu. C'est la dernière fois qu'elle entendra le son de sa voix.

Riaz reste chez les parents de Christy pendant deux heures, mais refuse d'y passer la nuit. Il se moque d'Eric. Il a prévu, dit-il, de s'installer chez des amis indiens, qui demeurent à côté. À dix heures du soir, effectivement, une voiture klaxonne devant la maison. Riaz refuse l'aide qu'on lui propose pour porter ses bagages, marmonne rapidement au revoir, et se précipite dehors.

Christy n'oubliera jamais cette date : le 6 août 1990.

Elle est à Peshawar, chez l'une des tantes de son mari, en train de jouer avec ses enfants. Tout à coup, un petit groupe d'hommes fait irruption sur le pas de la porte. Les visages sont tendus, les voix agressives. Il y a des frères, des cousins, des amis de Riaz, et elle parvient uniquement à saisir quelques bribes de ce qu'ils disent, tant ils s'agitent. Ces mois difficiles au Pakistan ne lui ont permis d'apprendre l'ourdou que très succinctement. Elle comprend malgré tout que la police vient de téléphoner depuis le Michigan et qu'il est arrivé là-bas quelque chose de terriblement grave.

Fiaz s'écrie alors en anglais :

— Riaz est en prison, il faut que tu saches ce qui s'est passé.

Le cœur de Christy manque de défaillir. La famille va se retourner contre elle. Depuis que Riaz est parti, elle a dû négocier chacun de ses déplacements avec six hommes au lieu d'un : le père et les cinq frères. Elle se met à prier : « Mon Dieu, je vous en prie, faites qu'il aille bien. S'il vous plaît, faites qu'il revienne. »

Fiaz lui montre le téléphone :

— Tu dois savoir ! Maintenant !

Christy se débat avec une opératrice pour

obtenir la police du comté de Berrien, le territoire le plus au sud du Michigan. La communication est obtenue après une éternité. Les cinq
frères surexcités trépignent autour d'elle, dans
un véritable vent de folie, hurlant cinq questions en même temps. Christy a évidemment du
mal à comprendre ce qu'elle entend dans
l'écouteur, et les idées s'entrechoquent dans sa
tête. Dieu sait combien de fois elle a envisagé
les désastres susceptibles d'arriver à son mari au
cours de ce voyage! Conduire en état d'ivresse
par exemple, être blessé dans un accident... Il
aurait pu aussi retrouver son ancienne maîtresse, cette Nicole, et partir avec elle en laissant Christy et les deux enfants se débrouiller
seuls au Pakistan. Tout était possible. Mais pour
l'instant, il semble que les mystérieuses affaires
dont s'occupe Riaz lui aient joué un mauvais
tour et qu'on l'ait arrêté.

Par-delà les milliers de kilomètres, une voix
féminine forte et claire dans les grésillements
du téléphone annonce enfin à Christy :

– Département de la police! J'écoute...

– Bonjour, j'appelle au sujet de mon mari,
son nom est Riaz Khan : K.H.A.N... on vient
d'apprendre qu'il a été arrêté ?

Et Christy de prier intérieurement : « S'il
vous plaît, faites que tout aille bien... »

La voix de la femme répond :

– Je ne crois pas qu'il s'agisse d'une arrestation...

Comme la voix marque un temps, Christy
respire, soulagée. Ce doit être une erreur, quelque chose que la famille n'a pas compris. Puis
la voix énonce avec nonchalance la véritable
nouvelle, qui dépasse largement tout ce que
Christy avait pu imaginer.

— J'ai trouvé, il s'agit du mort qui vient d'être identifié, Riaz Khan. Il est à la morgue.

Le choc est si violent que Christy répète lentement le message à voix haute :

— Il est mort...

Les cinq frères explosent littéralement de désespoir, ils crient, s'embrassent en pleurant, tandis que Christy repense aux dernières paroles de Riaz avant son départ, l'une de ses menaces habituelles et mystérieuses, qui résonne encore clairement dans ses oreilles : « Prie pour qu'il ne m'arrive rien là-bas. Sinon, tu ne sortiras plus jamais de ce pays. »

Il est arrivé quelque chose! L'horreur va commencer.

La belle-famille, regroupée, vociférante, veut savoir sur-le-champ comment Riaz est mort, ce qui s'est passé, s'il s'agit d'un crime et qui l'on soupçonne. Christy appelle son père, pour obtenir la sinistre confirmation des faits.

— La police est venue à la maison, ils l'ont identifié grâce à un formulaire de carte de crédit. Je leur ai donné des photographies pour l'identification du corps. Tout cela nous a terriblement secoués, ta mère et moi. J'ai eu un malaise... Nous avons si peur pour toi... Maintenant qu'il est mort, comment vas-tu pouvoir sortir du pays? C'est lui qui avait vos visas de sortie! J'espérais arriver à le convaincre...

Christy doit raccrocher très vite, car cette conversation n'intéresse nullement les frères de Riaz.

— Appelle de nouveau la police, on veut savoir qui l'a tué! Il était chez ton père... et ton père dit qu'il ne sait rien?

Christy rappelle en tremblant d'énervement et parvient, cette fois, à obtenir un inspecteur chargé de l'affaire, qui répond succinctement :

245

– Il a succombé à un traumatisme.

– Qu'est-ce que ça veut dire?

Christy essaye de comprendre, alors qu'une demi-douzaine de personnes tourne autour d'elle et l'interrompt sans cesse.

– Eh bien, il a été attaqué.

– Je ne comprends pas! C'est la police qui a voulu l'arrêter et qui a tiré sur lui?

– Non. Il a été agressé par un inconnu.

Et la famille de hurler:

– Qui a tiré sur lui? Qui a tiré sur lui?

Christy s'efforce de leur faire comprendre à la fois ce qu'elle demandait et ce qu'on lui a répondu, mais personne ne l'écoute. C'est l'émeute. Riaz a été assassiné, ils en sont sûrs, maintenant. Et la nouvelle se répand hors de la maison, la famille se met à pleurer la mort de ce fils prodigue. Ils arrivent de partout, le visage hagard, le regard fixe, se frappant la poitrine pour mieux exprimer leur chagrin.

La mère gémit:

– C'était un cœur pur. Il avait le cœur d'un roi. Il voulait tout donner à tout le monde.

Les pleurs s'intensifient durant toute la semaine, pendant que la famille attend le rapatriement du corps de Riaz. Mais l'affaire est compliquée du fait que le défunt a utilisé un passeport britannique. Un détail parmi d'autres dans cette affaire bizarre.

Pendant cette période, Christy ne trouve de réconfort qu'auprès de ses parents, alors que les proches de Riaz, comédiens hystériques de leur propre tragédie, sont parfaitement insensibles à son chagrin. Les attentions de la famille envers la veuve de leur fils s'avèrent en effet soudainement plus curieuses que réconfortantes.

246

Le premier geste de Fiaz est de faire inscrire les propriétés de son frère à son propre nom. Il règle ce problème d'héritage à son profit en deux coups de téléphone, le jour même. Dans les heures qui suivent, les sœurs demandent à Christy de restituer le bracelet et le collier en or que Riaz lui avait offerts, affirmant qu'il s'agit d'un héritage familial venant de leur grand-mère. Et chaque fois que Christy fond en larmes, elles la secouent :

– C'est à toi d'être forte, c'est à toi de nous aider à supporter le chagrin.

Fiaz, lui, utilise une autre tactique, en s'adressant à Christy sur le mode doux et hypocrite :

– Oh... ma chère sœur chérie, ne t'inquiète pas, je m'occuperai de tout. Tu es à moi maintenant, et tes fils sont mes fils.

Au début, Christy pense qu'il parle au sens figuré. Mais il s'agit de cette coutume qui consiste à prendre sous sa « protection » la veuve de son frère.

Même Ambreen, la gentille et adorable Ambreen, trouve cela normal :

– Les hommes de la famille vont te protéger maintenant.

Protéger ? Dans quel sens du terme ?

Quelques jours plus tard, John, alors âgé de trois ans et demi, accourt vers sa mère en hurlant :

– Maman, quelqu'un m'a tiré dessus, quelqu'un veut me tirer dessus!

Il a dû mal interpréter une discussion familiale particulièrement violente à propos de la mort de Riaz. Les frères en parlent entre eux sans arrêt; peut-être ont-ils une idée sur le mobile de ce crime, mais rien n'est moins sûr.

247

Riaz était dissimulateur, ses affaires mystérieuses n'avaient sûrement rien à voir avec la
famille qui, pourtant, réclame vengeance,
comme c'est la coutume.

Alors Christy installe John sur ses genoux,
prend une longue inspiration et lui explique ce
qui s'est passé, à sa manière.

– Papa ne reviendra pas à la maison. Dieu a
décidé qu'il était temps pour lui de vivre au
paradis. Il est vraiment heureux là-haut, il est
libre.

John a d'abord l'air un peu perdu, il commence par dire « d'accord », s'en va, puis revient :

– Mais, maman, il est jamais heureux, papa!
C'est un homme fâché.

Finalement, John prend la nouvelle assez
bien, alors qu'Adam, qui a deux ans, réagit à
peine. Il est trop petit pour comprendre ce
qu'est la mort. Si bien qu'aucun des deux
enfants ne ressent d'émotion particulière lorsque leurs oncles les prennent dans leurs bras en
braillant : « Riaz Khan! Riaz Khan! » Une invo-
cation au fantôme d'un père qui s'est montré,
pour le moins, répugnant dans ce rôle.

Le 16 août, le corps de Riaz arrive au village
dans un cercueil doublé de soie, payé par le
père de Christy. La première réaction inquiétante vient du beau-père. Il ne parle pas de son
fils mais semble obsédé par John et Adam, et
répète en pleurant :

– Je ne reverrai plus jamais ces enfants...

Christy voudrait bien qu'il cesse. Après la
mort de Riaz, la famille n'a aucun intérêt à la
retenir, ni le pouvoir de le faire. Mais le statut

248

des enfants, qui disposent de la double nationalité selon la loi pakistanaise, est plus problématique. Si la famille décide d'en réclamer la garde devant un tribunal local, Christy sait bien qu'elle aura du mal à se défendre.

Jusqu'à présent, on l'avait traitée comme une femme en deuil, semblable en cela aux autres membres de la famille. Le comportement des Khan change radicalement après la lecture du certificat de décès qui accompagne le corps. Il révèle que Riaz a été abattu par balle. Il n'y a pas d'autres détails, une enquête est en cours aux États-Unis. Mais le mot « abattu » est suffisant pour placer Christy dans une position embarrassante. Les frères l'agressent aussitôt :

– Tu nous as menti !

– Je vous ai dit ce que m'a dit la police !

Le flot de haine, mal contenu jusque-là, se libère au moment de la célébration du rite mortuaire musulman. Traditionnellement, le corps doit être dévêtu, baigné, et enveloppé ensuite dans un linge de coton blanc pour l'inhumation. Mais Christy vient d'avoir au téléphone une conversation éprouvante avec l'entrepreneur des pompes funèbres aux États-Unis.

– Quand il y a autopsie, les médecins légistes ne se donnent pas beaucoup de mal pour remettre le corps en état ! Je vous conseille de ne pas l'exposer et de l'inhumer très vite.

La famille ne croit pas Christy. Non seulement ils veulent accomplir la cérémonie conformément au rite, mais ils veulent aussi « voir » comment Riaz est mort.

La cérémonie se passe chez Fiaz. La dépouille est exposée dans une chambre ; des pleureuses entrent et sortent en permanence, leurs gémissements terrorisent les deux enfants.

Malgré ses tentatives laborieuses pour expliquer ce qu'est une autopsie, et pourquoi le corps a été ouvert, Christy ne peut les convaincre; ils n'ont pas l'habitude non plus des cercueils. La pièce est froide, mais humide, et on a apporté des kilos de glace pour préserver le cadavre. Des parfums puissants brûlent, afin de neutraliser l'odeur...

La coutume veut que toute activité s'arrête durant les obsèques. Plus de cuisine, plus de ménage non plus. Mais la pièce humide, le manque d'air, les mouches, le parfum sucré d'encens, la glace qui fond en énormes flaques douteuses sur le ciment sale... Christy ne peut supporter cette horreur. Elle se met à nettoyer la pièce, et ce ménage intempestif scandalise la famille. Une femme crie :

– C'est comme ça que tu montres ta peine?

– Et vous? C'est comme ça? Vous ne voyez pas dans quel état est cette pièce? Vous ne sentez pas cette odeur? C'est indécent!

– Il faut que les enfants voient ce qu'on a fait à leur père!

– Ah ça non! je ne veux pas, vous entendez?

Christy abandonne son nettoyage pour arracher ses enfants à la femme qui est allée les chercher, et la flanque dehors sans ménagement. Montrer à des enfants de cet âge un père qui ne se ressemble plus? Les terroriser à vie? Déjà, pour Christy elle-même, ce masque ne veut plus rien dire. Riaz? Non, une plaisanterie lugubre. C'est irréel et affreux. Tout est confus dans sa tête, elle se dit : « Il ne me battra plus, c'est fini... je devrais être soulagée... » Puis aussitôt : « J'ai aimé cet homme, il est le père de mes enfants... Quatre ans, pour arriver à ce désastre. Comment est-ce possible? Je suis veuve de cet homme... Il m'a fait trois enfants... »

Ni peur, ni chagrin, ni révolte à ce moment-là. Christy est seulement paralysée, figée comme une pierre.

Elle n'en peut plus et s'assied par terre dans une autre pièce, loin de ce spectacle éprouvant. Incapable de pleurer. Elle doit subir maintenant le réconfort doucereux de Fiaz, à qui on vient de raconter à quel point sa belle-sœur est monstrueuse. Il s'assied à côté d'elle, il est le seul homme présent dans la maison à ce moment-là, le maître, le propriétaire, le protecteur...

– Tu as un problème, Christy? Je sais... Ces femmes sont folles. Quand tu as un problème, il faut venir me voir...

Il l'entoure d'un bras, caresse son visage...

– C'est moi qui vais prendre soin de toi maintenant... N'aie pas peur...

Ailleurs, ces gestes pourraient paraître anodins, mais au Pakistan, aucun homme, autre que son mari, n'a le droit de porter la main sur une femme, et le comportement de Fiaz est une avance très nette. Il affirme ainsi son droit de propriété sur le corps de Christy!

C'est écœurant! Le premier réflexe de Christy est de le rabrouer vertement, mais elle est arrêtée par une idée qui lui traverse l'esprit : s'il a tant d'affection pour elle, elle arrivera peut-être à le convaincre de la laisser partir. Dans ce cas, il ne faut pas le repousser si vite. Supporter cette présence, ce corps presque collé au sien, cette main sur sa joue, ce visage sombre, ce nez d'aigle, ce regard déjà concupiscent...

Une minute, c'est déjà trop. Christy ne peut pas. C'est insupportable. D'ailleurs, c'est également stupide et dangereux, un espoir vain de sa part. Alors, elle le regarde bien en face, et dit brutalement :

— Mets-toi dans la tête que j'ai bien l'intention de partir immédiatement après les obsèques.

Christy vient de se faire un ennemi pour la vie. Repoussé de cette manière, Fiaz ne pourra que se montrer odieux. Il ne va pas s'en priver.

Maintenant, les invités viennent contempler le cadavre avant l'inhumation. Il en vient des centaines, priant, pleurant, hurlant leur peine, comme si Riaz était leur propre fils.

Pendant ce temps, la famille attend au salon que le rituel s'achève. Les hommes, ayant pu voir que Riaz avait été tué d'une balle dans la tête, sont en fureur. Un oncle se précipite dans le salon et violemment se jette sur Christy en hurlant :

— Les Américains sont des sanguinaires! Des assassins!

Autrefois considérés comme un allié proche, les États-Unis ont alors perdu les faveurs du Pakistan.

D'autres hommes inconnus de Christy tournent autour d'elle, le regard menaçant, chargé d'éclairs de férocité. L'Américaine, c'est elle. La coupable, c'est elle.

À la fin des obsèques, au coucher du soleil, Christy n'est plus qu'une étrangère, une suspecte dont il faut se méfier. Pourquoi Riaz était-il si nerveux avant de quitter le Pakistan? Parce qu'il craignait la famille de Christy. C'est la conclusion personnelle de Fiaz :

— J'ai parlé avec les enquêteurs, ils ont réduit

les suspects à deux personnes. Quant à nous, nous avons mené notre propre enquête, nous savons que c'est ton père le coupable. Ce n'est plus qu'une question de jours avant qu'on l'arrête !

Il est maintenant interdit à Christy de téléphoner chez elle ou à la police du Michigan et elle ne peut même plus se défendre contre ce torrent de menaces :

– On réglera ça à notre façon. Tu ne sais pas que lorsque notre grand-père a été tué, on a vengé sa mort en exécutant douze personnes ?

C'est encore Fiaz qui parle, l'ex-gentil Fiaz.

Christy contre-attaque courageusement devant la famille rassemblée en tribunal :

– Vous croyez réellement que mon père ait pu faire une chose pareille ?

Mahreen, l'une des sœurs de Riaz, dix-neuf ans, la plus belle et la plus agressive, a pris cette mort particulièrement mal. Elle répond crûment, en toisant Christy méchamment :

– Peu importe ce que nous croyons. Si tu n'avais pas épousé mon frère, il serait toujours en vie. Je ne désire qu'une chose, boire le sang de ta famille !

– Vous voulez me faire peur ?

– Oui.

Ils y parviennent. Tout particulièrement lorsqu'ils prennent pour cible les enfants de Christy.

– Eric a été amené dans ce monde par Satan.

C'est évidemment la faute de l'enfant si Riaz est mort. Et comme ce fils de Satan les a fait souffrir, à leur tour ils vont faire souffrir John et Adam en les empêchant de rentrer aux États-Unis avec leur mère. Si John et Adam sont élevés là-bas par leur mère, ils deviendront eux-mêmes des satans...

Voilà enfin le processus que Christy craignait tant.

— Alors vous décidez de faire souffrir John et Adam, parce que vous êtes en colère contre Éric ? Vous voulez faire d'un bébé de dix-huit mois le responsable de la stupide imprudence de son père ?

En réponse, l'un des frères de Riaz la gifle en criant :

— C'était un grand frère ! Ne parle pas de lui comme ça !

Riaz vient de pénétrer dans le monde irréprochable des morts. Lorsqu'il était en vie, la famille avait promis à Christy que jamais elle ne le laisserait la séparer de ses enfants. Lorsqu'il était en vie, il posait des problèmes à tout le monde ; on le craignait, on l'exilait ! Et moins de dix jours après sa mort, on en a fait un héros martyr.

Fiaz encourage fortement Christy à quitter d'elle-même le Pakistan, en y laissant ses fils :

— Ici, c'est le pays de leur père.

— Mais leur père n'est plus là, et les États-Unis sont le pays de leur mère.

— Nous nous sommes montrés suffisamment tolérants en te gardant dans la famille, ne nous pousse pas à bout !

Le ton de Fiaz est mauvais. Mais Christy s'entête. Elle ne partira pas sans ses fils. Un jour, John, qui comprend mieux l'ourdou que sa mère, se réfugie contre elle :

— Tu ne me quitteras jamais, hein, maman ?

Pour consoler son fils, Christy emploie des mots qu'elle devra bientôt regretter :

— N'aie pas peur chéri, nous ne serons plus jamais séparés.

Le 26 août 1990, Christy erre toujours dans les sinistres limbes de la maison de Fiaz. L'air est lourd d'animosité. Les gens se meuvent avec lenteur. Une sourde menace plane au-dessus de sa tête, comme un orage d'été sur le point d'éclater.

Il éclate.

Il est cinq heures de l'après-midi, vingt hommes de la famille prennent d'assaut le grand porche de la maison de Fiaz, et encerclent Christy pour lui arracher violemment le petit Adam qu'elle tenait dans ses bras. Ils le donnent à une servante. Le bébé regarde désespérément sa mère quelques secondes, la servante se retire, et l'enfant vomit. John ne se soumet pas aussi facilement. Fiaz vocifère des horreurs, l'enfant pousse des cris perçants de protestation, il s'accroche à Christy avec une force incroyable. Pris de folie, les hommes le tirent par un bras, allant jusqu'à le battre sur le dos pour lui faire lâcher prise. Christy les repousse, essayant de protéger son fils de son mieux.

L'un des frères hurle :

– Tu oses te battre contre les hommes!

– Je ne vous donnerai pas mes enfants!

Christy est choquée de retrouver, parmi ses agresseurs, l'oncle de Riaz, Hyatt. L'homme de la famille qui s'était montré le plus gentil avec elle, presque un ami, une sorte de protecteur. Mais il a été embobiné comme les autres. Christy lui donne des coups de poings sur la nuque, sans réfléchir. Hyatt tombe en gémissant, et la cohorte de forcenés perd un peu de son énergie devant cette résistance inattendue de la part d'une femme. Ils quittent finalement la pièce en grommelant des menaces, et Adam est rendu à Christy quelques minutes plus tard.

L'alerte a été chaude. Après ce pugilat, la femme de l'oncle Hyatt se lève la première. Elle n'a pas l'habitude de ménager les hommes. Atteinte d'une maladie des os, elle s'est vue refuser le traitement dont elle avait besoin par son mari, sous prétexte qu'il fallait aller aux États-Unis. Elle est forte, très forte de sa rancune, et ne les craint pas :

– Vous devriez avoir honte de faire ça!

Et elle quitte la réunion familiale.

Ambreen s'en va à son tour, pour faire une scène à son mari :

– Tu n'es même pas de Peshawar, tu n'as pas à t'en mêler.

Mais l'allié le plus solide de Christy demeure un cousin du nom de Shohab, large d'esprit, débonnaire, barbu comme un Père Noël pakistanais, la cinquantaine tranquille. Il la met en garde :

– Quoiqu'il arrive, ne laisse entrer personne dans ta chambre cette nuit. Compris?

Ce soir-là, Christy verrouille la porte de sa chambre, sachant qu'elle transgresse là un tabou. Ici une femme ne doit pas s'enfermer.

Vers minuit, alors que les enfants dorment, elle aperçoit la poignée bouger doucement, quelqu'un essaye d'entrer. Elle se lève et avance sur la pointe des pieds pour risquer un œil par une fente de la porte-fenêtre. Ce qu'elle voit lui coupe le souffle.

Dehors, un homme qui doit être Fiaz et trois autres qu'elle ne connaît pas. Ils portent une lourde corde et un sac de toile. Les manches de leurs couteaux dépassent de leurs tuniques.

Terrorisée, Christy s'accroupit par terre et se

met à cogner de toutes ses forces sur la cloison intérieure, à l'aide d'un canif de poche. Quelques minutes plus tard, elle entend la voix de Shohab, très en colère, qui se dispute avec les autres :

— Vous ne pouvez pas faire ça à une Américaine! Le consulat sait où elle est. Notre famille sera responsable.

Puis il ajoute d'un ton dramatique, jouant parfaitement son rôle :

— Vous savez que le gouvernement américain envoie l'armée pour libérer ses compatriotes ?

Alors, dans une ultime tirade de jurons, Fiaz et ses complices disparaissent.

Le lendemain matin, Shohab dit à Christy :

— Ils ne voulaient pas te tuer, ce qu'ils essaient de faire c'est de t'enfermer quelque part, jusqu'à ce que la famille obtienne légalement la garde de John et d'Adam.

Ce même matin, Fiaz adresse à Christy un arrêt de la cour lui interdisant de quitter le Pakistan avec ses enfants. La famille a envoyé une pétition au juge, affirmant que « si cette femme réussissait à emmener les enfants, leur avenir sera ruiné ».

Le premier réflexe de Christy est de rester et de se battre ouvertement. Elle tient bon : « Je ne partirai pas sans mes enfants. » Puis elle se range à l'avis de ses parents. Elle a plus de chance de réussir légalement, depuis l'Amérique. Ici, elle est en danger.

L'avertissement, en effet, était clair : les événements de la nuit précédente n'étaient ni un hasard ni une plaisanterie. Les hommes reviendront la chercher, pour l'enfermer; elle n'aura plus droit à la parole. Alors Christy prend sa décision. Elle sera complètement inutile à ses fils si on l'emprisonne ici, ou s'il lui arrive quelque chose de pire encore. Elle appelle le consulat américain, pour être prise en charge dès le lendemain matin par son ambassade à Islamabad.

Christy annonce donc à Fiaz :

— Je pars m'occuper d'Éric, et je reviendrai pour les enfants.

— Nous n'avons pas besoin de toi, ils sont à la famille.

— Je reviendrai. J'ai épousé un musulman, je suis musulmane, j'ai le droit d'élever mes enfants.

Et pour bien l'en persuader, lui et les autres, Christy s'habille à la pakistanaise pour le voyage. Elle emporte ses vêtements de femme musulmane.

C'est sa dernière nuit à Peshawar, et Christy contemple ses enfants dans leur sommeil, incapable de dormir. Elle doit se convaincre ellemême que ce choix terrible est le bon. Il n'y a pas de mots pour décrire cette nuit-là. Une mère contrainte d'abandonner deux de ses enfants dans une telle maison, dans une famille tellement hostile...

Elle part tôt le lendemain matin, sans avoir le courage de réveiller John et Adam ; elle n'aurait pas supporté de leur dire au revoir. Et pas supporté non plus le regard de John à qui elle a promis : « Nous ne serons plus jamais séparés. »

Mais il faut partir, pour les sauver.

Christy a souvent tempêté contre les incuries de la diplomatie, ces deux dernières années. Au consulat américain de Peshawar, on lui a toujours dit qu'il était impossible de lui offrir un

asile pour les enfants, et même de garantir sa
sécurité jusqu'à l'aéroport, si elle décidait de
s'enfuir. Elle leur en veut, mais ce jour-là, elle
est bien contente de retrouver le fonctionnaire
qui la fait entrer seule dans l'immense
complexe moderne, et annonce aux membres
de sa belle-famille que l'ambassade lui offre un
asile pour la nuit. Et plus reconnaissante encore
qu'il déniche un véhicule du consulat, aux
vitres fumées, pour la conduire à l'aéroport dès
le lendemain, et qu'il reste avec elle jusqu'à ce
qu'elle monte dans l'avion.

Juste avant de partir, elle passe deux coups de
téléphone importants. Le premier à la police,
qu'elle n'a pas pu joindre depuis plusieurs jours.
On lui assure que jamais son père n'a été considéré comme suspect. Fiaz a tout simplement
inventé cette histoire. Le second appel est pour
une cousine à Peshawar, qui lui apprend que
John refuse de manger.

– Il pleure, il hurle et te réclame sans arrêt.
Christy a le cœur brisé.

– Dis-lui que je reviendrai, dis-lui : « Dès que
maman pourra revenir, elle viendra te chercher »... Dis-lui.

C'est bien ce qu'elle compte faire, mais
quand le pourra-t-elle ? Dans cette interminable
épreuve qui commence, nul ne peut dire si c'est
pour bientôt.

L'organisation de la bataille légale qu'a
décidé d'engager Christy va durer six mois.
C'est durant cette période que nous nous
sommes vraiment connues.

Tout d'abord, ce sont les parents de Christy
qui me contactent. Ils ont déjà énormément fait

pour elle, ils se sont même ruinés. La fondation peut prendre un peu le relais, réunir quelques fonds pour payer l'avocat pakistanais que le département d'État nous recommande. Christy vient à la maison téléphoner à Peshawar; les communications longue distance sont affreusement coûteuses.

Avant, elle pouvait appeler John et Adam quand elle voulait. À présent que la famille de Riaz la considère comme une adversaire, la ligne est coupée. De plus, les enfants ont été emmenés au village, ce qui rend plus difficile encore les liaisons. Jusqu'à ce que le consulat intervienne, en novembre 1990, soit trois mois après le départ de Christy, elle reste sans nouvelles directes des enfants.

Le jour où John peut enfin lui parler au téléphone, elle ne reconnaît pas sa voix et me dit, effrayée :

– On dirait que c'est un autre enfant! Ils ont dû emmener John ailleurs, c'est une ruse!

En fait, c'est bien John, mais son accent pakistanais – très léger quand elle l'a quitté – est maintenant très prononcé, et le ton de sa voix anormalement aigu.

– Je suis heureux, maman, je ne pleure pas.

Derrière, Christy entend une voix de femme, l'une des tantes de Riaz, qui souffle au petit garçon :

– Dis à maman que tu vas à l'école.

– Maman, je ne pleure pas, je vais à l'école.

Christy sent la cassure dans la voix du petit John.

– Écoute maman, John! Ne fais pas attention à ce que racontent les autres, tu as une maman qui t'aime très fort.

Alors, John éclate en sanglots, sa voix est maintenant douloureusement reconnaissable :

– Maman, je te veux, je te veux! Viens me chercher!

La tante s'interpose et prend l'appareil:

– Tu ne dois pas parler à ces enfants, tu les énerves.

Et elle raccroche. Adam n'a même pas eu la chance de parler à sa mère.

Pendant toute cette période difficile, je partage sincèrement le chagrin de Christy. Une séparation forcée est l'expérience la plus déchirante qui soit pour un parent.

Je suis partie en Iran uniquement par crainte que Moody enlève ma fille si je refusais de l'accompagner. Lorsqu'il me l'a arrachée des bras à Téhéran, j'ai sombré dans un abîme d'impuissance et de désarroi intolérable. Pendant deux semaines, j'ai réellement perdu mon identité. Il a fallu la menace d'une séparation définitive pour m'obliger à fuir, avec tous les risques que cela supposait.

Christy ressent comme une urgence le rapatriement de ses enfants, mais son avocat pakistanais, un jeune homme très sérieux, Nasir Ul-Mulk, l'a avertie qu'une lutte acharnée pour la garde légale peut prendre plus de deux ans... Nasir, cependant, pense que Christy a de sérieuses chances:

– L'enseignement du prophète Mahomet est clair: jusqu'à l'âge de sept ans, les enfants ont besoin des soins de leur mère, sans qu'il soit tenu compte de la religion de la femme. Le fait que vous soyez d'une certaine façon musulmane, par votre nom d'épouse islamique, doit normalement renforcer votre position. Les Khan, de leur côté, n'ont pas de véritables arguments... Mais tout dépend du juge.

Christy tente de faire ce que personne n'a jamais fait avant elle : reprendre des enfants à une famille musulmane en se présentant devant un tribunal islamique. J'ai récemment entendu parler d'une mère américaine ayant obtenu le droit de garde en Égypte, mais à la stricte condition qu'elle réside dans le pays. Or, ce que veut Christy, c'est que ses enfants soient élevés aux États-Unis.

Ce qui est moins sûr, c'est que son avocat ait la force, ou même la volonté, de s'opposer à l'énorme influence des Khan à Peshawar, et puisse obtenir que le tribunal statue à temps. Dans deux ans, John entrera dans sa septième année. Âge où l'éducation d'un garçon musulman revient à son père ou, le cas échéant, à la famille de son père...

De plus, les papiers pakistanais de John le vieillissent de dix mois. Une autre ruse de Riaz. Ainsi, si la belle-famille parvient à faire traîner suffisamment l'affaire, elle peut gagner.

Évidemment, il reste une autre solution : engager un aventurier pour s'emparer des enfants et disparaître. Christy sait que Peshawar est une plaque tournante du mouvement de résistance afghan, il n'y manque pas d'hommes armés et n'ayant rien à perdre. Mais elle sait aussi qu'il est pratiquement impossible d'accéder au village familial sans être signalé, que la région est terriblement marécageuse, cernée de montagnes et quasi inaccessible. Si la tentative de kidnapping échouait, le contact avec les enfants serait définitivement perdu.

Finalement, Christy décide de persévérer devant les tribunaux. Et pour consolider son statut de musulmane, Christy prononce ses vœux islamiques devant un religieux de la région de Detroit. Elle entonne à la fois en anglais et en arabe :

– Je crois qu'il n'y a qu'un Dieu, je crois que Mahomet est son prophète.

Christy ne se sent coupable d'aucune tromperie durant la cérémonie. Elle croit en Dieu, et plus elle en apprend sur les préceptes de Mahomet, plus elle est impressionnée. Notamment en ce qui concerne sa vision des femmes et des enfants.

– Si Mahomet était vivant, dit lui-même le religieux, il aurait été consterné par l'attitude de votre belle-famille.

Là encore, je pouvais m'identifier à Christy. Moi aussi j'avais étudié l'Islam quand je vivais à Téhéran. Dans mon cas, c'était un calcul pour gagner la confiance de Moody et celle de sa famille. Je pensais que, une fois convaincus que j'avais accepté ma vie en Iran, ils m'accorderaient une plus grande liberté de mouvement, la seule clé pour entreprendre le moindre plan de fuite. Lorsque Moody m'avait enlevé Mahtob, j'avais prié Dieu, Jésus, Allah, qu'importait le nom, c'était la source d'aide morale qui comptait. Je n'étais pas en position d'être exclusive.

Plus je connais Christy, plus j'ai d'affection pour elle. Dans certains des cas que j'ai rencontrés, il était difficile parfois d'être certain que le parent abandonné était le plus apte à élever l'enfant. L'enlèvement parental est toujours un acte terrible, qu'il faut condamner par principe, mais je me suis quelquefois demandé si la situation inverse n'aurait pas été mieux. Dans le cas de Christy, je n'ai jamais eu ce genre de doute. J'étais véritablement impressionnée par son engagement pour ses enfants et par la puissance de ses sentiments maternels; par son courage, son obstination, cette force qu'elle avait, si jeune encore.

Christy demande à toutes les personnes qu'elle connaît d'écrire à l'ambassade du Pakistan à Washington. Avant même qu'elle n'entame son action, l'ambassade croule déjà sous des centaines de lettres et de pétitions. Bien qu'au plus haut niveau on lui ait affirmé qu'il était impossible de faire bouger son dossier depuis les États-Unis, on accepte tout de même, étant donné son acharnement, de faire savoir officieusement au juge pakistanais que « l'ambassade sera particulièrement attentive à sa décision ». Un détail qui n'est pas de petite importance.

Moins de trois semaines après le déclenchement de l'opération Tempête du désert, l'avocat de Christy l'informe que son affaire passera prochainement au tribunal. Sa présence n'est pas obligatoire, mais influencera favorablement le juge. Elle le sait, elle est prête à repartir au Pakistan et, pour montrer sa bonne foi, décidée à s'y rendre seule. Cette décision déclenche un va-et-vient infernal d'appels téléphoniques entre sa maison, le bureau du sénateur Riegle, le département d'État, et mon propre bureau transformé en Q.G.

Sally Light, qui a succédé à Teresa au département d'État, est réellement inquiète pour la sécurité de Christy, en raison de la vague de manifestations anti-américaines au Pakistan. Sally pense que Christy n'a aucune chance sérieuse de ramener ses enfants et qu'elle prend un énorme risque pour rien. Elle l'appelle même en pleurant :

264

– J'ai peur que tu te fasses tuer là-bas...

Le 9 février 1991, une heure avant le départ de Christy pour l'aéroport, Sally Light tente une dernière fois de la retenir.

– N'y va pas. Je crois que tu n'as pas bien réfléchi. Rends-toi compte que nos agents consulaires, là-bas, vont te considérer, toi et tes enfants, comme une affaire négligeable. Nous sommes en guerre maintenant !

– Ça m'est égal ! Je pars.

Et Christy éclate en sanglots dans mes bras. Puis nous l'emmenons prendre son avion. C'est son cinquième voyage au Pakistan en moins de deux ans, mais celui-là est différent. Maintenant, Christy est libre. Elle savoure le simple fait d'inscrire librement son nom dans un hôtel de Peshawar, et d'aller et venir à son gré, bien que ses déplacements soient surveillés. Elle est suivie par deux hommes, deux agents secrets pakistanais, désignés pour être ses gardes du corps, après une requête du sénateur Riegle auprès de l'ambassadeur pakistanais.

Même un passage sur le grill au consulat américain ne parvient pas à entamer son optimisme. Le fonctionnaire l'accueille ainsi :

– Ah, c'est encore vous ? Vous nous avez valu plus de courrier que n'importe qui ! Je souhaite que vous récupériez vos enfants tôt ou tard, mais là, ce n'est vraiment pas le moment ! Je vous conseille vivement de rentrer chez vous !

– Trop tard. Je suis là, et j'y reste.

En pleine guerre du Golfe, l'agent consulaire ne se sent pas lui-même en sécurité. Fort heureusement, il a l'air d'un Pakistanais, et non d'un Américain « bon teint », ce qui l'aide énormément à circuler. Mais manifestement, Christy l'encombre.

265

Les comparutions préliminaires, au tribunal, se passent bien, d'après l'avocat de Christy qui nous tient au courant, Arnold et moi. La belle-famille a bien voulu reconnaître que le père de Christy était innocent dans la mort de Riaz, et a laissé entendre que l'on pourrait s'arranger... Mais Christy refuse :

– Je ne veux pas d'un arrangement en dehors du tribunal. Je veux mes enfants, officiellement et totalement.

Quelques jours plus tard, Christy fait une première apparition devant la cour civile de Peshawar. La salle d'audiences n'est pas plus grande qu'un garage pour deux voitures, le sol est en ciment, le plafond très haut. Le juge, un homme d'une soixantaine d'années, a pris place sur un banc de bois brut, les témoins et leurs avocats sont assis en face de lui, devant deux petites tables. Le reste de la salle est envahi par une douzaine de spectateurs parasites et de réfugiés venus là pour regarder, discuter, passer le temps.

Les débats sont fort conventionnels. Le juge annonce simplement que la séance pourra commencer dès que les parties seront présentes. En attendant l'arrivée de la belle-famille, Nasir donne quelques conseils tactiques à Christy :

– Quoi qu'il arrive, ne pleurez pas. C'est un signe de faiblesse. Ne regardez pas le juge dans les yeux. Ce serait de la provocation. Il est déjà assez gêné par le fait que vous soyez américaine et il ne veut pas que vous pensiez avoir gagné d'avance.

Christy décide de se comporter exactement comme la famille de Riaz, respectueuse, mais pas soumise.

266

Par 30 °C à l'ombre, au milieu de cette foule de gens, elle est trempée sous le foulard et le tchador obligatoires. Elle se contorsionne pour tenter d'apercevoir John et Adam à leur arrivée et, désespérée, voit venir les grands-parents sans eux.

Elle n'a pas osé retourner au village, et c'était son seul espoir de revoir ses enfants. Le juge regarde la belle-famille du coin de l'œil, puis Christy qui ne bronche pas, et se contente de repousser l'affaire à une semaine, en ordonnant que les enfants soient présents la prochaine fois.

Fiaz est furieux. Au sortir de l'audience, il s'approche de Christy et siffle méchamment entre ses dents :

– Ne t'imagine pas que tu possèdes un si grand pouvoir ! Je peux très bien faire comme si tu avais tout simplement disparu !

Le moral de Christy ne tient que grâce à la présence de son avocat, et à la confiance qu'elle a en lui. Elle a dû pourtant le choisir au hasard, sur une liste communiquée par le consulat américain. L'avocat adverse se nomme... Khan. Il est de la famille.

De retour à l'hôtel, elle téléphone à sa mère :

– J'ai une peur atroce, maman. Nasir me répète sans arrêt : « Patience, et encore patience... » Il fait preuve d'une grande honnêteté, et d'une grande franchise, c'est un homme remarquablement intègre. Je me dis parfois que je suis bénie, que Dieu m'a envoyé tout un régiment d'anges gardiens ; j'ai l'impression d'avoir des coups de chance en série.

Ce n'est que dix jours après son arrivée au Pakistan, lors de la deuxième audience, que

Christy revoit enfin ses deux fils. Ils entrent dans la salle, accompagnés par l'avocat de la famille, et elle est heureuse de les voir en forme, étonnée de les trouver tellement grandis. Elle brûle d'envie de les serrer dans ses bras, mais il faut se contrôler. Elle laisse échapper malgré elle un énorme sanglot, et soudain le bourdonnement de la salle cesse. Tous les regards se tournent vers Christy qui lutte pour dissimuler le flot de larmes derrière son tchador. Il ne faut pas pleurer. Surtout pas devant le juge. Alors elle fixe ses yeux sur lui, intensément, et reçoit en retour un regard de sincère compréhension. Ce juge est sympathique.

À la requête de Nasir, il suspend l'audience pour permettre à Christy de rencontrer ses enfants dans son bureau. Fiaz les accompagne, faisant son possible pour donner une bonne impression :

— Tu es ma sœur, je reste avec vous!

Christy ne lui prête aucune attention. Son unique centre d'intérêt, c'est les enfants, ses petits garçons qu'elle n'a pas revus depuis cinq mois. John se jette dans ses bras, mais Adam reste un peu en retrait.

Christy l'observe, tourmentée, en réfléchissant : « Il ne vient pas vers moi, il ne vient pas, il ne veut pas de moi! » Elle s'assied alors près de John avec un jouet qu'elle lui a apporté, et en tend un autre à Adam, priant pour qu'il réponde à son geste. Elle le regarde, il la regarde, regarde le jouet... Soudain il se précipite vers elle. Christy veut lui mettre le jouet dans les mains, il le repousse... saute sur ses genoux et n'en bouge plus. Lorsqu'il est temps de se séparer à nouveau, Fiaz doit arracher l'enfant à sa mère.

L'affaire semble progresser lentement, lorsque survient un nouveau drame. Au début de mars, Adam attrape une méningite virale, l'une des maladies infantiles au taux de mortalité le plus important au Pakistan. Il a toujours été le plus robuste des trois enfants, il est maintenant fragile, vulnérable, couvert de boutons, secoué de vomissements convulsifs, et son petit corps dense est raide comme un bout de bois.

Christy doit se battre pour que la famille accepte chaque étape du traitement. D'abord faire admettre Adam à l'hôpital, un vendredi soir, jour habituel de congé pour les médecins là-bas. Ensuite, lui trouver une chambre indépendante, pour l'éloigner des cas de typhoïde ou de tuberculose de la salle commune. Puis il faut trouver de la pénicilline, essentielle à son traitement. Shabina, la cousine qui l'a déjà aidée pour Eric, est maintenant pédiatre et doute que l'enfant se rétablisse. Mais Christy se répète avec la force de son instinct : « Il vivra. »

Sa conviction tient à deux choses : elle est déjà soulagée qu'Adam soit capable d'avaler le médicament, première étape pour chasser l'infection de son organisme. Mais surtout, il lui paraît impossible, impensable, d'être venue de si loin, d'avoir patienté si longtemps, pour voir son enfant mourir ainsi.

C'est une période de grande angoisse pour Christy, pendant laquelle elle use de toutes ses forces maternelles, jusqu'à épuisement. Quand les choses en arrivent à ce point extrême, on devient dure, concentrée sur ce que l'on doit faire à un point tel que l'émotion n'existe plus, ni la fatigue, on ne ressent plus rien. On fait simplement ce qu'il faut faire.

Adam franchit le cap critique deux jours plus

tard, et Christy passe les deux dernières semaines de son séjour au Pakistan à son chevet, abandonnant toutes les histoires de justice à Nasir.

D'après lui, la tribu est maintenant coincée, elle propose que Christy emmène John, l'aîné, mais lui laisse Adam, qui s'est toujours montré plus docile avec eux. Étant donné son âge, et son mutisme, l'argument semble fallacieux. Enfin, Nasir apporte à Christy la meilleure des bonnes nouvelles : le juge est fatigué des retards, des atermoiements, et n'accordera plus d'ajournements d'audience à la tribu Khan. Il estime que cela n'est « pas bon pour les enfants, pas bon pour la mère, bon pour personne ».

En entendant cela, Fiaz perd tout contrôle devant la cour :

– Qu'est-ce que vous voulez dire ? « Pas bon pour la mère » ? Mais la mère ne compte pas !

Le juge le regarde avec gravité :

– Si la mère ne compte pas, à quoi rime toute l'argumentation que vous me présentez ?

Fiaz vient de commettre une énorme gaffe. En effet, le principal argument de la famille est que les fils de Christy doivent rester au Pakistan, pour leur propre bien, et « pour consoler leur grand-mère de la perte de son fils Riaz » !

Argument déjà peu convaincant au départ, mais qui révèle désormais toute son hypocrisie. Comprenant que le juge semble déterminé à confier la garde des enfants à Christy, la famille se bat maintenant sur les détails et les modalités. Les avocats élaborent un compromis, exigent plusieurs clauses, dont l'une interdit à Christy de se remarier sous peine de perdre le droit de garde.

Le combat est terminé. Le jour même,

Christy et les deux petits garçons s'entassent à l'arrière de la voiture de Fiaz pour gagner l'aéroport de Peshawar. Au moment où il démarre en marmonnant rageusement, un visage familier apparaît à la portière. C'est l'oncle Hyatt, qui crie dans le bruit du moteur :
– Christy! Tu feras toujours partie de mes nièces préférées! Je suis content que tout s'arrange pour toi!

Cinq années plus tôt, Mahtob et moi, nous avions bondi de la même passerelle, du même aéroport de Detroit, la passerelle de la liberté! Le 26 mars 1991, Christy, John et Adam descendent de l'avion. John, voyant son petit frère Eric pour la première fois depuis deux ans, éprouve le besoin de se présenter correctement à lui, avec toute la solennité de ses quatre ans :
– Salut! Moi c'est Johnny, je suis ton grand frère. Maintenant je vais prendre soin de toi.

La joie de Christy est la mienne. Elle a réussi! C'est si rare dans le flot de malheur auquel je suis confrontée depuis mon retour. Sans aucun revenu, sans économie, elle emménage chez ses parents dans la banlieue de Detroit et retrouve la maison modeste de son enfance, les trois pièces où elle a grandi. En dépit de l'exiguïté des lieux, la famille est soudée par l'amour et une reconnaissance mutuelle. Ils ont tissé les liens les plus puissants qui soient au cours de ces épreuves partagées.

Quatre mois après leur retour, John et Adam ont encore une santé fragile, mais ils récupèrent rapidement. Christy les emmène parfois me rendre visite. Ils dorment à la maison. John ne se réveille plus la nuit en sursaut, trempé de sueur, suppliant sa mère de ne pas l'abandonner, et terrorisé dans ses cauchemars par des hommes armés de fusils. Adam ne réclame plus de biberon et a cessé de faire pipi au lit. Les deux garçons sont capables d'aller se coucher sans s'accrocher à leurs jouets, sans craindre que leur bonheur tout neuf ne s'envole le lendemain matin.

Parce qu'il était le plus âgé au moment de la séparation, John, de nature sensible, éveillé et intelligent, avait déjà trouvé son équilibre à Peshawar. Adam, lui, change énormément dans son nouvel environnement. Après le chaos physique et moral de son existence au Pakistan, c'est un enfant complètement différent qui s'éveille ici. Christy m'explique :

– Il a acquis une nouvelle personnalité. Il ne supporte pas le moindre désordre. S'il a les mains sales, il se précipite pour les laver. S'il voit Eric sortir de la salle de bains, avec, par exemple, une brosse à cheveux, il le poursuit dans toute la maison pour qu'il la remette à sa place dans le tiroir. Puis il s'assied dans la salle de bains, regarde autour de lui et laisse échapper : « Propre, propre, propre. » C'est une obsession, l'ordre et la propreté. Pratiquement tous les soirs, juste avant de sombrer dans le sommeil, il me demande : « Tu ne me quitteras pas, maman ? – Bien sûr que non. » Alors, avec son drôle d'accent pakistanais, il sourit et soupire : « Ouais! On est " enffemble ". »

Avec ses trois garçons de moins de cinq ans, Christy doit supporter les inévitables petits conflits entre frères. John et Adam sont particulièrement doués en matière de rivalité fraternelle. Un écho, peut-être, du temps où Riaz et ses frères s'affrontaient devant eux.

L'art d'être parent unique représente plus qu'un travail à temps complet pour Christy. Afin d'établir une certaine harmonie et une structure familiale solide, elle a instauré une régularité minutieuse à la maison :

– Heure de coucher régulière, heure de lever régulière, heure du bain régulière. Nous avons des règles chez nous. Mon mari a été extrêmement gâté. Je ne veux pas que les enfants s'imaginent qu'ils peuvent aller où ils veulent quand ils veulent, et faire ce qu'ils veulent.

Paradoxalement, son fardeau est allégé par celui de ses fils qui réclame le plus d'attentions, Eric. Lorsqu'elle parle de lui, son regard est illuminé :

– Les enfants trisomiques sont de vrais cadeaux d'amour, et Eric « respire » l'amour. Il a une bonté simple, que je ne peux pas décrire. C'est le plus équilibré des trois. Il ne manifeste absolument aucune jalousie.

Il manquait à Eric une valve coronaire et les médecins ont prévu une seconde intervention dans un ou deux ans. En attendant, il prend deux médicaments pour le cœur, et des diurétiques. Qu'une seule dose lui manque, et il s'affaiblit immédiatement. Mais dans sa vie de tous les jours, il ne souffre d'aucun interdit, et il aime la rudesse de jeu et les cabrioles de ses frères. La dernière fois qu'il est venu goûter à la maison, je l'ai entendu répéter pour la première fois, après sa mère : « Eric manger, Eric manger », avec un sourire extraordinaire.

Protectrice de nature, Christy, comme moi, se méfie encore, et craint que la famille de Riaz ne revienne sur un accord concédé à contre-

cœur. Elle aussi est en permanence sur le qui-
vive.

– C'est dommage, Betty, j'adore mes enfants,
j'adore vivre leur enfance – c'est une telle révolution dans ma vie –, mais je serai soulagée
quand ils seront adolescents. À ce moment-là, je
les apprécierai mieux, ils seront capables de se
prendre en charge, de se protéger eux-mêmes.
Pour le moment, ils sont trop fragiles. Je sais
que les enfants ressentent ce que je ressens moi-
même, même si je m'efforce de les en préserver.
Mais il suffit parfois que je reste penchée à la
fenêtre, à ressasser des millions de choses dans
ma tête, sans penser que cela se lit sur mon
visage, pour qu'aussitôt John me dise :

– Qu'est-ce qu'y a maman ?

Ni John ni Adam ne manifestent beaucoup
de curiosité pour leur père. Le sujet est rarement évoqué, sauf lorsque John aperçoit un
couple en promenade. Là, il comprend qu'il lui
manque quelque chose.

– T'en fais pas maman, Dieu nous donnera
un nouveau papa.

Christy s'interroge toujours sur le pourquoi et
le comment de la mort de Riaz. La police ne
pense pas qu'elle-même soit en danger. Il
semble que celui qui a tué Riaz ait obtenu ce
qu'il cherchait.

Seuls deux éléments de l'enquête lui ont été
révélés : Riaz devait de l'argent « à tout le
monde et à son frère en particulier ». Il a été
abattu dans un parc à mi-chemin entre Chicago
et Detroit, lieu de rencontre notoire pour les
trafiquants de drogue et les criminels de tous
poils.

L'examen de sang n'a révélé aucune trace
d'alcool. Fait surprenant pour un homme à la

limite de l'alcoolisme, et qui aimait particulièrement boire pendant les voyages en
avion. La police a fait remarquer à Christy
que « lorsque un individu s'apprête à conclure
une affaire importante, il est très souvent
sobre ».

Riaz était-il impliqué dans une affaire de
drogue ? À Peshawar transite l'opium en provenance d'Afghanistan. Christy a entendu dire
que l'Agence de lutte contre la drogue, la
D.E.A. [1], se serait intéressée à l'affaire. Mais
personne n'est encore en mesure de prouver le
bien-fondé de cette hypothèse. Ce qui énerve le
plus Christy, c'est la conviction que la famille
de Riaz connaît la vérité et la dissimule pour
protéger sa réputation. Malgré les demandes
répétées de la police d'État, ils ont toujours
refusé de transmettre l'enregistrement des dernières communications téléphoniques de Riaz.
C'était une manie chez lui, ou une nécessité, il
enregistrait tous ses appels.

Christy est persuadée que ces enregistrements auraient apporté la lumière sur ce crime.
Elle n'a pu comprendre que quelques bribes des
conversations téléphoniques de Riaz durant
cette période, mais elle l'a entendu faire référence à la résistance clandestine afghane. Y
aurait-il un lien ?

Il y a aussi ces mots de Riaz, juste avant son
départ du Pakistan :

– Laisse-moi tranquille, j'ai des problèmes
qui ne te regardent pas...

Riaz devait avoir partout des ennemis dési-
reux de le supprimer.

1. *Drug Enforcement Agency.*

À l'automne 1991, Christy a décidé de suivre des cours pour devenir greffière. Il lui faudra un travail quand les garçons iront à l'école.

Christy n'est pas prête à tirer une croix sur son passé, d'ailleurs elle ne le veut pas. Elle n'a pas eu le temps de pleurer Riaz au Pakistan, ni aux obsèques, ni sur sa tombe. Pas le temps, et plus de larmes en réserve. D'après l'inscription funéraire, Riaz était âgé de trente-cinq ans le jour de sa mort, c'est-à-dire cinq ans de plus que son âge réel. Cette curieuse manie m'intriguait, et j'ai demandé un jour à Christy si elle en connaissait la raison :

– C'était pour être « respecté en affaires ». Il jouait la comédie. Il manipulait les gens sans arrêt. J'étais naïve à vingt ans... Et amoureuse de quelqu'un qui, en fait, n'existait pas... J'ai vécu cinq ans avec un inconnu. Un mystère. Je suis veuve d'un inconnu.

Craig, l'aventurier

La plupart de ce que j'appelle les « contre-enlèvements » sont des actes de désespoir qui représentent un danger pour le parent comme pour les enfants. Ce n'est pas, loin s'en faut, la solution que je préconise. Le département d'État américain non plus. Pourtant, quand, en 1991, j'entends parler de Craig DeMarr et de son copain, Frank Corbin, j'ai très envie de les rencontrer. Craig, père de deux petites filles emmenées par leur mère en Allemagne, est allé chercher ses enfants, les a enlevées et les a ramenées aux États-Unis. L'aventure de Craig et de Frank ressemble à un western ou à un polar, mais est avant tout une extraordinaire histoire d'amour entre un père et ses deux filles.

Qui sont donc ces deux « affreux jojos » qui ont mis du poil à gratter dans la lourde machine administrative et judiciaire de deux pays, les États-Unis et l'Allemagne ? Qui ont fait un magistral pied de nez aux juges, aux députés, aux avocats, aux lois internationales, d'ailleurs si mal faites et si peu adaptées aux situations d'urgence qu'elles le méritaient ?

J'ai un peu de mal à les dénicher. Craig a fait inscrire son numéro de téléphone sur liste rouge

277

depuis qu'il s'est fait tancer par le département d'État, vilipender par les autorités allemandes et que les médias s'arrachent son histoire. Frank, son copain d'aventure, se cache lui aussi. Mais les parents de Craig, qui connaissent mon histoire, nous mettent en relation. Le père est retraité de la police, la mère est au foyer. De braves gens, fiers de leur fils.

À première vue, Craig et Frank sont deux cowboys! – blues jeans identiques avec ceinturon, boots à la texane, même sourire décontracté, même minceur sportive, même jeunesse intrépide, et un air de totale complicité. L'un est basané, aux cheveux bruns et aux yeux noisette : c'est Craig; l'autre, teint clair, cheveux châtains, yeux bleus : c'est Frank. Ils sont jeunes, la trentaine chacun.

Craig est le père de Stephanie, six ans et de Samantha, trois ans. Frank est son copain, mais un copain pas comme les autres, un vrai, à la vie à la mort, comme disent les enfants, capable de se lancer avec lui dans une véritable enquête policière et un kidnapping insensé!

La première fois que j'ai discuté avec Craig, c'était dans le coin-repas de son salon, un endroit encombré d'un bric-à-brac de photos de famille. Il voulait devenir détective privé à son compte, et travaillait pour un cabinet en attendant d'ouvrir le sien. Ancien G.I., fils de policier, il en a l'envergure. Mais il a abandonné.

– Je passais mon temps en planque dans des voitures, à surveiller des femmes supposées tromper leur mari, ou l'inverse! Toutes ces histoires minables de divorce me rongeaient le moral. Je crois que je vais me reconvertir dans la mécanique automobile...

Il a fait trente-six métiers, trente-six misères,

on dirait que rien ne lui fait peur quand il s'agit de gagner sa vie. Il y a plus que de l'espièglerie dans son regard franc et dans son large sourire ; il y a une douceur tranquille dans ses gestes. Et pourtant, il dit qu'il est un « calme-angoissé ». Frank paraît plus nerveux, plus impulsif. Il l'est. Et il l'a prouvé. Lorsque je lui demande pourquoi il a pris la décision d'accompagner Craig dans cette aventure dangereuse, il me regarde, surpris :

– C'est mon copain! Il ne trouvait personne pour l'aider... Il était là, dans mon garage, à tourner en rond, il répétait sans arrêt : « Il faut que je récupère mes filles, elle va les démolir, leur faire du mal... », alors je lui ai lancé : « Eh bien, vas-y! Va les chercher! » Et lui : « Je ne peux pas, tout seul! Là-bas les gens me connaissent, je vais me faire repérer tout de suite. Et en plus elle a prévenu les autorités allemandes, je risque de me faire coincer à la frontière! » J'ai répondu : « O.K.! on y va tous les deux! »

Ce Frank est fascinant de simplicité. Le jour de cette décision, les deux complices se connaissaient depuis moins d'un an. Une amitié faite de billard, de jeux de cartes, de basket et de moteurs de vieilles voitures... Ils sont devenus frères pour arracher deux petites filles à une mère qui les élevait en dépit du bon sens, moralement et physiquement.

Un parent lésé sur cinq est un homme. Je rencontre assez rarement les pères; ils ont contre eux les traditions juridiques qui confient presque toujours la garde des enfants à la mère, celle-ci étant, par principe, considérée comme plus à même d'élever ses enfants. Mais lorsqu'on connaît l'histoire de Stephanie et Samantha, on ne peut plus admettre que ce soit toujours vrai.

Répondant à mon invitation, Craig et Frank viennent passer un week-end chez moi, avec Stephanie et Samantha. Elles sont ravissantes. La première est blonde aux yeux verts, la cadette brune aux yeux noisette ; deux petites frimousses rigolotes, intelligentes, bien élevées, heureuses de vivre. Il y a deux ans que Craig les a ramenées chez lui à Muskegon, au bord du lac Michigan.

Craig est un père jeune, fougueux, émotif. Il adore ses petites filles, qui le lui rendent bien.

Elles font avec enthousiasme des bonds dans la petite piscine de Mahtob. Craig ou Frank ont toujours un œil sur elles. Pendant que je prépare le goûter, j'entends leurs voix joyeuses :

— Papa, tu me jettes la bouée ? Encore !

— Frank, je peux demander une serviette à Betty ?

— Steph, viens ici te moucher !

— Sam, mets ton tee-shirt !

Peu à peu, j'ai appris à les connaître. Craig a une nouvelle petite amie, depuis son divorce, mais à cause de ses obligations de père de famille, de son travail et de son salaire, peu élevé, il préfère rester « père célibataire », pour l'instant. Il le dit avec un grand sourire.

Frank suit des cours dix heures par jour pour refaire sa vie dans l'électronique. Il est divorcé d'une jeune femme riche et désinvolte qui ne lui a laissé que « les yeux pour en rire. » « Une erreur de jeunesse », dit-il avec fatalisme. Son amitié pour Craig, depuis qu'ils ont joué ensemble les « desperados », est celle d'un frère jumeau :

— C'est étrange, il suffit que je me lève, et il sait immédiatement ce que je vais faire et où je vais. C'est pareil pour moi. Nous avons entre nous une sorte de deuxième langage que les autres ne comprennent pas. Je me sens très proche des enfants.

J'ai eu l'occasion de vérifier ce phénomène, lorsqu'ils m'ont raconté leur histoire en détail. Craig commence une phrase, Franck la finit... ou l'inverse. Une solide amitié d'hommes.

L'aventure de Craig commence il y a dix ans, en 1981.

À cette époque, Craig est technicien du génie dans l'armée américaine stationnée à Fulda, en Allemagne de l'Ouest... C'est une ville qui abrite cinquante mille G.I's, au cœur d'une vallée traversée par une rivière, à l'est de Francfort, non loin de la frontière avec l'ex-Allemagne de l'Est. Le travail de Craig consiste à surveiller les blocs de trente-cinq kilos de « charge de fromage », c'est-à-dire d'explosifs enfouis sous les ponts ou les routes de Fulda, au cas où les Soviétiques décideraient d'envahir le territoire.

En dehors de ce travail, il n'y a pas grand-chose à faire, à Fulda, pour un garçon de dix-neuf ans en permission. Une fois visitées les églises du XIIIe siècle, il ne reste plus qu'à traîner sa solitude de G.I. dans les boîtes de nuit du centre-ville. Contre un droit d'inscription symbolique, un jeune appelé peut y boire de la bière avec des copains, écouter une dizaine de vieux rocks et faire la connaissance d'Allemandes.

Au bout de six mois de régiment, Craig rencontre Vera Hoffman dans une boîte de nuit appelée Overpass. Vera se distingue de la foule des jeunes filles qui tourbillonnent autour des G.I's. C'est une brunette piquante, aux yeux verts, avec un talent fou pour parler l'argot américain et une grande petite faiblesse pour les soldats. Craig l'invite à danser et elle se trémousse au rythme de la musique américaine comme si elle était née avec. Il lui offre quelques verres, il est pris à l'hameçon :

– C'était un drôle de numéro. Elle travaillait comme coursier dans une boîte d'électronique, ça lui plaisait de se balader tout le temps en ville et de trimbaler des paquets chez toute sorte de gens. Elle était très pauvre. Elle n'avait que deux pantalons, un tee-shirt, une veste de l'armée, une de ces vestes de protection antinucléaire qu'un soldat avait dû jeter. Une paire de chaussures de tennis et des cheveux très longs, raides, en guise de parapluie pour l'hiver... Je lui ai acheté des bottes, des vêtements, des bijoux, du maquillage. Elle dormait chez des copains, là où elle pouvait, insouciante. Son père ne s'était jamais occupé d'elle. Elle avait eu autant de baby-sitters qu'il avait eu de maîtresses... C'était un papillon insouciant de l'avenir, c'est ça qui m'a attiré. Elle ne possédait rien et elle était heureuse !

Craig et l'armée n'ont jamais réellement fait bon ménage. Il est trop indépendant. Lorsqu'il quitte son service, en 1983, il promet à Vera de revenir. Tous les G.I's le disent, et personne ne les croit puisqu'ils ne reviennent jamais. Mais Craig fait ce qu'il faut pour ne pas être comme les autres. Il travaille pendant deux mois afin de payer son voyage pour Francfort et il revient avec un billet d'avion aller-retour valable un an ; sage précaution pour un jeune Américain qui part à l'aventure en Europe.

Les deux amoureux reprennent le fil de leur histoire là où elle s'est arrêtée. Ils passent la plus grande partie de l'année suivante à se balader en auto-stop, sans but ni emploi du temps précis, suivant le bon vouloir de Vera. Elle dit : « On va en Espagne, aujourd'hui! », et ils y vont.

Un matin de bonne heure, Vera réveille Craig d'un coup de coude, saute à califourchon sur sa poitrine. Ronchon, il marmonne :

– Qu'est-ce que tu veux ?

Elle lui donne une bonne claque pour le réveiller complètement, car ce qu'elle a à dire est important :

– On va se marier.

– Comme ça, tout de suite ? T'es folle ?

– Non, on y va! Allez!

Craig médite cette idée pendant un moment :

– Tu viendrais avec moi aux États-Unis ?

Il est fatigué de cette vie de vagabondage et a la nostalgie du pays. Et puis, un jour ou l'autre, il faudra bien dire adieu à l'aventure, aux fêtes, à l'Europe, et travailler. Devenir adulte.

– D'accord!

Elle rêve depuis si longtemps d'aller aux États-Unis, ce merveilleux pays de consommation. Évidemment qu'elle est d'accord!

Craig et Vera gagnent le Danemark en auto-stop, et se marient devant un juge de paix. Leur nuit de noces se passe dans un vieux moulin à vent abandonné; la vie aventureuse et gaie continue.

À leur retour en Allemagne, Vera n'arrive pas à couper les ponts avec son pays, ses amis, son père, la vie de bohème. Elle remet toujours le départ au lendemain. Il faut du temps et de l'argent pour obtenir ses papiers, pour les faire traduire en vue de l'immigration, ça coûte cher... Craig y met ses dernières économies et finalement, à la limite de l'expiration de la date de son billet de retour, Vera fait avec lui le grand saut vers l'Amérique.

À Muskegon, une ville presque aussi grande que Fulda, le mariage prend vite mauvaise tournure. Pourtant, au début, Vera s'efforce de devenir une épouse convenable, une maîtresse de maison accomplie. Chaque matin, elle prépare elle-même le déjeuner de Craig, qui travaille dans un bowling voisin. Mais très vite, elle ne peut résister à l'attrait des bars de nuit de Muskegon. Puisque Craig s'est transformé en travailleur acharné, qu'il ne peut plus faire la fête avec elle, elle en trouvera d'autres !

Elle s'est parfaitement adaptée aux États-Unis, américanisée comme ça, en claquant des doigts. Elle a perdu toute trace de son accent, ses nouvelles relations sont convaincues qu'elle est née aux États-Unis. Mais elle refuse de devenir citoyenne américaine.

— Je suis allemande et je serai toujours allemande.

En dépit des hauts et des bas que vit le couple, en 1984 Vera est enceinte de leur première fille. Craig est enchanté, il espère que le bébé va les rapprocher, mais sa femme se sent tout à coup coincée, prisonnière. Elle a été élevée en petit animal libre, mais sans présence maternelle, et la conception du noyau familial lui est tout simplement étrangère.

— Il vaudrait mieux ne pas garder le bébé...

— Ah non ! c'est notre bébé, moi je l'aime déjà !

Alors, une fois encore, Vera essaie de faire de son mieux. Elle arrête de fumer et de boire, surveille son régime, et prend bien ses vitamines. Stephanie naît en avril 1985, mais Craig désespère de consolider sa famille. Il aime tendrement Vera, il ferait n'importe quoi pour la rendre heureuse, pour l'aider à se stabiliser, à devenir adulte. Il n'y arrive pas.

Stephanie a trois semaines lorsque Vera décide :

— On va voir mon père, quinze jours de vacances. J'ai le mal du pays...

Dès sa première nuit à Fulda, Vera retrouve avec un automatisme déconcertant toutes ses mauvaises habitudes. Elle sort seule, rentre à trois heures du matin, abrutie d'alcool. Craig est gêné ; il a convié ses parents à ce voyage et ce qui ne le choquait pas lorsqu'il était jeune célibataire à l'armée le met mal à l'aise maintenant qu'il est marié et père de famille. Au lieu d'accepter ses conseils et ses remontrances, Vera s'en moque :

— Je ne fais rien de mal, je m'amuse ! Tu deviens triste comme un bonnet de nuit !

— Tu bois trop, tu t'en rends compte ? Et Stephanie, qui s'en occupe ?

— Puisque tu le fais !

De retour aux États-Unis, Craig et Vera prennent un modeste acompte sur la version immobilière du rêve américain : une petite maison au toit en tuiles bleues, dans une rue animée de Muskegon.

Craig est fier de posséder enfin un endroit bien à eux, mais Vera n'est à la maison que par épisodes. Elle sort la nuit, deux ou trois fois par semaine, et réduit à peine le rythme de ses virées nocturnes lorsqu'elle est enceinte pour la deuxième fois, au début de 1987.

Cette fois, il n'est même plus question de prendre des précautions avant la naissance du bébé ; les vitamines sont remplacées par le rhum-Coca. Craig est condamné à attendre à la porte d'entrée jusqu'au matin, maudissant l'arrivée de l'aube, lorsque sa femme rentre enfin à la maison pour « voir » Stephanie quelques minutes et s'écrouler sur le canapé du salon.

C'est Craig qui pouponne, baigne l'enfant, fait les courses, donne à manger. Et, bien entendu, il est régulièrement en retard à son travail. Le résultat est qu'il se fait renvoyer de tous les emplois qu'il trouve.

— Écoute-moi, Vera! Si ça continue je vais te quitter. Je n'y arrive plus! Je perds mes boulots, j'attrape des ulcères. Tu ne vas pas faire la fête toute ta vie! Tu es enceinte!

— Tu ne penses qu'à bosser et à gagner du fric...

Après la naissance d'une deuxième petite fille, Samantha, Craig ne voit presque plus sa femme. Il rentre à peine de son travail par une porte qu'il en entend claquer une autre. C'est l'heure d'aller faire la fête pour Vera. Craig, lui, continue de baigner les enfants, leur fait à dîner et va se coucher, seul. Le lendemain, il prépare le petit déjeuner de Stephanie, le biberon de Samantha, réveille une Vera bouffie d'alcool, avant de partir travailler.

— Quand même, tu pourrais t'occuper des enfants...

— On n'a qu'à engager une baby-sitter.

— À quelle heure tu es rentrée?

— Pas tard...

— Tu as bu?

— À peine.

Le plus dur, c'est lorsque Vera, rentrée à l'aube, s'endort à côté de lui d'un sommeil agité en murmurant : « Arrête, Dave! » ou bien « Pete, ne fais pas ça! » Il en a l'estomac noué à vomir.

Fatigué d'être pris pour un imbécile, il invente un système de surveillance diabolique :

— En fait, j'ai une âme d'enquêteur, ça doit

venir de mon père. Je voulais avoir la preuve qu'elle me mentait, alors, j'ai accroché au-dessus de la porte un réveil électrique lumineux et j'ai mis du ruban noir adhésif pour qu'elle ne voie pas la lumière des aiguilles dans l'obscurité. J'ai fait descendre le fil électrique le long de la porte, sur le côté, je l'ai raccordé à une rallonge, à peine enfoncée, de manière à ce qu'elle se détache quand Vera ouvrait la porte, en rentrant, la nuit. Le matin je me levais, en général elle dormait sur le canapé du salon, je la réveillais : « À quelle heure t'es rentrée ? » Et elle : « Oh ! je sais pas, à quelle heure tu t'es couché, toi ? » « À dix heures et demie », « Alors, je me suis couchée à onze heures, onze heures moins dix, par là... », « Non, il était quatre heures trente-sept exactement ! » Ça, ça l'épatait complètement. Elle n'a jamais trouvé comment je faisais. Je n'avais qu'à soulever la bande adhésive du réveil, les aiguilles indiquaient l'heure exacte à laquelle elle avait ouvert la porte d'entrée.

Il est malin, Craig, mais encore trop bon, car la situation ne fait qu'empirer. Non seulement il a la certitude que Vera le trompe, qu'elle boit, mais les choses vont devenir plus graves.

Lors de leur premier séjour à Fulda, Vera avait fait un peu peur à Craig en disant : « Je vais rester ici » ; mais elle avait ajouté aussitôt : « Mais non, c'est une blague. » Après la naissance de Samantha, Craig et Vera font un deuxième voyage à Fulda. Pour ces nouvelles vacances, Vera en rajoute : « Je vais rester, cette fois, ça c'est sûr, je vais rester. » « Il n'en est pas question, tu as deux enfants, Stephanie va aller à la maternelle, on rentre ! » Il faut pratiquement la traîner jusqu'à l'avion du retour.

En novembre 1987, Craig fait un ultime effort pour sauver son union du naufrage : une soirée en ville, musique, danse et champagne. Ils passent ensemble un très bon moment, mais une fois de retour à la maison, Vera le plante là pour retourner dans son bar favori.

– Ça ne te suffit pas ?

– J'appelle pas ça une bringue !

Le lendemain matin, en allant travailler, Craig se trouve nez à nez avec le dernier petit ami en date de Vera. Il se fâche – qui ne se fâcherait pas ? – mais c'est elle qui demande aussitôt le divorce.

Elle se débrouille très bien pour que Craig lui laisse la maison, les meubles, paie la pension des enfants... elle récupère tout. Craig n'a plus qu'à aller camper chez un copain, dans un studio minable. Il résume avec flegme sa situation d'alors :

– Je ne savais pas ce que c'était qu'un divorce, j'ai tout fait de travers. D'abord, l'avocat m'a conseillé de demander la garde des enfants, étant donné le passé de Vera et son présent cahotique... Seulement voilà, j'ai été élevé à l'ancienne, pour moi, c'est la mère qui élève les bébés. Et je me disais aussi : « C'est peut-être moi le problème, elle ne m'aime plus, si je m'en vais, elle va se calmer. Une mère est une mère, elle s'occupera sûrement des filles mieux que moi. » J'ai dit ça à l'avocat, qui m'a répondu : « D'accord, mais surveillez-la de près : si elle se comporte mal et que vous en avez les preuves, nous obtiendrons la garde. »

Craig organise une surveillance de la maison, vingt-quatre heures sur vingt-quatre, par rotation avec les membres de sa famille. Tout le monde s'y met.

– Ma mère réglait son réveil pour deux heures du matin, mon père pour quatre heures et un ami, le chef de la police de Muskegon, vérifiait toutes les plaques d'immatriculation des voitures des visiteurs de Vera. Là, je m'aperçois que non seulement les bringues ne s'arrêtent pas, mais que l'affreux petit copain qu'elle a déniché rentre et sort de la maison comme il veut, qu'ils se bagarrent tous les jours et que les gosses assistent à tout! Stephanie, qui a trois ans à ce moment-là, me raconte ça tous les weekends. « Maman, elle se bagarre toujours avec Dave! La police est venue. »

Si la police est venue, c'est que Vera a tout simplement tiré un coup de feu sur son amant! Avec le revolver de Craig, qu'il avait caché au fond d'une valise et qu'elle lui a volé.

Fou furieux, Craig fonce chez Vera. Il y a un trou de la taille d'un poing dans le mur d'une boiserie! Là, il décide de prendre les choses en main.

Au printemps 1988, il obtient par son avocat l'interdiction pour ce Dave de venir chez Vera et, pour Vera, l'interdiction d'emmener ses enfants hors des États-Unis. Elle jure qu'elle ne recommencera pas, qu'elle va changer, ne plus boire, s'occuper des filles au lieu d'employer une baby-sitter la journée, pendant qu'elle cuve sa nuit. Mais elle ne change pas. Durant l'été et l'automne 1988, la police locale est appelée plus de dix fois chez Vera, la plupart du temps après une bagarre entre elle et son amant.

Grâce au chef de la police, Craig fait une enquête sur Dave. 1,85 mètre plein de whisky la plupart du temps, une vilaine balafre sur la joue, une autre à la poitrine, qu'il montre comme un trophée en se baladant torse nu. Il traîne dans les boîtes de nuit mal famées, fréquente un dealer, se drogue à la cocaïne; Vera aussi, probablement.

Craig demande la garde officielle de ses filles. Les complications et les paperasseries commencent, pendant que les enfants vivent un enfer.

Une nuit, à trois heures du matin, la baby-sitter appelle la mère de Craig.

— Stephanie est en larmes. Elle m'a dit que ce type est entré dans la maison en cassant une vitre de la porte d'entrée, il lui a fait quelque chose, mais je ne sais pas quoi... C'était la nuit dernière...

Au matin, Craig va chercher Stephanie et la questionne :

— Raconte-moi, Steph. Qu'est-ce qu'il t'a fait ?

— Je veux plus le voir, papa, il est méchant!

— Il est méchant comment ? Dis-le à papa.

La petite fille fond en larmes. À trois ans, comment raconter la « méchanceté » d'un adulte ivre mort, qui cogne dans les portes, casse les vitres, et... ?

— Raconte, mon bébé...

— Il a cassé la fenêtre et il m'a fait mal, là!

Là, c'est entre les jambes.

Craig bondit d'horreur. Ce minable a osé! Il a touché à son bébé de trois ans? Il fonce à la police.

Il existe bien un rapport sur cette nouvelle dispute, mais qui ne mentionne rien de ce qu'a déclaré l'enfant. Personne ne le lui a demandé, bien sûr. Et la pauvre petite ne pouvait dire sa peur qu'à la baby-sitter, qu'elle connaît bien, et pour cause : c'est elle qui remplace sa mère.

Craig achète des barres de fer et des verrous,

qu'il place sur la porte, il change les clefs. Mais si Vera veut ouvrir à cette ordure, elle le peut toujours. Et elle le fait dès le lendemain. Quant à la police, faute de preuves, elle n'intervient pas.

— Si vous voulez qu'on intervienne, il faut emmener l'enfant chez un médecin, faire constater l'abus sexuel. S'il n'y a pas eu viol, ce sera très difficile.

— Mais qu'est-ce que je peux faire en attendant ? J'ai demandé la garde, ça traîne, on me répond sans arrêt que je dois attendre une convocation ! On a interdit à ce type d'entrer chez ma femme et elle lui ouvre la porte ! Je deviens fou !

Il y a de quoi devenir fou, en effet. Quant à faire examiner Stephanie par un médecin, Craig hésite. L'enfant fond en larmes dès qu'on l'interroge, un examen la traumatiserait encore davantage. Que faire pour sortir ses filles de cet enfer ?

Craig achète un fusil et attend Dave, planqué sur la banquette arrière de sa voiture. Puis il se dit : « Ça ne te mène nulle part. Tu vas le flinguer, te retrouver en prison, et les enfants resteront avec Vera... Calme-toi. Après tout, c'est un peu ta faute, il fallait prendre les enfants tout de suite, prouver qu'elle te faisait cocu, qu'elle buvait, qu'elle se droguait... »

Encore fallait-il le savoir... Craig a découvert l'ampleur du désastre après la demande de divorce.

L'urgence est de mettre physiquement les enfants à l'abri, et personne d'autre que lui ne peut le faire. Il va voir une assistante sociale qui lui répond :

— Vous n'avez pas la preuve de ces agressions. Votre demande ne sera pas recevable...

— Il faut que j'attende quoi ? Qu'il viole mes deux filles ? Qu'il les drogue ?

En novembre 1988, la police est appelée pour une nouvelle bagarre entre Vera et son amant. Cette fois, elle, ou lui, a appuyé à deux reprises sur la gâchette, mais a raté l'autre. Vera était ivre, Dave aussi; résultat : deux trous dans la porte de la chambre.

Le tribunal du comté ordonne le placement provisoire de Samantha et Stephanie chez leur père, pour la nuit. Vera promet de porter plainte contre son amant, promet de lui interdire l'accès de la maison, promet encore tout ce qu'on veut... et ses filles lui sont rendues le lendemain. Craig se sent complètement frustré, furieux et impuissant.

La police lui explique qu'il ne peut rien faire, le conseiller pour les enfants auprès du tribunal ne dit guère mieux :

– C'est vous l'homme, vous avez un travail à l'extérieur, vous habitez chez un copain... La mère vit dans la maison avec ses enfants, conformément aux dispositions du divorce. On ne va pas l'en expulser, elle, pour que vous vous y installiez! Il fallait voir ça au moment du divorce!

– Mais les enfants?

– Attendez que le tribunal statue sur le droit de garde...

Enfin, Craig est convoqué devant le juge, mais ce n'est pas pour la bonne cause :

– Votre ex-femme demande la restitution du passeport de Samantha. Elle désire emmener les deux enfants en Allemagne.

– Vous n'allez pas la laisser faire!

– Il s'agit de vacances. Deux semaines pour Noël. On ne peut pas refuser puisqu'elle a la garde!

– Écoutez, mon père était dans la police, j'ai des copains flics, je sais que des agents des narco-

292

tiques surveillent son amant, son dealer, et elle également! Elle s'est peut-être mis dans la tête de ne pas revenir aux États-Unis!

— Évidemment, c'est un risque, mais tant qu'il ne s'est rien passé, vous ne pouvez légalement rien faire. Et vous n'avez absolument aucune preuve pour avancer cet argument ou pour affirmer que votre ex-épouse emmène les enfants définitivement! Elle est venue ici volontairement. Vous êtes obligé de rendre le passeport de Samantha.

Cela dit sur un ton extrêmement désobligeant.

Craig est hors de lui. Alors le juge ajoute tout de même que si Vera dépasse son autorisation de deux semaines de voyage en Allemagne, le droit de garde des enfants reviendra automatiquement à Craig. Ce qui n'est qu'à moitié réconfortant.

Il expédie plus de trente lettres à son député, fait appel au service étranger du département d'État, la réponse est toujours la même : « Il n'y a aucune loi interdisant à Vera Hoffman de quitter le pays. »

De plus, à cette époque, l'Allemagne n'a pas encore signé la Convention Internationale de la Haye, ce qui aurait eu le mérite de garantir le retour des enfants, en cas de malheur. Vera emmène ses filles dans un pays où elle aura, du moins pour un temps, tous les droits sur elles. Tant que Craig n'en aura pas la garde aux États-Unis, il ne peut pas l'empêcher de partir avec Stephanie, trois ans, et Samantha, un an...

Deux semaines d'angoisse. Deux semaines à les savoir là-bas, en Allemagne, à la garde de Dieu sait qui, pendant qu'elle fait la bringue.

Or Vera revient à Muskegon, et dans les délais.

Le mercredi 28 décembre 1988, elle appelle Craig :

– On est rentrées, tout va bien. Mais ne viens pas chercher les filles aujourd'hui, elles ont un goûter d'anniversaire. Ça t'ennuierait d'attendre le week-end prochain?

Craig accepte à contrecœur. Quelque chose ne va pas, il le sent. Tout cela a l'air trop normal, le ton, le prétexte, alors que, chez Vera, rien n'est jamais normal. Alors il prend sa voiture et va surveiller la maison.

Effectivement, il y a une certaine agitation à l'intérieur. Lorsque le jour tombe, il voit s'allumer la chambre des petites filles, une ombre passer derrière le rideau... Il se dit que Vera les met au lit et qu'il s'est angoissé pour rien. Il repart.

Les deux jours suivants, personne ne répond à ses coups de téléphone. Mais la surveillance familiale organisée ne signale pas d'incidents.

Le samedi 31 décembre, la mère de Craig l'appelle, affolée.

– Je reviens de la maison, il y a de la neige fraîche sur le sol, mais aucune trace de pas ou de pneus de voiture! Tu ferais mieux d'aller voir...

En quelques minutes Craig est à la porte de derrière. Quelques secondes plus tard, il en force l'entrée.

Presque tout a disparu, le reste est saccagé. Des fils électriques pendent au plafond, à l'emplacement des ventilateurs. Les meubles de cuisine, la stéréo, la salle à manger que Craig a récemment achetée... tout est parti! Les quelques vieux meubles restants sont marqués de larges brûlures de cigarettes. Tout ce qui n'a pas été pris ou vendu est sens dessus dessous.

Sur le plancher de la chambre, jeté au milieu d'une pile de papiers, un assortiment d'accessoires de drogué, des cuillères sales, des seringues... La confirmation que Vera fait plus que toucher à la cocaïne de temps en temps...

Comme un fou, Craig fouille les débris de ce désastre, les poubelles, les tiroirs renversés, la corbeille à papiers... Il découvre un brouillon de lettre, deux lignes à l'encre bleue :

Craig, je veux que tu saches

Vera n'a pas terminé. Il y en a un autre, à l'encre rouge, même chose, deux lignes sans suite :

Craig, j'ai pris les filles

Et encore un autre, à l'encre verte! Enfin, il tombe sur le bon. Le résultat final du travail laborieux de Vera pour expliquer sa fuite, posé sur un tas d'ordures et pas chiffonné, celui-là.

Craig,

Tu ne sauras sûrement jamais comme je suis désolée que les choses se passent comme ça. Je vois bien que ta nouvelle façon de vivre est importante pour toi. Je dois penser aux enfants. C'est mieux comme ça. Si tu y réfléchis, il vaut mieux qu'elles ne te voient plus, et ta famille non plus. C'est trop compliqué pour elles. Rien ne marche comme ça devrait. Même si c'est d'abord ma faute, je crois que c'est ta famille qui a fait de toi un mari et un père différent. Tu ne devrais pas avoir de droits sur nous!

Alors voilà, tu vas faire ce que tu voulais, et moi je vais commencer une nouvelle vie, une meilleure vie.

C'est ça que je veux pour mes enfants. Elles ne

t'oublieront pas et tu pourras venir les voir. Tu es d'un côté, moi de l'autre. On aurait dû le savoir avant. Je ne veux faire de mal à personne, mais il n'y a pas d'autre moyen.

Après cela, trois mots rayés :

Nous serons toujours

Toujours quoi ? Pas de signature.

L'horrible réalité saute au visage de Craig : ses deux petites filles sont en route pour traverser l'Océan, peut-être même sont-elles déjà de l'autre côté.

Craig fait le tour du quartier, se renseigne auprès d'un vieux voisin qui traîne toujours un œil d'espion dans le quartier. En effet, le mercredi précédent, il a vu Vera et le « sale type » charger des affaires sur un camion, à la nuit. Le jeudi, ils ont rassemblé le reste dans une camionnette de location.

Craig s'accroche à un faible espoir, celui que Vera et son amant restent quelques jours encore dans les environs, le temps de s'organiser, avant de s'envoler pour l'Allemagne. Il demande un congé et se jure de retrouver la trace des enfants. Il dort à peine, surveille à la fois son ancienne maison et les quelques endroits fréquentés par Vera ou son amant. Il va de maison en maison toute la journée du 31 décembre et celle du 1er janvier 1989. Pas de trace des fugitifs.

Craig sait que l'un de ses vagues cousins est le meilleur copain de Dave. Il va le voir, les poings serrés :

— Écoute-moi bien, toi, si tu entends dire quelque chose sur Dave, n'importe quoi, tu me préviens. Moi et personne d'autre ! Et c'est sérieux! Je veux savoir le moindre détail. Ce type s'est barré avec ma femme et mes meubles, ça je m'en fiche, mais ce drogué minable a mes enfants! T'as compris?

Craig épluche aussi la note de téléphone de Vera dans l'espoir d'y trouver une piste. Vera est tout ce qu'on veut, mais pas idiote. Elle a brouillé sa trace par des centaines d'appels longue distance, du télé-achat au téléphone rose en passant par les cabines publiques. Craig vérifie neuf cents numéros en vingt-quatre heures. Il cherche les appels à répétition et en découvre quatorze pour un numéro à Colorado Springs.

Aussitôt, il engage un détective privé qui identifie le numéro comme appartenant à une épouse de G.I. que Vera avait connue à Fulda. Un contact sur place confirme que les fugitifs ont abandonné leur camionnette à Colorado Springs. Cela veut dire qu'ils vont peut-être prendre l'avion. Craig appelle l'aéroport local le 2 janvier, mort d'impatience. La nouvelle le foudroie: Vera, son amant, Stephanie et Samantha sont partis pour l'Allemagne la veille. Juste la veille...

Logiquement, ils ont dû se réfugier à Fulda, où Vera a ses anciens amis, ses repères. Mais où? Le soupçon de Craig se vérifie lorsqu'il apprend par le vague cousin qu'une lettre de Dave à sa mère porte le cachet de Fulda.

Pour le département d'État, localiser le lieu de résidence des enfants devrait être possible. Craig appelle dans la foulée son avocat, et l'avocat, le département d'État. La réponse est circonstanciée mais désespère Craig:

— Allez sur place, engagez un avocat allemand, faites la preuve de la vie dissolue de votre ex-femme. Après, il faudra attendre qu'un tribunal fixe une audience. Ça peut prendre trois ans.

Craig manque non seulement de patience et de finances, mais aussi d'espoir en la justice allemande pour accélérer les procédures. Le système américain a déjà bloqué chacune de ses requêtes pour la garde des enfants. Quelle chance a-t-il contre une mère allemande qui a l'avantage d'être dans *son* pays, avec *sa* justice ?

Deux semaines plus tard, le 13 janvier 1989, la garde temporaire des enfants est enfin accordée à Craig. Il est bien temps : il ne les a plus.

Trois mois durant, Craig est totalement coupé de ses filles. Aucune nouvelle, ni téléphone, ni courrier. C'est le pire moment de sa vie. Il panique, pleure sans pouvoir se retenir, passe des larmes à la colère froide. Impossible de manger, de dormir. L'obsession le ronge, il en parle à tout le monde et personne ne peut l'aider. Quant à ceux qui auraient pu, ils ne le veulent pas.

Craig est coincé de tous côtés. Il paye la location de son appartement plus les remboursements du crédit de la maison, pour éviter la saisie. Il présente une requête pour réemménager dans cette maison, mais le tribunal la rejette. Motif : il a signé devant notaire l'abandon de son droit de propriété au moment du divorce, et Vera détient le titre officiel de propriété. C'est à devenir fou !

Craig n'a pas le droit de dormir dans la maison dont il paye les traites, alors il y pénètre en douce, erre dans les pièces à la recherche de souvenirs, l'heure du bain, les petits déjeuners, mille petites choses enfantines. Il ne touche à rien, laisse les objets tels qu'il les a trouvés, en désordre, et rêve que Vera reviendra un jour chercher quelque chose qu'elle aura oublié.

Il sait bien que cela n'a aucun sens, mais au moins il se donne l'impression d'agir et il en a besoin pour garder espoir dans le retour des enfants.

Quand il n'arrive pas à se décider à quitter la maison, il reste assis en haut de l'escalier, sur le palier de la chambre des filles, toute la nuit, comme un zombie, à fumer des cigarettes.

Les parents de Craig, ne supportant plus l'état de leur fils, décident de tenter autre chose : engager des mercenaires pour enlever les filles et les ramener aux États-Unis. Ils écrivent à tous les commandos susceptibles de jouer les soldats de fortune. Les réponses ne sont pas encourageantes. En fait, personne n'a envie de se hasarder dans cette Allemagne de l'Ouest aux frontières bien surveillées, et cela quel qu'en soit le prix. La seule réponse positive vient d'un prétendu professionnel, qui se surnomme lui-même *Fat Man*, le Gros! Lorsque Craig le joint au téléphone, *Fat Man* lui répond d'une voix grasse :

— Je le fais pour 10 000 dollars payés d'avance, plus les avions, l'hôtel, la nourriture, la voiture... Vous venez avec moi. Vous l'assommez, vous faites ce que vous pouvez... Moi, j'attends dans la voiture et je vous conduis avec les enfants jusqu'à la frontière. Mais ça s'arrête là.

Joli programme! Craig refuse l'affaire :

— C'est quoi votre plan, au juste? Une course de taxi à 15 000 dollars?

Sa rage et son sentiment d'impuissance sont tels qu'il se répète tous les matins : « Je vais y aller! Je vais y aller! Je vais bien trouver où elle se cache et après... »

Après, quoi? Kidnapper les enfants tout seul? Passer la frontière en fraude? À plat ventre?

299

En avril 1988, Craig appelle le frère de Vera en Allemagne. Il le connaît assez bien, l'homme est sympathique, mais la conversation est difficile :

— Dis-moi où est Vera...

— Écoute, les enfants vont bien, c'est tout ce que je peux te dire...

— Tu as des gosses, tu peux comprendre...

— J'ai promis à Vera de ne rien dire.

— Mais tu la connais, tu sais comment elle vit, je me fais du souci pour les gosses... Dis-lui au moins de m'appeler... C'est pas trop demander ?

— D'accord, mais je ne te promets rien...

Une heure plus tard, Vera téléphone. Le message est concis :

— On va bien. On vivra ici le reste de nos vies, et tu n'y peux rien.

Craig tente la douceur :

— Du moment que vous êtes heureuses et que tout va bien...

Ensuite, il parle avec ses petites filles, une minute à peine. Le souffle coupé par l'émotion, il perçoit l'angoisse dans la voix de Stephanie :

— Papa, tu viens nous chercher quand ? On n'aime pas ici...

— Je suis désolé, ma chérie, je ne peux pas venir vous chercher.

Il sait que Vera écoute. Il sait qu'il ne doit pas prendre le risque de laisser deviner son intention : enlever lui-même les enfants. Mais ce dégoût de Stephanie... Si seulement Craig pouvait mettre la main sur Dave, l'immonde...

Il lui faudrait de l'aide pour organiser lui-même un commando. Son frère voudrait bien en faire partie, mais Vera le connaît... En revanche, elle ne connaît pas Frank. Et ce jour-là, Frank, à plat ventre sous sa vieille voiture, dans son garage, en train de bricoler un carburateur, entend Craig, accroché au téléphone mural, répéter pour la énième fois à son père :

— Il faut les récupérer, papa. Elle est partie avec ce type, il dort chez elle, j'ai peur... Trouve une idée...

Alors Frank sort de dessous sa voiture :

— Pourquoi tu vas pas les chercher toi-même ? Tu tournes comme un fauve depuis des mois... Vas-y, assomme-la et ramène les gosses !

— Je ne peux pas, tout seul, je vais me faire repérer.

— O.K.! je viens avec toi.

— C'est dangereux...

— Mais c'est pour la bonne cause ! Je ferais pas ce genre de truc autrement. Je suis pas le gars qui saute d'un pont au bout d'un élastique, juste pour voir comment ça fait... Mais des gosses...

L'accord est scellé. Les parents de Craig fourniront le pécule nécessaire à l'entreprise. Reste à localiser Vera.

Il y a un dieu pour les désespérés. Le vague cousin chargé de surveiller le domicile de Dave et celui de ses parents apporte enfin des nouvelles :

— Je suppose que Dave en a marre de ce bled en Allemagne, sa mère dit qu'il revient à Muskegon !

— Quand ? Comment ?

— Demain, par avion.

Une lueur de meurtre dans les yeux, Craig se frotte les mains.

— Eh! Tu vas pas faire l'imbécile ?

— T'en fais pas pour ton copain... J'ai une meilleure idée pour lui. Et boucle-la !

Dès le lendemain, Craig appelle Dave au téléphone :

301

— Il faut qu'on se voie aujourd'hui. Bouge pas, j'arrive.

Dès qu'il repère Craig, Dave sort sur le pas de sa porte, une bouteille de whisky dans une main, un verre dans l'autre. Il a l'air saoul mais il pourrait intimider n'importe qui, sauf Craig, qui n'a plus rien à perdre et s'approche résolument du sale type. Dépoitraillé, le visage et le torse couturés de cicatrices, trophées de bagarres au couteau dans les bars du coin, Dave s'apprête à provoquer Craig, qui garde son calme :

— Écoute bien ! Je ne vais pas porter plainte contre toi, je pourrais le faire et on t'embarquerait pour un moment. Je ne vais pas te tuer non plus, même si c'est pas l'envie qui m'en manque... Mais à une condition, une seule : tu vas tout me dire. Je veux savoir où habite Vera, quelle rue, quel immeuble, quel étage, le plan de la chambre des enfants, le plan de l'appartement. Je veux les noms de tous les bars qu'elle fréquente, les heures où elle sort, qui est avec elle... J'ai quarante et une questions sur ce papier, tu vas y répondre maintenant !

— Sinon ?

— Je te flingue. Et si ce n'est pas moi qui le fais, ce sera mon frère, il en meurt d'envie... Il est là-bas, dans la voiture, tu vois ? Quant au chef de la police, tu l'intéresses beaucoup, c'est un copain de mon père... Vu ?

C'est vu. Convaincu, Dave coopère.

Craig a ses réponses, mais n'en est guère content. D'après Dave, Vera reste dans l'appartement presque en permanence, souvent avec plusieurs amis, sauf lorsqu'elle va faire la bringue le week-end en laissant les enfants chez son père.

Avec Frank, Craig mijote divers scénarios,

pendant des jours. Si quelqu'un était tué pendant l'enlèvement – Vera, en l'occurrence – ils passeraient tous les deux sur la chaise électrique. En admettant que le kidnapping lui-même se passe en douceur, s'ils ne parviennent pas à franchir la frontière d'Allemagne de l'Ouest, c'est la prison à vie.

À présent, le complot est devenu très sérieux. Craig commence par une touche légère en direction du consulat américain d'Amsterdam, destination de leur fuite. Il explique sa situation à une fonctionnaire :

– Vous pourrez m'établir de nouveaux passeports pour mes filles, au consulat des Pays-Bas ?

– Monsieur, nous ne nous occupons pas des disputes pour le droit de garde des enfants, mais si vous avez des papiers justifiant ce droit de garde, avec les certificats de naissance et les cartes de Sécurité sociale de vos filles, nous vous délivrerons des passeports. Mais comment comptez-vous traverser la frontière allemande sans papiers pour les enfants ?

– Je ne peux pas vous le dire.

– Je vous conseille de ne pas essayer. Personne n'a jamais réussi.

Sans se décourager, Craig et Frank préparent leurs déguisements. Nom de code pour Frank : Brad Madison. Il s'habillera d'un treillis, se coiffera les cheveux en brosse : c'est le meilleur costume pour se fondre dans l'entourage de Vera, friande de G.I's. Il sera G.I. en permission, des dollars plein les poches. La nouvelle identité de Craig : Bob Servo. Lui a choisi le style mexicain, vêtements amples et lunettes de soleil. Le fait d'être en civil lui donnera la possibilité de s'ins-

303

taller dans un hôtel de Fulda sans éveiller les soupçons. Il teint ses cheveux et sa moustache en noir corbeau.

Le 30 avril 1988, Frank et Craig arrivent à Amsterdam et montent dans un train pour Francfort. Craig a préféré ne pas prendre de vol direct pour l'Allemagne.

D'après les « confidences » de Dave, le père de Vera a averti le service d'immigration afin d'empêcher Craig de sortir du pays avec les enfants. Il est donc signalé, son passeport aussi. Le train est plus sûr, mais il y aura tout de même un contrôle de chaque côté de la frontière. Si les douaniers vérifient le numéro de passeport de Craig par ordinateur... l'aventure est à l'eau. Pour l'éviter, Craig tient son passeport en évidence entre ses mains et feint de dormir, dans le train. La ruse fonctionne au premier poste frontière. Frank dit aux douaniers :

– Il dort. On n'a pas dormi depuis vingt-huit heures, il est crevé.

Mais au poste suivant, d'autres douaniers se présentent. Les paumes des mains moites, faisant toujours semblant de dormir, Craig les entend arriver. Un des douaniers le pousse du coude à deux reprises. Frank grogne :

– Laissez-le roupiller ! Vos copains l'ont déjà examiné, son passeport, vous voulez le voir combien de fois ?

Et là, miracle ! deux vieilles dames en train de jouer aux cartes sur la banquette d'en face s'énervent à leur tour :

– Laissez-le donc dormir, il est épuisé. C'est un scandale de réveiller les gens tout le temps, comme ça ! Il a son passeport, on l'a déjà vérifié tout à l'heure ! Non mais des fois...

Craig est sauvé.

Ils passent la nuit à Francfort. Craig en profite pour reteinter soigneusement ses cheveux, puis ils louent une Peugeot pour gagner Fulda.

Là, il s'agit de trouver une chambre dans une pension pas chère mais acceptable. Ce qui n'est pas une mince affaire à Fulda, où les G.I's sont considérés comme une bande de démolisseurs. La chambre est minuscule, le lavabo aussi. Rien d'autre, à l'exception d'une table et d'une chaise en bois.

Ils prennent un taxi pour se rendre à l'adresse de Vera, sur la Berthold Strasse, et se faire une idée de la configuration des lieux. En revenant à l'hôtel, ils passent en repérage devant le *Green Goose*, la nouvelle boîte de prédilection de Vera, qui fait la fête de plus belle et reçoit beaucoup chez elle.

Craig expédie Frank faire des achats un peu particuliers, au cas où ils rencontreraient une résistance au moment délicat : deux couteaux à cran d'arrêt, une grosse massue en bois, trente mètres de corde et plusieurs rouleaux de ruban adhésif. Frank soupèse le bois, que Craig a enveloppé de chiffons bien épais.

— Tu veux l'assommer avec ça ?

— Si c'est nécessaire, oui. Elle n'en mourra pas. Dave lui a cogné dessus plus fort que je pourrais le faire.

Le deuxième jour, Frank et Craig partent en voyage de reconnaissance jusqu'à la frontière des Pays-Bas, environ quatre heures par l'autoroute, sans limitation de vitesse. Leur but est de découvrir un passage non gardé. Mais les possibilités se réduisent comme peau de chagrin au fur et à mesure que le jour avance. Ils laissent la voiture pour marcher à travers bois, suivre des voies de chemin de fer, mais les pistes se terminent toujours en cul-de-sac. Il y a des gardes partout, à moto, à cheval ou à pied.

Finalement ils prennent un jeune auto-stoppeur, du genre aventureux. Craig engage avec franchise la conversation :

— Qu'est-ce que tu ferais dans ce bled pour passer quelques trucs illégaux, tu vois le genre...

— C'est cool, pas de problème. À dix kilomètres d'ici, il y a un poste, il n'est gardé que douze heures par jour.

— De quelle heure à quelle heure ?

— Ça, tu peux pas le savoir à l'avance...

Craig et Frank repèrent l'endroit. Il est surveillé, mais ils tentent le coup, pour voir. Ils passent tout simplement en faisant un signe de la main à un douanier, installé dans une guérite minuscule au bord d'une route caillouteuse à deux voies. Le garde leur répond d'un signe de la main.

Très émus, Frank et Craig reproduisent soigneusement la route sur leur carte. Finalement, l'affaire ne se présente pas trop mal.

Le troisième jour à Fulda, un vendredi, est le jour J. La veille, Craig et Frank ont soigneusement étudié la carte, envisagé tous les scénarios, y compris le pire et, à sept heures du soir, les voilà partis en direction du *Green Goose*. Craig conduit et se planque à un coin de rue; Frank va faire un tour à l'intérieur. Il porte une parka de nylon rouge, pour que Craig puisse le repérer à la sortie, s'il a la chance de trouver Vera. Les yeux rivés sur la porte de la boîte de nuit, Craig entame sa surveillance solitaire.

Ils ont mis au point deux plans. Le plan A tient compte de la passion de Vera pour les G.I.'s et pour l'alcool. Frank a dans sa poche deux capsules de Tylox, un sédatif. Le père de Frank, qui souffre de violentes crises d'arthrite, l'utilise contre la douleur. Avant de quitter les États-Unis, ils se sont renseignés auprès d'un ami pharmacien.

– Combien faut-il de comprimés pour être K.O. ?

– Combien pèse-t-elle ?

– Cinquante kilos, cinquante-cinq au maximum...

– Avec l'alcool et deux capsules, elle va dormir un moment...

– Elle ne risque rien ?

– Une bonne nuit de sommeil ne fait de mal à personne !

Tout semble normal au *Green Goose*, ce soir-là. De la musique, des G.I's, de la bière. Vera fait son entrée à huit heures. Frank la détaille un instant, il a tant étudié les photographies qu'il ne peut pas se tromper. Cheveux châtains, raides, yeux verts, air déluré, petit gabarit. Il l'aborde en sortant ostensiblement de sa poche un paquet de dollars et engage la conversation :

– Salut, moi c'est Brad. Je peux vous offrir un verre ?

– Salut, moi c'est Vera. Un brandy-Coca.

« Ça marche », exulte Frank, tandis que Craig se morfond dans sa voiture en murmurant : « Pourvu que ça marche, pourvu que ça marche... »

Au bout d'une heure et de nombreux brandy-Coca, Frank sort les capsules de sa poche. Le Tylox a été dissimulé dans des gélules qui ressemblent aux amphétamines utilisées par les junkies, sans marque reconnaissable, façon dealer professionnel.

307

– Tu vois ça ? C'est super, même effet que la coke...

– La coke, c'est rare en Allemagne...

Vera avale goulûment les gélules et reprend un verre, puis un autre. Le brandy-Coca ne semble pas lui faire beaucoup d'effet, les gélules non plus...

Frank commence à paniquer. Il avale ce qu'il peut mais ne tient pas le coup comme Vera. Une si petite bonne femme... elle en est à son vingtième verre ! Et ce n'est pas fini !

Frank et Vera quittent le *Green Goose* à pied et continuent leur virée dans plusieurs bars. Vingt-huit brandy-Coca plus tard, Vera est toujours debout ! Avec, peut-être, une légère oscillation du corps, mais toujours consciente. Et Frank, pas très frais bien qu'il se contente de Coca pour demeurer vigilant, se dit une fois de plus que cette petite nature est plus dure qu'une poignée de clous...

À l'aube, Frank est encore à la suite de Vera, en compagnie de trois autres Américains, deux Allemands et deux Allemandes. Il devient évident que le deux-pièces sur la Berthold Strasse va servir de refuge à la petite troupe. La fête va continuer, à l'aide de cinq caisses de bière, toute la journée du samedi et une partie du dimanche, devant les enfants, jusqu'à ce qu'enfin Vera sombre dans un sommeil bien-heureux.

Pendant ce temps, Craig est hors de lui. Il a perdu la trace de Frank et de Vera, ou il ne les a pas vus sortir, ou Frank a oublié d'enfiler sa parka rouge, bref il est tout seul, sans informations, depuis quarante-huit heures. Il est passé devant l'appartement, n'a rien vu, n'a pas osé rester en planque sur place et il est dans la chambre de cet hôtel minable à faire les cent pas en broyant du noir, trop énervé pour dormir. Qu'est-ce qui se passe ? Frank s'est bagarré avec un G.I., il est en taule... Ou alors il est parti avec elle, il a tout raconté, ou elle l'a si bien embobiné qu'il s'est mis de son côté... Craig se dit qu'après tout il le connaît sans le connaître, ce copain...

Dimanche, à six heures du soir, Craig a épuisé toutes ses réserves de patience. Il a laissé des mots à Frank dans la chambre chaque fois qu'il allait prendre une douche, boire un café, ou faire le tour du pâté de maisons devant chez Vera.

Brad,

Si tu es toujours vivant et que tu trouves ce mot, je suis garé devant le numéro 6. Si tu y vas et que je n'y suis pas, que tu ne me trouves nulle part dans le coin, ça voudra dire que je roule devant chez V. Je reviens dans quelques minutes. J'ai vachement la trouille, ne fais rien avant qu'on en ait parlé avant. Rappelle-toi ce qu'on a dit. Je ne sais plus où j'en suis. Je ne sais pas ce qui se passe. Dieu nous aide.

Bob.

Un autre mot pour ses parents.

Il est 7 heures 35 du soir, je n'ai pas vu Brad depuis presque deux jours. J'ai peur que le pire soit arrivé. J'ai écouté les nouvelles à la radio, mais je n'ai rien entendu sur un Américain qu'on aurait tué. Si je n'ai pas de nouvelles demain, j'irai chez V. chercher mes enfants, d'une façon ou d'une autre. Si je ne reviens pas, dites à Nita que je l'aime, et envoyez quelqu'un ici faire la peau de cette maudite sorcière allemande. Dieu vous bénisse.

Craig.

Craig-Bob, le troisième jour, n'en pouvant plus, planque une journée devant la maison de son ex-femme. Il ne voit entrer ou sortir personne. Il n'aperçoit que des ombres à une fenêtre, dont la silhouette de Frank-Brad. Persuadé qu'il est doublé d'une manière ou d'une autre, à bout de nerfs, il fonce et sonne à la porte, en bas de l'immeuble. Il attend, le cœur battant, serrant d'une main la massue de bois, de l'autre un sac de gym contenant la corde et du ruban adhésif. Il est prêt à assommer froidement Vera, ou quiconque sur son chemin. Il veut sortir ses enfants de ce bouge !

Un des fêtards allemands se penche à la fenêtre et bredouille :

— Qui c'est ?

— Bob Servo. Il est là, Brad Madison ?

Frank jette un coup d'œil à l'extérieur, bondit et dégringole les étages, en trois bonds. Un par étage. Il ouvre la porte en grand, furieux :

— T'es malade ? Qu'est-ce que tu fous là ?

— Je viens te tuer à coups de gourdin. Où t'étais passé ?

— Tu devais attendre mon signal ! Fous le camp, vite, tu vas tout faire rater... Je la tiens, elle m'a même refilé les clefs de l'appartement. Ça marche, elle veut que je revienne ce soir... Fais pas l'andouille, file, elle est là-haut !

— Mais, bon sang ! tu pouvais me faire signe !

— On n'a pas dessoûlé depuis deux jours, tu te rends pas compte ! Il y a du monde ici, j'arrive pas à être seul avec elle deux minutes !

— Les gosses ?

— Ça va, tout va bien. File! je te retrouve à l'hôtel tout à l'heure.

À moitié calmé, Craig repart. Frank arrive enfin, essoufflé, la mine verte.

— J'ai fait un sprint pour venir. Je peux pas lui dire que j'ai une voiture, j'ai promis de lui en offrir une pour l'appâter...

— Tu dors avec elle?

— Eh... arrête! Pour elle je ne suis qu'un G.I. comme un autre, les poches bourrées de dollars, c'est tout.

— Raconte-moi... les enfants?

— Elles traînent au milieu. Vera leur laisse à manger des tartines sur une table. Drôle de mère. « T'as faim? Tiens, voilà de la viande. » « T'as soif? Tiens, voilà du lait. » « T'as sommeil? Va te coucher. » Comme à des petits chiens. Le strict nécessaire et rien d'autre. Elle a reçu le papier qui lui retire la garde des enfants en Amérique, elle déprime, elle boit encore plus... Ça va aller, calme-toi! Le problème, c'est qu'il y a du monde tout le temps! Je n'ai pu sortir que deux fois pour aller chercher de la bière et du champagne.

— Qu'est-ce qui n'a pas marché, avec les capsules?

— Elle est droguée jusqu'aux yeux... Ça lui a pas fait plus d'effet qu'un verre d'eau...

Leurs valises étant aussi légères que possible, Frank ne peut qu'échanger sa chemise fripée contre celle de Craig, pour donner à Vera l'illusion d'une garde-robe normale. Il s'engage à mieux garder le contact les jours suivants et tous deux combinent un nouveau plan.

Ils n'avaient pas prévu que Vera ne serait jamais seule. Ses compagnons de bringue sont installés pour la semaine et ne sortent que l'un

311

après l'autre pour reconstituer leur stock d'alcool. Ils sont deux, plus Frank. Mais Frank semble avoir la préférence : il a les clefs.

– Dès que tu es seul avec les filles, tu m'appelles, je vais me mettre en planque dans le petit café grec, au coin de la rue. Tu dis : « Passez-moi Bob tout de suite », je comprendrai. Combien il te faut ?

– 200 dollars, ça devrait aller...

Une semaine passe encore, durant laquelle les allées et venues de Frank, de chez Vera à l'hôtel, sont rythmées par les petits mots angoissés de Craig.

Brad,

Je suis dans l'entrée, attends-moi, je prends une douche.

Bob.

Brad,

Si tu reviens, je suis déjà chez le Grec.

Brad,

Je vais chez le Grec jusqu'à la fermeture. Je ne t'ai vu nulle part hier, pas de lumière, pas de bruit. Il est cinq heures du matin, où es-tu ? Si tu viens, reste ici ! J'ai peur, sans blague.

Brad,

Je deviens fou à regarder ce lavabo toute la nuit. T'as perdu les pédales, ou quoi ?

Et lorsque Frank, essoufflé de son footing, arrive à croiser Craig à l'hôtel, il est assommé de questions.

312

— Alors, ils sont partis ?

— Pas encore, mais je crois que ça se dessine...

— Les filles, tu leur parles ?

— Un peu, mais pas trop. Elle ne s'en occupe pas, mais elle a toujours l'œil sur elles, comme si elle craignait quelque chose...

— Les types, ils les touchent ?

— C'est pas le genre. Ils ont des têtes imbibées d'alcool, mais c'est tout.

— J'ai envie de cogner...

La bringue dure encore quatre jours, du crépuscule à l'aube. Craig est toujours chez le Grec ou en planque dehors, dans sa voiture de location aux plaques hollandaises. L'ennui, c'est qu'il commence à se faire remarquer, ce qui n'est pas souhaitable. Alors il ne quitte plus le café grec, lorgnant le téléphone, écœuré de bière, de cigarettes... Et l'argent commence à filer.

Le jeudi, enfin, Frank parvient à persuader Vera de mettre ses copains à la porte. Il propose de rester avec elle et les enfants tout le week-end. Ce soir-là, il prévient Craig.

— Tiens-toi prêt si ça marche. Il faut encore qu'elle sorte de l'appartement.

— Donne-lui un bon paquet de billets, expédie-la au supermarché acheter une réserve de bouteilles, elle filera à la minute ! Il faut qu'on y arrive avant dimanche, sinon je serai obligé de coucher dans la voiture, on n'a presque plus d'argent.

Mais ce jour-là, Vera ne file pas. Elle a pris ses petites habitudes depuis quatre mois et n'a pas envie d'en changer.

Avec une peur grandissante, Craig attend chez le Grec. Ses cheveux ont poussé, il a une sale mine... De drôles d'idées tournent de nouveau

313

dans sa tête : « Et si Frank s'amusait davantage qu'il ne le disait, s'il décidait de rester ? Non, c'est idiot... Et c'est moi qui ai son passeport et son billet d'avion... »

Le vendredi 4 mai, Craig pose un ultimatum à Frank.

— Prêt ou non, j'emmène les filles dimanche.

— Dimanche ? C'est un beau jour pour mourir !

— Qu'est-ce que tu racontes ?

— C'est un truc de scout, on avait un chef indien, quand j'étais gosse, qui disait toujours : « Aujourd'hui est un beau jour pour mourir. »

— Tu n'as pas peur ?

— Si, j'ai peur, mais il faut qu'on réussisse ! Et j'aimerais mieux qu'il n'y ait pas de casse...

À huit heures, le samedi soir, le téléphone sonne enfin dans le café grec. La voix de Frank, à l'autre bout du fil, murmure seulement :

— Bob ? Aujourd'hui est un beau jour pour mourir.

Craig éclate de rire, raccroche et se précipite chez Vera. Il grimpe les étages à toute vitesse, franchit d'un bond la porte de l'appartement. Il va enfin voir ses filles, pour la première fois depuis quatre mois ! Mais Frank l'intercepte au passage, pose une main sur sa poitrine :

— Du calme. Elles sont là toutes les deux, elles vont bien. Du calme... je vais d'abord leur parler.

— Où est Vera ?

— Partie faire un tour en boîte, elle en a pour un moment...

Craig prend une profonde inspiration, va dans la salle de bains, se lave le visage et les mains. Ce n'est pas le moment de faire peur aux enfants. Il suit Frank jusqu'au salon, où les deux petites filles regardent un dessin animé à la télévision.

Elles sont maigres, pâlottes. Stephanie, ses cheveux raides en bataille sur le front; Samantha, une bouille de bébé sous ses boucles châtain. Frank annonce :

– Les filles, il y a quelqu'un qui veut vous voir. C'est un copain à moi !

Stephanie se retourne, fixe deux ou trois secondes l'homme aux cheveux si noirs, habillé de vêtements trop larges... Une éternité pour Craig, avant que la petite fille crie :

– Papa! C'est papa!

Et elle fond en larmes, ouvre les bras et court vers lui.

Craig s'accroupit pour l'attraper; il est presque renversé par le choc. Samantha n'est pas très sûre de comprendre, mais elle suit sa sœur et très vite Craig a les bras chargés, pleins des deux êtres pour lesquels il a tout risqué.

Elles lui semblent plus minces que dans ses souvenirs. Elles portent des chemises de nuit rose et blanc, de coton usé. Leurs cheveux ont bien besoin d'un shampooing et d'une coupe. Mais ce sont les plus belles petites filles du monde. Il se sent brutalement soulevé par une tempête d'optimisme, comme si on venait de le délivrer brutalement d'un grand poids. « L'impression de descendre des montagnes russes, les plus hautes, les plus belles et toutes en même temps! »

La première, Stephanie demande :

– On va rentrer à la maison, papa ?

Cette phrase résonne dans la tête de Craig comme les tintements d'une cloche de bonheur :

– Oui, chérie, oui, les vacances sont finies. Il est temps de rentrer à la maison.

– C'était les vacances?

– C'est ça, ma puce, c'était les vacances.

Ni l'une ni l'autre ne demande où est leur mère, ni si elle vient avec elles...

Suivant le plan prévu, Frank abandonne son blouson, sa dernière cartouche de cigarettes, sa montre, son briquet, ses quelques vêtements, comme s'il allait revenir, et laisse un mot à Vera.

Mon copain Bob Servo doit repartir demain aux U.S., il m'a invité à boire un verre avant son départ. Je vais chez lui avec les filles, ne t'inquiète pas. S'il est trop tard et qu'elles dorment, on passera la nuit chez lui, je les ramène demain matin.

Brad.

Ils se sauvent en vitesse de l'appartement, bien que le retour de Vera ne soit pas prévu avant l'aube. Mais Craig ne veut pas forcer la chance.

Samantha emporte un petit lapin habillé de rouge, Stephanie prend sa couverture, un plaid de bébé tricoté par la mère de Craig pour sa naissance et qu'elle ne quitte jamais. Frank y ajoute un oreiller et un gros ours en peluche pour le voyage. Il n'emporte que deux couches pour Samantha, c'est suffisant pour justifier l'absence d'une nuit des enfants sans alerter Vera.

Puis les deux hommes, les fillettes dans les bras, montent dans la Peugeot. Craig s'installe à l'arrière pour jouer avec ses filles. Frank prend le volant.

À neuf heures du soir, ils sont sur la route. Ce sera les Pays-Bas ou l'arrestation à la frontière.

Sur l'autoroute, Frank passe la cinquième vitesse, met le pied au plancher, poussant la voiture au maximum de ses quatre cylindres. Ils doivent respecter une bonne moyenne, cette nuit-là. En principe, leur plan est organisé dans les moindres détails. Il s'agit de garder les enfants éveillées, jusqu'au poste frontièrc repéré, pour qu'elles tombent de sommeil juste avant le passage. Craig et les deux petites filles se cacheront alors dans le coffre de la Peugeot, suffisamment spacieux et équipé de matelas de mousse et de couvertures.

Avec un peu de chance les enfants dormiront jusqu'aux Pays-Bas. Si un douanier s'approche de la voiture, Frank doit appuyer trois fois sur la pédale de frein et Craig, voyant la lumière depuis l'intérieur du coffre, se tiendra prêt à mettre la main sur la bouche des enfants au cas où elles s'éveilleraient.

Il y a aussi le plan d'urgence, au cas où on les arrêterait. Craig doit bousculer le premier douanier à sa portée et courir pendant que Frank s'enfuira dans la voiture avec les enfants pour rejoindre le consulat américain d'Amsterdam et s'y réfugier en attendant de prévenir les parents de Craig et son avocat.

Durant les trois premières heures, le voyage est rapide et calme, sans incidents. Craig est anxieux, à la fois excité et soulagé, à la limite de la panique. Pour passer le temps, il joue avec les enfants ; il leur a donné à chacune une sucette dans l'espoir que le sucre les tienne éveillées le plus longtemps possible. Les fillettes sont fatiguées, mais bien réveillées, ravies de revoir bientôt les grands-parents. Samantha, qui n'a pas encore tout à fait deux ans, apprend seulement à parler, et balbutie en allemand. Stephanie n'a pas oublié son anglais. À un moment, levant les yeux vers son père, elle dit :

— Je savais que tu viendrais me chercher.

Et Craig, qui fait tout ce qu'il peut pour qu'elles ne pleurent pas, répond tout bêtement :

— C'est que, voilà, je ne pouvais pas vous laisser là.

Après un bref arrêt sur une aire de repos pour changer la couche de Samantha, la voiture repart. Les fillettes s'endorment. Craig s'installe à l'avant. La nuit s'est rafraîchie, ils ont dû recouvrir les enfants de leurs vestes et de leurs chemises de flanelle. Ils sont tous les deux en tee-shirt sale. Craig estime qu'ils sont approximativement à une demi-heure de la frontière.

Craig, dégagé de l'obligation de distraire les enfants, a les nerfs qui lâchent. Les questions tourbillonnent dans sa tête. Vont-ils réussir à passer la frontière ? Que se passera-t-il une fois en Hollande ?

Et ils roulent ainsi dans la nuit à travers les bois marécageux, se parlant à peine, chacun plongé dans ses idées sombres. Brusquement, ils comprennent qu'ils se sont perdus ! Horriblement perdus. Bêtement perdus. Ils ont suivi la carte établie le deuxième jour de leur repérage pour trouver le petit poste frontière, et elle indiquait une bifurcation à droite, juste avant la fin de l'autoroute. Cette bifurcation devait les mener sur une route à voie unique. Ils ont dû tourner trop tôt, ou trop tard, car en franchissant la crête d'une colline, un signal blanc apparaît, qu'ils n'ont jamais vu : *Zoll*, un kilomètre.

La frontière est là, mais laquelle ? Le pouls de Craig s'emballe. Ils vont droit sur quelque chose de bien plus redoutable que le minuscule et sympathique passage caillouteux...

Craig réfléchit à toute vitesse :

— Tu t'arrêteras en haut de la colline. Je vais monter dans le coffre avec les enfants, on va suivre le plan.

Ils n'en ont pas le temps, Frank freine brusquement en apercevant un stop, la Peugeot est tout à coup balayée par des projecteurs. Le panneau a menti, ils n'étaient pas à un kilomètre de la frontière, mais à cent mètres à peine!

Le poste de douane est immense, large de huit ou dix voies, une cabine de verre à chaque voie et, dans chaque cabine, des gardes et des projecteurs.

La Peugeot est l'unique véhicule en vue, tous les douaniers en faction doivent l'observer. Le plan du coffre est impossible à réaliser. Pire, il n'y a aucune issue de secours possible. Le passage de frontière est à sens unique. On sort d'Allemagne, on n'y retourne pas...

Sous l'effet du choc, Craig a vacillé. Il pointe un doigt en direction d'un parking réservé à l'inspection des camions :

— Range-toi là, qu'on réfléchisse.

Complètement paniqué, Frank s'arrête pile au milieu du parking, éteint les phares, arrête le moteur, se plaçant ainsi en situation de suspect parfait. Les gardes ont sûrement la main sur leurs armes.

— On ne peut pas rester là...

Craig aperçoit alors une cabine téléphonique en face des guérites. Il pousse Frank hors de la voiture :

— Vas-y, fais semblant de téléphoner... Je vais inventer quelque chose.

Il n'y a pas grand-chose à inventer. Ils sont pris. Le choix est simple. Soit foncer, soit se rendre. Et Craig n'a pas l'intention d'abandonner. Frank fait semblant de téléphoner, le front en sueur, puis revient s'installer au volant :

— Bon, alors, qu'est-ce qu'on fait ?

— On va essayer de passer au flanc...

— Tu veux que je fonce à travers ?

– Non, ils tireraient sur la voiture! Avance simplement jusqu'au stop près des cabines, tend les passeports par la portière, n'arrête pas de rouler, on verra bien s'ils font signe de passer. Parfois, ça marche...

Jusqu'à présent, Craig était rongé de panique. Mais une fois la décision prise, aussi risquée soit-elle, il se détend, Frank aussi.

Craig a déjà utilisé cette technique dite du « stop roulant ». Mais cette fois, ça ne peut pas marcher, leur comportement et leur allure sont trop bizarres. Un garde hurle :

– Halte!

Une demi-douzaine d'autres sortent lentement des cabines, main sur les armes. Ils sont à six mètres.

Deux gardes s'approchent de chaque côté de la voiture et demandent les passeports. Frank obéit, mais Craig est paralysé sur son siège. Il a laissé ses papiers dans un sac, et le sac est dans le coffre.

Craig se décide à sortir de la voiture, en priant pour que les enfants ne se réveillent pas, pour que le garde ne braque pas sa lampe sur la couverture de vestes et de chemises, sur le siège arrière. Il prend les clefs de la voiture que lui tend Frank et se dit : « Maintenant, si ça va mal, il ne peut même plus démarrer. »

Il ouvre le coffre, fouille dans son sac, présente son passeport d'un air aussi indifférent que possible. Il aperçoit alors un petit ordinateur portatif dans les mains d'un garde. Le même que celui qui a failli le piéger dans le train de Francfort. Si le garde pianote le numéro, il est repéré.

À ce moment, un troisième garde se penche et balaye de sa torche l'arrière de la voiture. Les cheveux blonds de Stephanie dépassent un peu, les a-t-il remarqués ? L'homme ouvre la bouche pour poser une question, Craig détourne son attention en faisant trois pas rapides en arrière et en râlant.

— Bon, alors, il n'y a rien dans ce coffre, vous avez vu ?

À ce moment, deux autres gardes dégrafent leurs holsters et s'emparent de leurs 9 mm semi-automatiques, la version ouest-allemande du colt 45.

— Halte! Halte!

Craig prend une attitude aussi normale que possible, les bras tendus, en répétant d'un ton las :

— Il n'y a rien, rien... Regardez dans le coffre.

— Vous avez quelque chose à déclarer ?

— On n'a rien, je vous dis...

Sauf deux petites filles sans papiers sur le siège arrière...

Le douanier rend les deux passeports à Frank, mais il n'a toujours pas l'air satisfait et continue de tourner autour du coffre. Ces deux-là, lui semble-t-il, n'ont pas l'allure de touristes habituels. Pas rasés, pas frais, presque pas de bagages...

— Pas de souvenirs ? Pas d'appareils-photo ?

— Eh, on passe la frontière sans arrêt, on ne va pas emporter des souvenirs à chaque fois !

— Pas de drogue ?

— Allez-y, fouillez !

Manifestement, les gardes s'intéressent plus au coffre qu'à la banquette arrière. L'un d'eux examine le tableau de bord; sa lampe éclaire deux canettes de bière, des gobelets de café, des papiers de sandwichs...

Frank est silencieux; il attend. Enfin le coffre se referme, Craig se glisse sur le siège passager, remet les clefs sur le contact et chuchote :

– Vas-y doucement, démarre, ne cale pas le moteur, ne fait pas crisser les pneus, conduis normalement, l'air de rien.

À l'instant où Frank se met à rouler au pas, les gardes avancent en même temps que la voiture, le temps de trois ou quatre pas, comme s'ils n'avaient pas fini leur inspection. Puis ils font demi-tour. La Peugeot passe la barrière levée, continue... Ils sont passés! La scène a duré environ sept minutes... sept minutes de suspens épouvantable.

Mais Craig n'a pas encore envie de chanter victoire. Ils n'auront pas réussi tant qu'ils n'auront pas atteint les Pays-Bas... ou si un deuxième poste de contrôle les attend au tournant. Ils ne sont même pas certains d'être dans la bonne direction.

Ils roulent pendant une heure, jusqu'à ce que les plaques blanches d'immatriculation des voitures allemandes laissent place aux plaques jaunes, hollandaises, jusqu'à ce qu'ils atteignent les faubourgs de Rotterdam, à l'aube du dimanche matin.

Là, ils s'offrent un petit somme sur un parking, le consulat n'ouvrant pas avant le lundi matin. Il faut aussi économiser l'argent liquide. Il reste à Craig 80 dollars, sur les 20 000 du début!

Les enfants ont dormi pendant tout le voyage. Stephanie se réveille, s'étire :

– Papa, j'ai faim!

Frank va chercher de quoi manger et tente de téléphoner au Michigan pour prévenir la famille. Il se bat dans une cabine avec des marks allemands, finit par obtenir une communication et tombe sur une épicerie au Canada qui répond : « On est fermé! »

322

Le lundi matin, ils font faire des photographies d'identité pour les petites filles, reprennent la voiture, roulent jusqu'à Amsterdam, arrivent au consulat et se retrouvent à faire la queue dans une longue file d'attente, les enfants en remorque. « Ça ne fait rien, se dit Craig, on est en lieu sûr. Ici on traite les gens avec respect... »

Il se retrouve face à la fonctionnaire à qui il a téléphoné le mois précédent, depuis les États-Unis. Elle le regarde sévèrement :

– Comment avez-vous fait pour passer la frontière sans passeports ?

– C'est sans importance puisqu'on est là. Voici les photos, les certificats de naissance, les cartes de Sécurité sociale et le jugement du tribunal qui me donne la garde des enfants. On rentre en Amérique.

Mais la fonctionnaire veut tout savoir :

– Vous les avez fait passer clandestinement ? Vous avez blessé quelqu'un ? Vous avez kidnappé ces enfants ?

– Écoutez, elles sont ici, ce sont des citoyennes américaines. Voici toutes les paperasses, donnez-moi les passeports. Vous n'avez pas à savoir comment on est ici.

Un quart d'heure passe avant que la fonctionnaire se radoucisse. Elle a fait son devoir, elle a vu que les enfants ont l'air heureuses avec leur père. Elle disparaît, revient quelques minutes plus tard :

– Voici les passeports, monsieur DeMarr. Félicitations.

Cette fois, les desperados sont devenus des héros. On leur facilite les réservations d'avion, on leur trouve un petit hôtel pas cher pour la nuit et, pour le reste, ce sera la débrouille...

Le lendemain, il faut encore prendre le train jusqu'à l'aéroport, soixante-dix kilomètres sans billets...

– Vos billets, demande le contrôleur.

– Attendez, je les ai quelque part, ne bougez pas... C'est pas ça ? Non, c'est pas ça... Frank, tu veux prendre Samantha dans tes bras, que je fouille, je sais plus où ils sont, les billets...

– Bon, ça va...

Le financement de Mr DeMarr était juste... Il leur reste à peine de quoi acheter des frites, du pain, du fromage, du Coca, et des couches pour Samantha.

Dans l'avion, ils essaient vainement de dormir. Stephanie s'endort, se réveille, puis c'est au tour de Samantha... alors ils grignotent des cacahuètes, des tas de cacahuètes, demandent de la bière, fument, encore surexcités par l'aventure mais incapables d'en parler. Ils ont réussi, mais ils n'en sont pas encore vraiment conscients, comme si quelque chose pouvait encore arriver dans cet avion européen qui les emmène d'Amsterdam à Boston... Ils parlent de choses et d'autres, s'occupent des enfants. Frank débarbouille Stephanie pendant que Craig va changer Samantha.

À Boston, ils téléphonent aux parents de Craig :

– Ça y est ! Venez nous chercher à Detroit !

Le cri de joie venant de Muskegon les ranime. Maintenant, ils peuvent y croire. Seulement maintenant.

Pourtant, même après l'atterrissage à Detroit, en attendant sa famille dans le hall, Craig est toujours sur le qui-vive.

Stephanie se précipite vers sa grand-mère, enroule ses bras et ses jambes autour d'elle comme si elle avait peur qu'on l'en détache. Samantha trottine vers son grand-père. Au milieu des pleurs et des embrassades interminables, on remet aux deux « héros » le prix de leur bravoure, deux cartons de Camel, douze packs de bière américaine et le summum : deux tee-shirts à leur gloire. Sur celui de Craig, il est écrit : *Super papa*, sur celui de Frank : *Le meilleur ami du monde*.

Une fois à Muskegon, Craig s'emploie à faire disparaître, pour Stephanie surtout, les terreurs que pourrait lui rappeler la maison. Ils doivent y vivre ensemble et oublier l'ombre de Dave, le « sale type ».

Chaque matin, pendant que les enfants jouent, Craig travaille à la transformation de sa maison. Sa mère change le papier peint, la moquette, les rideaux froncés des chambres. Un nouveau décor pour gommer le passé. Craig installe de nouvelles fenêtres et de nouvelles portes, devant et derrière la maison, avec verrous de sécurité et armatures métalliques.

Les deux petites filles viennent l'aider et il leur explique, tandis qu'elles lui passent les clous ou le marteau :

– Regardez, j'enfonce un clou et un autre clou, personne ne peut enfoncer cette porte en acier, personne ne peut entrer pour vous prendre.

Mais, malgré tous les efforts de Craig, les blessures anciennes cicatrisent difficilement. La nuit, Stephanie se réveille en hurlant contre l'ancien amant de sa mère.

– Le sale Dave, il enfonce la porte! Le sale Dave enfonce les fenêtres! Il va me prendre! Il va me faire mal!

Craig se précipite pour allumer la lumière et la rassurer. Si le cauchemar est particulièrement dur, il l'emmène au rez-de-chaussée pour lui montrer une à une les portes verrouillées, lui faire comprendre que son univers est hermétiquement clos, qu'elle est en sécurité.

Les premiers mois, les fillettes ne quittent pas leur père d'un pouce. Elles sont physiquement collées à lui. Dès qu'il va prendre une douche dans la salle de bains, elles restent derrière la porte pour lui parler :

– T'es encore là, papa?

– Je suis toujours là.

Elles sont intimidées par les étrangers, particulièrement par les hommes inconnus. Seul Frank a droit de cité.

Elles n'ont jamais connu de vie familiale normale et Craig a du mal à les y habituer, tout en douceur, sans précipitation, sans heurts.

Si quelqu'un parle trop fort, elles sont aussitôt terrorisées. Pour elles, c'est le début de la violence. Craig a dû donner la consigne à ses amis : pas de discussions bruyantes chez lui.

Craig sait aussi que leur sécurité dépend de sa perpétuelle vigilance, comme moi avec Mahtob. À l'école de Stephanie, le directeur a accepté de fermer portes et fenêtres. À la fin de la classe, Stephanie attend dans la salle, avec son professeur, que l'une des trois personnes désignées vienne la chercher : la mère de Craig, sa belle-sœur, ou Craig lui-même.

Si Vera revenait, tout le monde à l'école l'identifierait. Ils ont des photos et une description détaillée, et sont prêts à appeler la police.

326

L'école est très proche de la maison, mais jamais Stephanie ne rentre seule avec ses copines, ou ne va se promener dans la rue sans surveillance. Les mêmes règles sont appliquées à la maison.

Craig autorise ses filles à jouer chez l'un de leurs proches voisins, quelqu'un qui connaît leur histoire. Il les regarde jouer de loin, les surveille par toutes les fenêtres de la maison, ouvertes en permanence. Stephanie peut faire de la bicyclette avec ses copines derrière chez eux, sur un petit chemin tranquille, à condition qu'elle reste toujours à portée de vue.

Craig n'est rassuré que lorsqu'elles sont chez leurs grands-parents, où l'attraction principale est une piscine en sous-sol. Ou avec Frank, bien sûr. Le papa jumeau...

Ce sont là les limites de leur univers de liberté.

Quand il fait des courses avec ses filles, Craig est toujours armé. Dans la maison, il cache un fusil chargé hors de portée des enfants. Il se demande parfois s'il n'est pas devenu un paranoïaque de la protection à outrance.

— Je m'étonne de faire tout ça. Il m'arrive de me demander ce que je fais là, assis, à les surveiller. Et immédiatement je me réponds : « Et si Vera était dans l'avion ? Et si elle était dans le parc, de l'autre côté de la rue ? À nous épier dans une voiture de location ? Si je rentre en laissant les enfants dehors, il lui suffit d'une minute ! »

Alors il ne laisse rien au hasard. Qu'un gamin s'amuse à jeter une boîte d'eau gazeuse sur le mur et il bondit hors de son lit pour mener l'enquête. Qu'une voiture inhabituelle circule le soir près de chez lui et il appelle la police.

— Ça ne finira jamais vraiment.

Si. Au bout de deux ans, tout est calme, le père

comme les enfants. Stephanie ne parle plus de Dave. Les deux petites filles ont parfaitement récupéré, sans thérapie particulière, le formidable amour et l'instinct de leur père y ont pourvu.

Et, dans l'histoire, elles ont gagné un protecteur de plus.

Durant l'été 1992, la petite famille DeMarr vient de nouveau me rendre visite. Stephanie a grandi, il manque une dent de devant à Samantha, son sourire y gagne en drôlerie. La petite souris est passée, ma tarte aux mûres a ses adeptes.

Frank commence une phrase :

– Samantha devrait...

Craig enchaîne :

– ... se débarbouiller le museau.

Je ne peux pas, comme le département d'État, condamner la folle expédition de ces deux desperados. Officiellement, je n'approuve pas. Amicalement, et officieusement, j'y suis bien obligée. Le bonheur et l'équilibre de ces deux petites filles étaient en danger, ils ne le sont plus.

– Des nouvelles de Vera, Craig ?

– Elle a téléphoné, il y a trois mois.

Frank enchaîne :

– Elle voulait se remarier avec toi.

– Oui, mais elle a fini sa phrase, en disant : « Je voudrais que tu meures ! » Ça a duré trois heures, je raccrochais sans cesse.

– Elle rappelait, tu raccrochais...

– J'en pouvais plus...

– Aux dernières nouvelles, elle travaille dans une baraque de Fulda...

– Elle vend des cigarettes et de la bière...

Ils ont toujours la même complicité de frères jumeaux, le même langage à deux. Et chacun une nouvelle femme dans leur vie. Mais depuis leur expérience de mariage raté, ils se montrent prudents...

Quand on est seul à élever des enfants, la vie est une astreinte permanente. Craig n'y échappe pas. Pour pouvoir passer plus de temps avec ses filles, il a abandonné son travail de détective et se lance dans la mécanique. À Muskegon, il n'est pas facile de trouver un emploi, le taux de chomage atteint les 12 %.

Quand il lui arrive de craquer au milieu des soucis domestiques, il attend que les enfants fassent la sieste, boucle soigneusement la porte d'entrée et celle de la cour et va faire une partie de billard dans le sous-sol de la maison avec Frank. Une heure après, il a retrouvé son calme et est prêt à recommencer sa vie de père de famille.

– Je suis un peu à bout, quelquefois, mais ça en vaut la peine. Je n'échangerais pas mon existence contre celle d'un autre.

Et quand elle devient trop dure, cette existence, il se souvient de ce calme magique qui l'a soudain envahi, au passage de la frontière allemande. De ce moment où ils étaient assis tous les deux, Frank et lui, dans une voiture, au beau milieu d'un parking, de leur plan douteux, aléatoire, de leurs chances réduites à zéro, ou presque, et du passage miraculeux vers la liberté.

– J'ai toujours été un fervent croyant en Dieu. Mais maintenant plus que jamais, je pense avoir un ange gardien. Il s'est passé quelque chose là-bas, en traversant cette frontière, et il ne s'agit pas seulement de ma réaction instinctive au stress, ni de cette décharge d'adrénaline qui m'a poussé en avant. On aurait dit que Dieu était là, qu'il avait posé une main sur mon épaule en me disant : « Hé! Craig, tout va bien. Tu as fait ce qu'il faut. Je suis là. »

Mariann bonheur, Mariann désespoir

En août 1991, après la fondation de mon association *Un monde pour les enfants*, nous organisons une collecte de fonds pour aider Christy Khan. Elle a épuisé ses ressources financières, et ses parents également, dans son combat pour récupérer ses enfants au Pakistan.

Durant cette réunion, je suis en train de prononcer un petit discours, lorsque mes yeux tombent sur Mariann Saieed.

Cela fait à peine une semaine qu'elle est revenue d'Irak. L'Irak où Saddam Hussein est sous haute surveillance, l'Irak bombardé, maintenant affamé, privé de médicaments de première nécessité, de vivres pour les enfants.

Adam et Adora, son petit garçon de huit ans et sa petite fille de quatre ans, sont en Irak. Leur père les a enlevés, en mars 1990. Depuis, il y a eu l'invasion du Koweit, la guerre du Golfe. Pour prendre le risque d'aller retrouver ses enfants dans la région de Mossoul, il a fallu que Mariann attende. Attende que la poussière de la Tempête du désert retombe.

Pauvre Mariann, il lui en faut du courage, ce soir-là, pour nous rejoindre chez moi et contempler Christy jouer avec ses enfants. Les siens sont si loin.

Mariann a trente ans. Elle est tout le contraire de Christy. Christy semble fragile et ne l'est pas. Mariann semble forte et ne l'est pas. Grande, solide d'allure, un visage rond et large de bonne vivante, de beaux yeux verts, mais derrière tout cela, une profonde dépression, une nervosité excessive. Au fur et à mesure qu'elle me raconte son histoire, elle donne l'impression qu'elle va fondre en larmes d'une seconde à l'autre. J'imagine qu'en d'autres temps, elle pouvait donner l'impression qu'elle allait éclater de rire à tout moment. Surtout à vingt ans...

À vingt ans, Mariann a deux prétendants. Deux étudiants Irakiens qui partagent une chambre à l'université de Detroit. Le premier la poursuit d'une véritable obsession amoureuse, alors qu'ils se connaissent à peine et que Mariann fuit ses assiduités. Il tente même de se suicider, ce qui a pour effet de la rapprocher du deuxième : Khalid. Bien différent de son camarade de chambre, il est calme, pondéré, sérieux, il ne boit pas, ne fume pas. Plutôt silencieux, ambitieux pour lui-même et son avenir, il passe quatre heures chaque soir à la bibliothèque universitaire. Il est aux États-Unis depuis deux ans et prépare avec acharnement un diplôme de technicien en électronique.

Khalid a vingt-trois ans, un physique classique, un visage sérieux, le teint pâle, des traits réguliers, et Mariann tombe amoureuse de lui dès le premier jour, sans espérer, d'ailleurs, être aimée en retour, et sans le lui dire.

Or, six mois à peine après leur première rencontre, Khalid demande :

– Tu as déjà pensé à te marier ?

– Oui, dans dix ans...!

Il éclate de rire :

– Bon... mais as-tu déjà pensé à te marier avec moi ?

– C'est une demande ?

– Oui.

– Je vais y réfléchir...

Et Mariann y réfléchit... au moins une semaine. Cette demande l'a totalement surprise et en répondant « dans dix ans », elle ne plaisantait qu'à demi. Aimer à vingt ans est une chose, se marier en est une autre.

L'effet de surprise a joué. Elle ne croyait sincèrement pas intéresser ce garçon, sa demande à brûle-pourpoint l'a flattée.

– J'ai bien réfléchi... Je voudrais qu'on attende le mois de février prochain. Pour la Saint-Valentin.

– C'est dans six mois! Pourquoi pas maintenant? Au moins on pourrait vivre ensemble.

– Et où? Tu vis dans une chambre d'étudiant et moi chez mes parents.

– Quand on se marie, on prend un appartement...

– Laisse-moi réfléchir encore.

– Non. Je ne veux pas attendre.

Cette précipitation n'a en fait aucune raison d'être. Que cherche Khalid? À concrétiser sa passion? Ou à quitter cette affreuse chambre d'étudiant qui ne lui plaît pas?

Et Mariann, pourquoi accepte-t-elle si vite?

Quand on le lui demande maintenant, elle répond avec un humour triste :

– C'est le premier idiot qui m'a demandé de l'épouser, et moi la première imbécile à lui dire oui...

Résumé lapidaire d'une union qui très vite dégénère.

333

La scène se passe à Detroit. Ils sont tout jeunes mariés, Mariann a pris la gérance d'une boutique de vidéo, Khalid continue ses études. Ils occupent le petit appartement de fonction à l'étage. Mariann est enceinte et n'a encore rien dit. D'abord parce qu'il est trop tôt pour en être sûre, ensuite parce qu'elle connaît les intentions de Khalid : finir ses études, réussir, gagner de l'argent et ensuite, peut-être, avoir des enfants.

Comment lui annoncer la nouvelle, en douceur ? Mariann le veut cet enfant, elle veut être mère depuis son adolescence, depuis qu'elle a découvert, grâce au premier bébé de sa sœur, le bonheur sans pareil de bercer un nouveau-né. Elle avait treize ans alors et ce bonheur, elle le tient enfin. Quand on est marié, on a le droit d'avoir des enfants...

Mais Khalid ne saura pas ce jour-là qu'il est censé devenir père, car il a une autre nouvelle, qu'il annonce abruptement :

— Je m'en vais demain.

— Comment ça, tu t'en vas ? Où ? Tu ne m'en as pas parlé !

— Mon père est mort, je vais en Irak pour six semaines. C'est tout.

Ce n'est pas le moment de parler bébé. Mariann se dit aussitôt : « Si je le lui dis, il ne reviendra pas, il prendra cela très mal et m'abandonnera... »

Six semaines passent, sans autres nouvelles de Khalid qu'une lettre expédiée à l'aéroport de Londres, au début de son voyage. C'est un silencieux, ce Khalid, un indépendant. Le genre d'homme à faire ce qu'il a décidé, sans forcément en informer sa compagne.

334

En fait, Mariann a épousé un homme dont elle ne sait rien, qu'elle connaît à peine. Il n'a eu qu'à dire « Je t'épouse » et l'amour a fait le reste. Mais l'amour n'est que d'un côté, celui de Mariann.

Au retour de Khalid, elle lui annonce :

— Je suis enceinte.

— Il n'est pas question de le garder. Je n'en veux pas.

— Je sais que tu n'en veux pas, mais il faudra bien que tu t'y fasses...

— Pourquoi m'as-tu fait ça ? Pour détruire mon avenir ? Pour que je ne puisse plus étudier ? M'obliger à trouver du travail pour vous nourrir ?

— Il faut être deux pour faire un enfant... Je ne t'ai pas forcé. Si tu n'en voulais absolument pas, c'était à toi aussi de faire attention. Pas seulement à moi.

— Débrouille-toi, ça ne me regarde pas.

Une semaine de silence. Silence à table, silence le soir. Khalid n'adresse plus un mot à la jeune femme qu'il était si pressé d'épouser. Mariann pose un ultimatum :

— Ça ne peut pas durer, prend une décision. J'ai le droit d'avoir un enfant, oui ou non ?

La réponse : une porte claquée. Toujours sans un mot, Khalid prend son sac et s'en va. Il laisse Mariann sans voiture, sans argent pour vivre, car son travail lui rapporte très peu. Il revient faire un tour au domicile conjugal toutes les trois semaines environ, quand il le décide. Mariann l'agresse, évidemment :

— Tu fais ce que tu veux, et cette semaine, je n'ai pas mangé correctement pendant trois jours ! Je suppose que pour toi, ça va ?

— Ça va.

335

Et il repart. Vivre où, avec qui ? Mystère. Khalid, c'est l'homme mystère. Le beau ténébreux transformé en vilain indifférent. Il a pris un studio au Texas, comme un célibataire, sans soucis de famille.

Mariann se demande quoi faire. Retourner chez ses parents ? C'est la seule solution. Elle est humiliante, mais il faut bien joindre les deux bouts. Quant à essayer de culpabiliser Khalid, c'est inutile. Tout glisse sur lui. Il est comme le papillon du dicton : « Si tu veux attraper un papillon laisse-le voler loin de toi, s'il revient, alors il sera à toi. »

Si Khalid part et revient, c'est qu'il doit tenir à sa femme. Et Mariann décide d'attendre que le papillon revienne. Et puis, elle est davantage préoccupée par la naissance prochaine de son bébé que par la quasi-disparition du père. Être une mère ! Le rêve de toujours.

Adam, joli petit garçon, vient au monde alors que Khalid est toujours au Texas. Le jour de l'accouchement, Mariann parvient à le joindre au téléphone.

– Nous avons un fils !

Un fils devrait inciter un père à se déplacer. Ce n'est pas le cas.

– Comment tu l'appelles ?

– Adam.

– Bon. À bientôt.

Khalid écrit tout de même ; Mariann répond. De temps en temps, au cours de conversations téléphoniques, Mariann essaie de le convaincre de revenir, avec le vague espoir de sauver ce qui reste. Mais au fond, que reste-t-il ? Et qu'y avait-il au début ? Parfois, Mariann pense qu'elle ferait peut-être mieux de s'assumer seule, d'élever son fils.

Elle trouve un travail à temps complet comme facteur. Travail pénible, où il lui faut être dehors par tous les temps, mais l'argent nécessaire à leurs deux existences est à ce prix. L'indépendance aussi. Mariann ne peut pas rester longtemps à la charge de ses parents.

Adam a environ six mois lorsque Khalid rejoint le domicile conjugal.

Semblable à lui-même, silencieux, mais exigeant quant à ses droits d'époux, sinon de père. Il se montre d'une grande indifférence vis-à-vis du bébé. Il ne le change pas, ne lui donne pas son bain, encore moins ses repas. Toutes les corvées ménagères incombent à Mariann, après sa journée de travail. Le matin, elle dépose Adam chez la nourrice, le reprend le soir, elle s'occupe de tout dans la maison, paie les factures, pendant que Khalid poursuit ses études. Il semble qu'il n'a attendu, pour réapparaître, que le moment où Mariann, après avoir trouvé un emploi pas trop mal payé, s'est installée dans un nouvel appartement. Peut-être a-t-il pensé : « Après tout, je suis mieux là que dans une chambre d'étudiant! » Effectivement, ils vivent dans un endroit agréable, une petite ville sur une île du lac Huron, près de Detroit.

Mariann a le cœur lourd, une charge trop pesante sur les épaules... et sur son compte en banque. Si encore Khalid faisait preuve d'un minimum de tendresse pour son fils et d'un tout petit minimum pour elle!

– Tu ne pourrais pas m'aider un peu?
– Je révise...
– Tu dors l'après-midi et tu révises le soir?
– Qui dit que je dors?

— Tu n'as même pas lavé ton assiette!

— Ne m'ennuie pas avec une assiette!

Non seulement Mariann est responsable de toutes les corvées domestiques mais, en plus, elle doit céder au bon plaisir de son mari :

— Khalid! Je ne veux pas retomber enceinte!

— Tu n'as qu'à faire attention!

Khalid n'écoute pas sa femme, ne prend aucune précaution... et le résultat ne se fait pas attendre.

Khalid est encore plus furieux de cette deuxième grossesse.

— Deux enfants! Tu veux que j'arrête mes études, que j'abandonne mon diplôme? Que je travaille? Tu te moque de moi!

— Travailler pour nourrir sa famille, c'est la moindre des choses!

— Pas question! Cette fois, tu ne gardes pas le bébé!

— Je ne le voulais pas, je te l'ai dit, c'était une erreur. Maintenant qu'il est là, je le garde.

— Tu as couché avec quelqu'un d'autre! Ce gosse n'est pas de moi!

Après cette querelle et quelques tentatives pour convaincre Mariann d'avorter, c'est de nouveau le silence. Le silence est, pour Khalid, la meilleure réplique. Désormais, chacun dort de son côté, la rupture semble consommée. Étrange situation, bizarre mariage en coup de foudre, si vite éteint.

Au printemps 1986 naît une petite fille, Adora. Et au mois de mai, Adora n'a alors que deux mois, Khalid disparaît de nouveau pour aller s'inscrire dans une université de Californie.

Prise entre son travail et les maladies à répétition des enfants – tous les deux sont asthmatiques –, Mariann est à bout. Un soir de déprime, elle téléphone à Khalid et le met au pied du mur. C'est son deuxième ultimatum :

– Si tu ne reviens pas, je te préviens que tu n'auras plus de famille.

Il revient, peut-être parce qu'il vient de décrocher son diplôme de technicien, et trouve du travail dans une usine d'électronique.

Mariann peut quitter son emploi à la poste pour se consacrer à son travail de mère de famille.

Mais le ménage a toujours des problèmes. Les discussions s'enveniment, ils menacent l'un et l'autre de se quitter, le mot « divorce » est prononcé plus d'une fois.

Divorce, dans l'esprit de Mariann, ne veut pour l'instant pas dire grand-chose. Dans dix ans, peut-être, quand les enfants seront élevés. En attendant, elle supporte Khalid. Avec le pressentiment que cela finira mal de toute façon. Qu'elle se retrouvera seule un jour.

La seule chose qu'elle n'imagine pas une seconde, c'est ce que va faire son mari : s'enfuir avec les enfants en Irak. Le patriotisme de Khalid pour son pays d'origine n'est pas extraordinaire : il appelle sa famille une fois par mois et n'a vu personne depuis 1980. Bien que musulman, il n'a rien d'un pratiquant fervent, évoque rarement sa culture d'origine. En 1988, alors que la guerre Iran/Irak commence à s'apaiser, il parle de temps en temps de s'installer en Irak pour un an, pour que la famille connaisse les enfants, le temps de voir si la vie y est plus facile... Il insiste un peu, mais pas trop.

Mariann voit bien qu'il se sent coincé aux

339

États-Unis, sans amis et sans famille. Mais elle s'obstine à refuser ce déménagement, même provisoire.

— Je préfère élever mes enfants ici. Vas-y tout seul, ça te fera du bien.

— Tu refuses de venir avec moi ?

— Je refuse pour l'instant. Comment veux-tu que j'accepte de m'installer avec toi là-bas alors que je ne me sens déjà pas en sécurité ici ? Je ne peux pas te faire confiance. Tu ne sais jamais vraiment ce que tu veux, où tu vas t'installer. Tu vas, tu viens... Tu agis comme un adolescent qui se cherche !

— J'ai un travail stupide ! Personne ne me comprend.

— Si tu le voulais, il ne serait pas stupide ! Tu ne sais pas t'y prendre avec les gens, c'est tout !

Pour l'encourager, Mariann lui conseille de faire venir son frère.

— Tu ne te fais pas d'amis ici, ça te fera du bien de le voir.

Khalid organise le voyage de son frère, mais au dernier moment, ce dernier se décommande.

— Il t'a dit pourquoi ?

— Non.

Comme d'habitude, il ne manifeste rien et se réfugie dans le silence. Leurs rapports de couple ne sont que des alternances de longs silences et de courtes disputes agressives.

Mais sournoisement, Khalid a déjà préparé son plan, sans que Mariann le remarque. « Lui qui ne s'intéresse pas aux enfants, qui refuse obstinément de jouer son rôle de père, comment pourrait-il soudain se transformer en kidnappeur ? »

La mère de Mariann y pense de temps en temps et le dit, mais sa fille hausse les épaules :

340

— Lui, s'encombrer de deux enfants? Il ne les emmène jamais nulle part.

— C'est arrivé à d'autres femmes... Tu as lu *Jamais sans ma fille* ?

— Maman, Khalid n'est pas un père, il ne les regarde même pas! C'est un étudiant attardé!

— Je trouve tout de même qu'il est bizarre avec Adora...

Bizarre, effectivement. Possessif, tout à coup. La petite fille n'a pas trois ans et il se montre avec elle d'un puritanisme exagéré. Il est angoissé par les histoires de drogue qu'il lit dans les journaux, scandalisé par le comportement sexuel des adolescentes américaines. Les promenades en famille sont l'occasion de scènes au moindre prétexte. Car Adora est un bébé très expansif et très sociable. Depuis qu'elle a appris à parler, elle « discute » avec tout le monde. À un an et demi, elle s'adresse déjà à des inconnus dans les magasins : « Bonjour, comment ça va ? »

Un jour, au restaurant, elle discute, si l'on peut dire, avec un jeune serveur et Khalid se met dans une colère noire contre elle :

— Retourne-toi, et tiens-toi tranquille!

Au ton de sa voix, on peut deviner qu'il a voulu dire en réalité : « Je t'interdis d'adresser la parole à un étranger. »

Ce regard qu'il vient de jeter sur la petite fille! Mariann ne comprend pas :

— Qu'est-ce qui te prend ?

— Il me prend que tu ne devrais pas lui mettre de barboteuse!

— À son âge ?

— Je déteste qu'elle ait le ventre nu, c'est tout.

Après l'avoir reniée, voilà qu'il devient stupidement autoritaire avec une petite fille en couche-culotte. Comme si elle avait seize ans et venait de faire du charme à un serveur!

Adora lui ressemble énormément, il est vrai. Des boucles brunes, des yeux noirs, alors qu'Adam, lui, a le même sourire que sa mère, la même fossette au menton. Peut-être Khalid se sent-il tout à coup concerné par ce petit être vivant, sa fille.

En mars 1990, l'usine licencie Khalid pour compression de personnel. La perte de son travail le déstabilise encore davantage. Pourtant, les finances du ménage sont correctes, grâce à Mariann. Passionnée par les jouets d'enfants, les livres, les peluches, tout ce qui a été fabriqué avant les années soixante – du vieux Mickey à la trottinette en bois –, elle a mis sur pied un petit commerce de brocante. Et ça ne marche pas si mal. Le seul inconvénient est qu'elle doit se déplacer souvent à plusieurs kilomètres de chez elle.

Un soir de juin 1990, alors qu'elle se trouve en Ohio et ne doit rentrer que le lendemain, elle téléphone à la maison. Il est sept heures du soir, Khalid devrait être là avec les enfants. Adam a maintenant huit ans, Adora quatre ans.

Personne ne répond. Dans une autre famille, cela pourrait s'expliquer par une foule de choses innocentes, une promenade pour aller manger une glace, une séance de cinéma, par exemple. Mais pour Mariann, cette sonnerie, inlassablement rythmée, annonce un désastre. Khalid n'a jamais emmené les enfants avec lui, et surtout pas à la nuit tombée. En admettant qu'Adora ait fait une crise d'asthme, son gros problème, Khalid aurait de toute façon attendu le retour de Mariann pour agir.

Mariann repose le combiné. Elle devine. Elle sent au plus profond d'elle-même ce que cela veut dire : Khalid a emmené les enfants en Irak. C'est comme une illumination, un éclair; pourtant, il n'y a pas si longtemps, elle jurait que c'était impossible. Elle s'obstine à appeler régulièrement et, à chaque tentative, son angoisse augmente. Qu'il soit parti seul et sans prévenir ne serait pas surprenant, mais il aurait confié les enfants à quelqu'un...

– Maman, tu as vu Khalid?

– Non. Qu'est-ce qu'il y a?

– Rien, j'espère. Enfin, il ne répond pas au téléphone...

– Il est encore parti?

– Je ne crois pas, non. Ne t'inquiète pas.

Mariann passe une nuit épouvantable. Et dès le lendemain, elle prend la route à l'aube pour rentrer au Michigan, essayant de ne pas se laisser envahir par la panique, de conduire calmement. Mais tout le long du chemin, elle repense au comportement étrange de Khalid ces derniers temps. Il n'a pas partagé sa passion pour la brocante des jouets anciens. Ni ses voyages de travail, loin de la maison. Et la première fois qu'elle a dû passer la nuit en Ohio, il a refusé d'accepter son appel en P.C.V. La deuxième fois, il a boudé une semaine. Mariann a mis cela sur le compte de sa mauvaise humeur, habituelle lorsqu'il doit s'occuper des enfants. Mais comme il n'a pas retrouvé de travail, il était supposé faire contre mauvaise fortune bon cœur.

Pourtant, cette fois-ci, il l'a curieusement encouragée à partir.

– Vas-y, je t'en prie, vas-y. Et si tu es fatiguée, reste donc jusqu'à lundi...

– Tu es sûr ?

– Mais oui, la route est longue en voiture.

En arrivant, Mariann trouve l'appartement exactement dans l'état dans lequel elle l'a laissé, à l'exception d'une mallette vide, abandonnée dans le salon. Anéantie, elle donne un furieux coup de pied dans la mallette; maintenant, elle en est certaine, Khalid est parti.

Sur la table de la salle à manger, un petit mot, griffonné sur une feuille de papier machine :

Nous sommes en vacances, on se reverra au retour.

Il ne manque aucun jouet, aucun vêtement des enfants. Khalid a fait exprès de ne rien emporter dans l'espoir que Mariann n'entame pas de recherches immédiatement et qu'il ait le temps d'installer les enfants ailleurs avant qu'elle ait la moindre chance de les rejoindre.

Mariann fouille dans un amas de paperasses enfouies dans une poubelle. Khalid a laissé derrière lui des notes sur les numéros de vol et les codes de réservation. Elle parvient à reconstituer son itinéraire : Toronto, Londres, Vienne et enfin Bagdad.

Mariann passe une nuit blanche à retourner tout cela dans sa tête, à rassembler les quelques éléments en faveur d'un simple voyage de représailles : « Il vient de faire renouveler son permis de conduire. Il a passé le test de citoyenneté américaine et doit prêter serment dans quelques semaines... Certes, il n'a jamais été très convaincu, ni pressé de le faire, mais au bout de dix ans, il l'a tout de même fait... Et cette maison qu'il veut acheter. On fait des économies depuis trois ans dans ce but... Il aurait menti depuis trois ans ? »

Le lendemain, Mariann appelle la section des mineurs de la police locale. On la renvoie au Centre national pour les enfants abandonnés et exploités. Sans prendre ni son nom ni son adresse, on l'informe qu'on va lui envoyer une brochure!

– Une brochure ? Qu'est-ce que vous voulez que j'en fasse ? Mon mari est parti en Irak avec mes deux enfants! Vous n'avez rien d'autre pour m'aider ?

– Dans ce cas, appelez le département d'État.

Au département d'État, on l'écoute, puis on lui explique qu'on ne peut rien faire : il n'existe pas de loi interdisant à un père de voyager avec ses enfants.

Désespérément, Mariann épluche les papiers de Khalid, les relevés d'appels téléphoniques, et comprend qu'il a prévu d'agir depuis au moins deux ans. Depuis la première fois qu'elle a refusé de l'accompagner en Irak. Il a consulté des articles sur les enlèvements d'enfants à la Bibliothèque nationale, les photocopies sont là. En 1988, il a obtenu un permis de travail dans son pays par l'intermédiaire de l'ambassade d'Irak. La seule chose qu'il a faite au dernier moment, dans ce plan longuement médité, a été d'inscrire les enfants sur son passeport irakien. Et de leur acheter des vêtements, le débit de la carte de crédit le prouve. Comme il prouve qu'il a emporté « ses » économies, les 30 000 dollars mis de côté pour « leur » maison.

Durant des semaines, la perte de ses enfants plonge Mariann dans un état de choc physique et moral. Elle n'arrive plus à manger, elle vomit tout ce qu'elle avale. Elle est incapable de sortir de chez elle sans pleurer. Dès qu'elle essaie d'aller prendre l'air, le souvenir d'Adora, qui montait toujours avec elle en voiture, déclenche un torrent de larmes. Elle ne voit plus la route et est obligée de rentrer.

Parfois, à peine sortie, elle se sent prise d'une idée folle, de la conviction irraisonnée que Khalid et les enfants sont revenus à la maison. Elle se dit : « Ils sont à l'appartement et je n'y suis pas ! » ; elle se précipite ; il n'y a personne, naturellement.

Elle a perdu tout intérêt pour les antiquités et les jouets anciens, annulé tous ses voyages. Elle sait bien qu'il lui faut travailler, puisque Khalid a emporté toutes leurs économies, mais elle n'arrive pas à supporter un simple entretien avec un employeur.

Cette vie, sa vie, qui jusqu'à présent tournait autour de ses enfants, est maintenant privée de sa substance. Mariann en est arrivée au point que sa meilleure amie l'appelle tous les matins pour s'assurer qu'elle est debout.

– Qu'est-ce que tu fais, aujourd'hui ?

– Rien.

– Ah non ! tu ne vas pas rester à ne rien faire... Tu vas téléphoner au département d'État, tu vas prendre une douche et t'habiller, après ça tu viens chez moi et on décidera du reste de la journée.

– Tu ne te rends pas compte, tu ne peux même pas imaginer ce que je ressens. Si tu en avais la moindre idée, tu ne le supporterais pas ! C'est comme une déchirure en pleine poitrine, qui n'arrête pas de faire mal, c'est la pire des choses à endurer !

C'est si difficile de faire comprendre cet abîme dans l'estomac, dans la tête, cette impossibilité de vivre, cette douleur de chaque minute que ressent une mère totalement séparée de ses enfants. Enfin, grâce au département d'État et à l'intervention du chargé d'affaires de l'ambassade américaine à Bagdad, Joe Wilson, Mariann peut parler à Khalid le 31 juillet 1990, six semaines après l'enlèvement des enfants. Deux jours seulement avant l'invasion du Koweit par les troupes irakiennes... Mais de cela, personne ne se doute encore.

Khalid est furieux qu'on l'ait contraint à cette conversation téléphonique. Sans l'insistance de Joe Wilson et celle de quelques fonctionnaires irakiens, il n'aurait pas bougé. Mariann, elle, est hors d'elle :

– Où sont les enfants ?
– Chez ma mère, à Mossoul. Ils vont bien.
– Je peux téléphoner là-bas ?
– Non, il n'y a pas le téléphone. Ils vont bien !
– Mais qui s'en occupe ?
– Ma mère, la famille...
– Et chez ton frère, je peux appeler ?
– C'est compliqué, il n'est pas toujours là.

Dès le lendemain et les jours suivants, Mariann essaie d'avoir les enfants au téléphone. La plupart du temps, personne ne répond. Parfois, un enfant décroche, elle ne sait pas qui ; il dit quelques mots en irakien avant qu'on coupe la ligne.

Elle téléphone également à l'assistante sociale du département d'État, régulièrement, obstinément, mais sans succès. Aucune loi, aucun pouvoir ne peuvent contraindre Khalid à restituer Adam et Adora à leur mère, pas même

Joe Wilson, pas même l'ambassadrice, April Glaspie, qui s'est intéressée humainement au cas de Mariann...

Et, deux jours plus tard, le 2 août 1990, l'Irak envahit le Koweit; l'ambassade américaine est confrontée à d'autres problèmes. April Glaspie quitte le pays; on lui reproche de ne pas avoir compris ou prévenu à temps les intentions de Saddam Hussein...

Mariann se sent totalement isolée, elle ne peut même plus obtenir la communication avec Mossoul. Elle avait cru que rien ne pouvait être pire que ce qu'elle avait connu jusqu'à présent mais ce qu'elle vit est pire. Assommée, tétanisée, elle reste chez elle à contempler les informations à la télévision; ce sera sa seule activité durant les six mois suivants.

Son histoire commence à se savoir et les médias de Detroit, puis la chaîne de télévision C.N.N., prennent contact avec elle. Au début, Mariann est réticente, mais son amie la pousse à coopérer :

— Tu as besoin d'aide, Mariann; il y a peut-être quelqu'un quelque part qui pourra t'aider en entendant ton histoire.

Effectivement, tout ce qui peut faire entendre la voix de Mariann n'est pas inutile. Le département d'État ne l'oublie pas et Joe Wilson continue à s'occuper de son cas, malgré les circonstances difficiles. En septembre 1990, à l'occasion d'un voyage à Mossoul, il tente d'établir un contact avec Khalid. Il n'était pas obligé de le faire, il n'avait pas même à le faire, jamais auparavant il ne s'était impliqué dans ce genre d'affaires, mais il considère cela comme une action humanitaire.

Bien qu'impressionné par le comportement

de Wilson et sa situation diplomatique importante, Khalid refuse de le rencontrer autrement que par l'intermédiaire d'officiels irakiens. Exigence évidemment impossible à satisfaire à ce moment-là.

L'histoire privée de Mariann rejoint maintenant l'actualité. Tandis que le monde entier entend à la télévision les déclarations de Saddam Hussein et les menaces du président Bush, quelque part dans la ville de Mossoul, Adam et Adora, huit ans et quatre ans, nés aux États-Unis, de nationalité américaine par leur mère, passent des vacances bizarres dans une famille et un pays qu'ils découvrent pour la première fois.

Un peu plus tard, en septembre, une opportunité se présente. Khalid veut inscrire les enfants dans une école de Mossoul, mais il a besoin pour cela des copies de leurs certificats de naissance, certifiées par le département d'État. Joe Wilson saisit l'occasion et propose un compromis. Son ambassade fournira les papiers à condition que Khalid accepte de parler à Mariann.

Quelques jours plus tard, elle a la surprise d'entendre la voix de Wilson au téléphone, lui annonçant à la fois une désillusion et un espoir :

– Votre mari est à Bagdad avec moi. Je lui ai proposé à plusieurs reprises de laisser partir les enfants avec un groupe d'évacuation, puisqu'ils ont la nationalité américaine. Nous avons organisé des charters. Il a refusé. Je suis désolé. Mais il a accepté de vous parler. Restez calme, surtout...

Khalid prend un ton désinvolte :

– Salut, comment ça va ?

Mariann retient sa rage afin de respecter la

349

consigne : rester aussi aimable que possible, laisser la porte ouverte à toute négociation. Ne pas provoquer Khalid, sinon il ne rappellera plus.

Elle s'entend dire que les enfants sont en bonne santé et qu'ils vont aller à l'école. Elle tente une ouverture :

— Je peux venir vous rejoindre à Mossoul ?

— Naturellement !

Cette conversation presque mondaine la met hors d'elle ; la gorge serrée, elle s'efforce de ne pas insulter Khalid. Depuis toujours, il attendait qu'elle capitule. Cette fois, il a gagné : elle va être obligée de le rejoindre. Devant Joe Wilson, il joue la comédie de la courtoisie et de l'amabilité.

— Je vais demander un visa à l'ambassade irakienne de Washington. Si on me fait des difficultés, tu m'aideras ?

— Bien entendu...

À présent, Mariann a un objectif dans la vie. Pour financer son voyage, elle liquide toutes ses affaires et récupère 5 000 dollars dans la vente aux enchères de ses objets d'antiquités. Elle déménage de chez elle pour ne plus payer de loyer et s'installe chez son frère et sa belle-sœur, Tom et Mary Ann. Elle achète son billet d'avion pour Bagdad, mais, en octobre, elle doit faire face à une nouvelle difficulté : l'ambassade d'Irak l'informe qu'elle ne pourra obtenir son visa qu'en échange d'une invitation officielle irakienne.

En fait, en raison de la crise internationale, aucun visa ne peut être délivré sans la caution d'un citoyen irakien. Khalid accepte un nouveau contact avec elle à la fin d'octobre. Depuis l'ambassade américaine de Bagdad, il assure qu'il s'occupe du problème.

– Attends que je te rappelle, tiens-toi prête à partir.

Alors Mariann attend, attend... et les semaines s'écoulent, les jours passent, sans nouvelles. Les États-Unis se préparent à la guerre, l'ultimatum du président Bush pour le retrait des troupes ira-kiennes se rapproche. Mariann sombre dans une nouvelle dépression. Elle a le sentiment de subir personnellement le chantage de l'Irak; ses enfants sont des otages à double titre, par la volonté de leur père et par celle de son pays.

Noël arrive. Toute la journée, la télévision passe des publicités pour les enfants, de belles images de fête... entrecoupées de menaces de guerre. Le 21 décembre, enfin, Khalid rappelle depuis la maison de son frère. Il a de bonnes nouvelles : le visa est signé. Mariann demande si les enfants sont là.

– Adam vient juste de sortir pour jouer...

Alors elle fond en larmes :

– Ne me fais pas ça! Va le chercher, je t'en prie, va le chercher!

Elle n'a pas parlé à ses enfants depuis leur départ, il y a maintenant six mois de cela, elle n'en peut plus. Comme par magie, le petit Adam vient à l'appareil et dit simplement :

– Bonjour, maman.

Et Mariann fond de nouveau en larmes.

– Je vais bien, maman.

– Et ta sœur, Adam? Elle a fait des crises d'asthme?

– Adora va bien, maman.

Mariann entend son père lui souffler les

351

réponses à l'oreille. Adam répète qu'il n'a pas de problèmes d'asthme, qu'il l'aime, qu'il l'embrasse et qu'il veut qu'elle vienne le plus vite possible.

– Je vais essayer de t'envoyer des cadeaux pour Noël, mon chéri...

– J'ai pas besoin de cadeau, maman, toi seulement.

Mariann peut lui parler dix minutes avant que la ligne soit coupée, sans préavis.

Le 25 décembre à trois heures du matin, elle est réveillée par un fonctionnaire de l'ambassade de Bagdad.

– Joyeux Noël! Nous avons votre visa.

Et pendant qu'il lui épelle le numéro de télex qu'elle doit joindre à Washington, Mariann regarde fixement l'appareil, en se disant : « Ce n'est pas possible, c'est une blague... » Elle n'y croyait plus. La réalité est devenue pour elle un désert de dunes de sable, constamment en mouvement... un jour, oui, un jour, non, le lendemain, peut-être.

Elle achète son billet sur le prochain vol pour Amman, en Jordanie, le 12 janvier. Le trajet Amman-Bagdad doit être réservé de Jordanie, personne aux États-Unis ne pouvant fournir de billets d'avion pour l'Irak. Elle a si peu d'argent qu'elle a peur d'être obligée de rester à Amman, à des kilomètres de Bagdad. Et elle sait qu'elle doit calquer son programme de voyage sur celui de l'ultimatum américain. Le 15 janvier, Saddam Hussein et ses troupes sont censés se retirer du Koweit...

Le jour où Mariann doit partir pour la Jordanie, les États-Unis ferment leur ambassade à Bagdad. Plus de contact avec Joe Wilson. Tout trafic aérien pour l'Irak est suspendu. Pour Mariann, c'est de nouveau l'attente...

Khalid appelle désormais de plus en plus fréquemment, comme s'il était sûr de lui et de son pouvoir sur elle :

— Tu n'as qu'à attendre la fin de la guerre. Ce sera fini dans deux semaines! Et ne t'inquiète pas, les enfants sont en sécurité ici.

— En sécurité, à Mossoul! Ils sont en plein dans une zone de combats!

— Mais non, pas du tout, tout est tranquille ici. Et il n'y en a pas pour longtemps, tu verras...

Ce que Khalid ne dit pas, c'est qu'il va déménager, avec les enfants et une cinquantaine de membres de sa famille, dans une ferme qu'il possède dans un village, et qu'ils y resteront toute la durée de la guerre. Il ne faut pas que la vérité soit trop rassurante pour Mariann, probablement.

Mariann n'a plus de nouvelles durant toute la guerre.

Les relations diplomatiques sont rompues; Joe Wilson est contraint de quitter Bagddad avec les autres.

Mariann est condamnée à regarder, comme hypnotisée, les informations télévisées, condamnée à attendre. Elle dort peu, d'un sommeil agité, quelques heures par nuit dans le meilleur des cas. Prise dans la tourmente internationale.

Le 16 janvier 1991, dans la nuit, Mariann allume son poste de télévision, qu'elle a éteint une demi-heure plus tôt. Elle est cueillie à froid par le premier raid aérien sur Bagdad. Elle se précipite chez son amie, Lee et, ensemble, elles regardent toute la nuit défiler les informations. À partir de ce moment, Mariann ne quitte plus la proximité d'une radio ou d'une télévision,

353

vingt-quatre heures sur vingt-quatre. Elle a besoin de tout voir. Sinon, son imagination se met à délirer, elle pense aux enfants, à toutes les horreurs qui peuvent leur arriver.

Mariann se met à chercher toute la documentation possible sur l'Irak bien que, dans l'ensemble, les informations disponibles soient limitées. La banlieue de Detroit est pourtant le siège de la plus grande population araboaméricaine des États-Unis, mais la bibliothèque municipale ne possède aucun livre sur l'Irak écrit depuis 1972, avant l'arrivée de Saddam Hussein au pouvoir. Mariann trouve une carte détaillée, qu'elle photocopie et accroche au mur de sa chambre, avec des articles de journaux et de magazines. Elle organise son petit centre de documentation pour suivre à la trace le déroulement des opérations, la direction des attaques aériennes.

Il y a peu d'informations sur Mossoul, pourtant la troisième ville d'Irak ; un vide que Mariann ressent avec plus de découragement encore lorsque, au printemps 1991, la rébellion kurde se déploie à quelques kilomètres de l'endroit où vivent en principe ses enfants.

Un jour, alors qu'elle zappe sans relâche sur toutes les chaînes de télévision, elle s'arrête sur un programme documentaire parlant des ruines de Ninive. Elle a enfin un premier aperçu de Mossoul : une étendue de petites constructions en ciment, aux étages bas, étirées le long du Tigre ; pas de centre-ville repérable. Elle se sent mieux, plus proche des enfants. Elle ne peut ni les toucher ni leur parler, mais a au moins la possibilité de les imaginer dans leur cadre quotidien.

Une journée de Mariann est une journée au mieux décourageante, au pire désespérante.

Quand l'Irak envoie des *scuds* sur Israël, elle a peur qu'Israël réponde par des attaques qui n'épargnent pas les populations civiles irakiennes, Elle a peur d'une Troisième Guerre mondiale. Le 30 janvier, Adam a neuf ans, et les bombes tombent toujours. Le 24 février, Adora a cinq ans, et c'est le déclenchement de l'attaque terrestre. Peur, peur à n'en plus finir. Des larmes à n'en plus finir.

En mars, le séjour provisoire de Mariann chez son frère dure déjà depuis six mois. Elle est sans travail, elle n'a pas de maison à elle, elle est privée de ses enfants et, pour que les choses soient plus difficiles encore, voilà qu'elle se sent maintenant étrangère à son propre pays, dégoûtée de tous ses drapeaux, de tous ses rubans jaunes symboles d'un espoir qui ne vient pas.

Sans être partisane de Saddam Hussein, évidemment, elle se retrouve du côté de l'Irak parce que ses enfants y sont, parce qu'elle se sent complètement isolée pendant cette guerre que toute l'Amérique, ou presque, trouve normale, alors qu'elle-même ne cesse de penser : « Et si mes enfants meurent sous les bombes américaines ? »

Depuis l'enlèvement, le sort s'acharne sur Mariann. L'invasion irakienne, ses problèmes de visa, ses soucis d'argent, les bombardements, l'affrontement entre la guérilla kurde et les troupes irakiennes. Il lui semble que le monde entier s'est ligué contre elle. Plusieurs fois par jour, la C.N.N. diffuse les derniers reportages sur le désastre de cette guerre et Mariann craint à chaque fois d'apercevoir là, sur l'écran, accrochés aux ruines, les cadavres de ses propres enfants. À tel point qu'elle confesse à son amie Lee :

– Finalement, par moments j'aimerais mieux qu'ils soient morts plutôt que prisonniers là-bas. C'est horrible de penser ça, et pourtant je me dis : « S'ils étaient morts, au moins, je pourrais avoir du chagrin et peut-être tenir le coup, continuer à vivre. Mais tant que je ne sais rien d'eux, je vais souffrir. »

Si Mariann perd espoir en l'avenir, d'autres éléments, plus positifs, la maintiennent à flot. Le premier date de novembre 1990, lorsqu'elle participe au séminaire sur les enlèvements internationaux entre parents. Là, elle prend conscience que le problème est plus répandu qu'elle ne le pensait et le témoignage de Christy Khan l'impressionne beaucoup. Christy préconise le rapprochement entre les cultures islamiques et les nôtres afin de permettre une meilleure compréhension des mariages mixtes.

C'est pour Mariann un jour particulièrement dur, et elle pleure pendant tout le discours de Christy, qui vient la voir à la fin pour la consoler :

– Je voulais seulement vous embrasser. Dans votre cas, je comprends que vous ayez envie d'envoyer au diable tout ce que je dis, mais il faut garder espoir.

Elles échangent leurs numéros de téléphone et, une semaine plus tard, Christy emmène Mariann chez l'imam Mardini, le dirigeant musulman de la région de Detroit, devant lequel elle a prononcé ses vœux islamiques.

Mariann a peur d'y aller d'elle-même, elle n'a jamais rencontré d'imam auparavant, mais celui-ci se montre très gentil et particulièrement réaliste. C'est un homme de paix, qui a ses

propres problèmes dus à la guerre : un sentiment anti-arabe déferle alors sur la région et le
centre musulman vient d'être dévasté pour la
seconde fois. Il prend cependant le temps
d'écouter Mariann et promet d'essayer de
contacter des gens en Irak.

– Le comportement de votre mari n'a rien
d'islamique. Notre culture met en valeur avant
tout l'importance d'une vie familiale stable.
N'en voulez pas aux autres du mal qu'il vous
fait.

Plus tard, en janvier 1991, la C.N.N. organise
chez moi une double interview avec Mariann,
qui vient de lire *Jamais sans ma fille* et y a puisé
un certain réconfort moral. Mais la pauvre est si
pâle, si désemparée devant les caméras.

– Tout le monde me demande si je connais
Betty Mahmoody. J'ai l'impression de la connaître depuis toujours. On nous a comparées
parce que nos histoires sont un peu similaires,
mais aussi parce que tout le monde confond
régulièrement l'Irak et l'Iran. Mais c'est autre
chose pour nous, une relation particulière.
Betty sait écouter ; elle ne se contente pas de
dire aux gens comme moi : « Pourquoi avez-
vous épousé un Irakien ? Pourquoi n'avez-vous
pas fait ceci, ou cela... ». Betty comprend. Ce
qu'elle a écrit a une énorme influence sur la
façon dont je vois les choses. On peut être
furieuse, vindicative, devenir affreusement
mauvaise ou sournoise, on peut être complai-
sante aussi. Au début, quand Khalid a emmené
les enfants, j'étais en colère comme personne,
j'aurais pu dire beaucoup de choses sur lui dans
les médias. Mais je me retiens, grâce à des gens
comme Betty, qui me répète que toutes les
injures du monde ne me rendront pas mes

enfants... Et le plus important, pour moi, c'est son soutien. Lorsque j'ai dit : « J'irai en Irak s'il le faut », elle a dit : « Si Mahtob était là-bas, j'irais. »

Aussi dur que ce soit pour Mariann de contenir sa colère, il est encore plus dur de nouer des contacts avec la communauté irako-américaine. Elle n'a aucune envie de rencontrer des Irakiens, qui lui rappellent trop Khalid. Or, en mars 1991, après l'opération Tempête du désert, elle ne supporte plus de regarder sans rien faire tous ces reportages sur les enfants irakiens mendiant de quoi manger aux soldats. Elle a besoin de tenter quelque chose. La télévision a évoqué l'existence d'un groupe humanitaire d'Irako-Américains, dans la région de Detroit, qui quête pour acheter de la nourriture et des médicaments. Elle se porte volontaire.

Le groupe est restreint, mais comme trois bénévoles viennent de partir pour l'Irak, emportant avec eux du ravitaillement et des lettres de parents vivant aux États-Unis, on propose à Mariann de répondre au téléphone au bureau. Au début, elle s'y rend deux ou trois fois par semaine; en avril, elle y travaille du lundi au vendredi, sept heures par jour. La demande d'information est énorme et elle aime bien être au centre des événements, être au courant des derniers rapports sur les conditions intérieures de l'Irak. Mais ce travail présente certains inconvénients : toutes les personnes du bureau d'entraide parlent arabe entre elles, ou chaldéen, un dialecte utilisé par les catholiques irakiens, et Mariann se sent parfois exclue, prête à abandonner. Mais chaque matin, elle se rappelle mes conseils et y retourne.

358

Avec le temps, elle fait l'expérience d'une chose étonnante : une compréhension instinctive de l'autre est possible, et cela malgré la barrière du langage. Dans le groupe, chacun admet que Khalid a eu tort d'enlever les enfants et, finalement, Mariann trouve que ses collègues ont beaucoup de choses en commun avec elle. Notamment l'horreur des bombardements et l'impossibilité de protester contre cette guerre de peur d'être considérés comme de mauvais citoyens.

Au fil des semaines, le travail bénévole de Mariann se révèle une source de découvertes mutuelles. Et lorsque ses compagnons comprennent qu'elle n'a aucune hostilité envers leur peuple, ils l'acceptent comme une des leurs.

Le vice-président du groupe d'entraide, Shakir Al-Khafaji, un architecte paisible et infatigable dans son bénévolat, organise des voyages humanitaires en Irak. Or, au mois de mai 1991, Mariann reçoit enfin une lettre de Khalid, timbrée du mois de mars, lui apprenant qu'ils ont survécu à la guerre, que les enfants et lui sont en bonne santé, qu'ils sont restés au village tout le temps des bombardements. C'est un immense soulagement. Mais ce n'est pas suffisant. Vraiment pas. Elle a besoin d'être avec ses enfants.

– Shakir, je me sens capable de vivre le reste de ma vie en Irak, s'il le faut. C'est l'occasion. Faites-moi partir là-bas.

C'est ainsi que Mariann se retrouve dans une délégation humanitaire, dont le départ est prévu à la fin de juin 1991. Tout le monde n'approuve pas ce choix; un juriste du département d'État fait même tout ce qu'il peut pour la dissuader.

– Vous ne pouvez pas aller en Irak, c'est de la

folie! En admettant que vous réussissiez, vous n'en ressortirez pas!

Mariann me téléphone, fâchée :

— Je ne veux plus entendre parler du département d'État, je refuse de perdre mon temps à écouter leurs discours négatifs. C'est déjà assez difficile de prendre la décision de partir. Je ne sais même pas si on tire encore sur les Américains, là-bas... Khalid a peut-être changé d'avis à propos de mon séjour, il peut aussi bien me retenir en otage, ou m'empêcher de voir mes enfants. Si je les écoutais, je ne ferais rien... J'ai peur! Bien sûr que j'ai peur, mais je dois faire quelque chose!

Mariann engage maintenant un autre combat, quotidien, avec elle-même. Les médias ont fait de son histoire une sorte de conte de fées en parlant d'elle comme de la « femme qui aime tellement ses enfants qu'elle est prête à tout risquer pour aller vivre en Irak », comme si elle s'apprêtait à faire une descente aux enfers... Les journalistes n'ont pas cessé de lui demander si elle aurait le courage d'y aller – et moi-même j'ai affirmé qu'à sa place, j'irais... Il lui faut donc partir, comme tout le monde s'y attend. Mais son histoire n'a rien d'un conte de fées, son histoire, c'est un cauchemar permanent. Elle a peur de partir dans ce pays inconnu, mis au banc des nations, peur d'affronter son mari, peur de la guerre...

Shakir, le président du groupe humanitaire, obtient pour elle un visa ainsi que la protection du Croissant-Rouge irakien et de la Croix-Rouge internationale. Il a également récolté 300 dollars pour lui permettre de subsister pendant l'escale à Amman, qui doit durer cinq jours. Cette fois, Mariann est au pied du mur.

Elle part courageusement tenter de recoller son mariage avec Khalid, pour l'amour de ses enfants.

Après un voyage de dix-sept heures en autocar, une attente de quatre heures au contrôle de la frontière jordanienne, le groupe atteint Bagdad le lundi 1er juillet 1991.

Le mardi, laissant ses compagnons accomplir leurs tâches – visites des hôpitaux, distributions de médicaments et de lait –, Mariann entreprend de localiser Khalid. Son unique repère est une pension de famille à Bagdad qu'il a habitée lorsqu'il est venu de Mossoul, convaincu par Joe Wilson de se rendre à l'ambassade pour parler à sa femme.

L'employé se souvient de son nom et promet d'essayer de transmettre un message à Mossoul, car les communications ne sont encore pas rétablies.

Durant son parcours à travers la ville, Mariann se rend compte de l'impact de la Tempête du désert sur la capitale irakienne. Sur les cinq ponts traversant le Tigre, quatre sont encore effondrés, bloquant la circulation sous une chaleur infernale. Autour de son hôtel, le célèbre *Al Rashid* d'où la C.N.N. a continué à transmettre pendant la guerre, les principaux immeubles sont bombardés. D'innombrables maisons sont démolies, un quartier entier a été détruit par une bombe qui a manqué un pont voisin. Cinq cents personnes auraient succombé lors de cette seule attaque. Le long du fleuve, plusieurs hôpitaux ont subi le même sort. De tout côté, ce ne sont que magasins et restaurants en ruine.

Dans la soirée, Mariann et son groupe dînent dans un restaurant du centre-ville éclairé à la bougie en raison des coupures de courant. C'est là que, vers onze heures du soir, un homme s'approche de leur table et la demande par son nom.

– Mariann Saieed ?

Il parle arabe et on traduit à Mariann ce que dit le mystérieux étranger :

– On a réussi à prévenir votre mari. Il vient vous chercher demain avec les enfants.

Le message qu'elle a laissé à la pension a donc été transmis. Mariann exulte à l'idée de revoir si vite ses enfants et, pourtant, commence par fondre en larmes. Depuis des mois, la moindre émotion, la moindre nouvelle, la fait pleurer.

Mercredi, dix heures du matin. Mariann, assise dans le hall gigantesque de l'hôtel *Al Rashid*, attend avec anxiété. Soudain, en se retournant, elle les voit, là, juste derrière elle.

Enfin ! elle les tient dans ses bras, pour la première fois depuis un an. Adam, Adora...

Le bourdonnement du hall s'estompe et disparaît. Tous les regards sont braqués sur ces retrouvailles émouvantes.

Adora est une ravissante petite fille au visage en cœur, aux lourds cheveux noirs. Elle semble hésiter, puis répond de bonne grâce à l'étreinte de sa mère. Adam, petit garçon mince au sourire attendrissant sur de nouvelles dents d'adulte, regarde sa mère fixement. Comme une apparition.

Elle est fascinée et choquée par leur changement. Avant, ils étaient bien habillés, toujours soignés, ce n'est plus le cas. Adam, d'habitude plein de vie, lui paraît anormalement calme.

Adora a oublié sa langue maternelle; l'œil interrogateur, elle écoute sa mère lui demander :

– *How are you? How are you?*

Khalid s'excuse :

– Elle ne parle pas anglais. J'ai essayé de lui parler anglais, mais tous les autres parlent arabe.

– Eh bien, ça va changer, je suis là maintenant.

À l'écart de son père, Adam se confie un peu :

– Tu sais, quand on est venus ici avec papa, c'était horrible. Après, comme tu venais pas, je voyais plus ta figure dans ma tête. Je voulais une photo de toi, juste une photo... Il me l'a pas donnée.

– Je suis là, maintenant...

– On va repartir après les vacances? On va retourner là-bas?

Les vacances! Des vacances d'une année! Voilà ce que Khalid a raconté à Adam. Il fallait s'y attendre. Un père qui s'enfuit comme il l'a fait ne dit pas à ses enfants : « Attention, je vous kidnappe, vous ne reverrez plus maman! » Il s'est servi d'eux comme d'un objet de chantage, pour la faire venir. C'est odieux, et Mariann n'a pas oublié sa colère contre lui. Mais elle est si heureuse de les revoir! Même lui, finalement, est un visage familier dans ce nouveau monde, un lien avec son passé. Bien qu'il n'ait guère changé. Toujours distant, la parole rare. Pour ces retrouvailles, tout de même extraordinaires, il n'a pas eu un geste d'affection particulière pour sa femme. Pas une explication, non plus. Il est parti, c'était à elle de venir, ou pas. Point.

Leur situation à tous deux n'est pas claire.

363

Vont-ils reprendre une vie de couple? Vont-ils se déchirer de nouveau?

— Qu'est-ce que tu aurais fait si je n'étais pas venue?

— Oh, si j'avais voulu, j'aurais pu t'envoyer les papiers du divorce par la poste et tu n'aurais jamais revu les enfants!

— Pourquoi ne l'as-tu pas fait?

— Ça m'ennuyait de le faire comme ça. Je sais qu'ils ont besoin de toi, je voulais que tu viennes ici.

Et il n'a même pas le sentiment, en s'exprimant aussi clairement, qu'il a fait du chantage. Il est désarmant!

Le temps est lourd, les enfants jouent dans la chambre d'hôtel et Mariann se gorge de leur présence. Khalid se repose, allongé sur le lit, de nouveau silencieux. Il n'a même pas posé de questions sur le groupe qui a permis à sa femme de le rejoindre. Il se garde bien de l'interroger sur le visa provisoire dont elle dispose. Trente jours. Et après?

Maintenant, ils montent tous les quatre dans une voiture conduite par le frère de Khalid, qui l'a accompagné jusqu'à Bagdad. Il ne parle pas anglais et s'adresse presque uniquement à son frère, éventuellement à Adam, qui commence à bien comprendre la langue.

Adora a grandi de dix centimètres et pèse maintenant plus de vingt-deux kilos. Juchée sur les genoux de sa mère, elle dort pendant tout le voyage.

Après quatre heures de trajet sur une route aride et brûlée par le soleil, c'est l'arrivée à Mossoul.

La première impression de Mariann est plutôt sinistre. À la différence de Bagdad, la ville est dépourvue de toute verdure. Toute la végétation a grillé, après les dernières pluies de printemps, il y a plusieurs mois déjà. On lui avait dit que Mossoul, au nord et haute en altitude, était plus fraîche que la capitale ; elle comprend maintenant ce que cela veut dire : Bagdad fond à 50 degrés, Mossoul étouffe à 45 !

En pensant aux pantalons et aux chemisiers noirs qu'elle a emportés, Mariann a envie de rentrer sous terre pour y chercher de l'ombre.

En arrivant en vue de la maison, Khalid s'exclame :

– Zut ! l'électricité est coupée !

Tout le voisinage est plongé dans le noir, seules quelques maisons çà et là sont éclairées par des générateurs.

Pendant la guerre, la ferme est restée durant quarante-trois jours sans électricité, sans eau courante, sans pétrole pour les lampes et la chaudière, alors que la température l'hiver dégringole aux environs de moins 20° C.

La voiture roule jusqu'à un petit portail de fer et s'y arrête. Mariann traverse un patio au toit couvert de tuiles, aux murs de ciment. Khalid partage cette maison de location avec sa mère, veuve, et ils sont accueillis par un comité de bienvenue d'une douzaine de personnes.

Il y a là la belle-sœur de Khalid, Sageta, ses trois enfants, plus âgés que ceux de Mariann, des cousins et la belle-mère, bien sûr, dont l'hostilité est visible, mais silencieuse. Regard noir et désapprobateur, elle n'est pas du genre à accueillir sa belle-fille américaine en lui tendant les bras.

On fait asseoir Mariann sur un matelas, elle

essaie d'accommoder ses yeux à la faible lueur d'une lampe à pétrole. Au bout d'une dizaine de minutes, Khalid se lève en disant :

— Je reviens dans quelques minutes.

Il ne réapparaît pas avant une heure et demie, laissant sa femme aux prises avec un flot de questions en arabe, bien trop rapides pour qu'Adam puisse traduire. Et elle se dit avec amertume :

— Ça recommence, il m'abandonne...

Épuisée et en sueur, elle demande à son fils où se trouve la salle de bains. Adam la guide à l'aide de la lampe à pétrole à travers les couloirs de ciment :

— Tu sais, maman, les salles de bains sont pas comme à la maison...

— Qu'est-ce que tu veux dire ?

— Elles sont pas comme à la maison !

Rien n'a préparé Mariann à ce qui l'attend. Un trou infect dans le sol, sans chasse d'eau, envahi par les mouches. Écœurée, elle ressort du réduit en trébuchant et sans l'utiliser.

Au retour de Khalid, elle ne peut contenir sa rage. Elle entraîne son mari à l'intérieur du réduit et explose d'indignation :

— Je ne comprends pas que tu puisses vivre comme ça ! Et tu es parti de chez nous parce qu'on vivait mal ! Pour avoir ça !

La réaction de Khalid la surprend. Au lieu de se mettre en colère comme avant, il geint, élude le sujet :

— Je m'attendais à autre chose pour notre première nuit de retrouvailles... Je sais bien que la maison n'est pas formidable. J'ai cherché mieux, le mois dernier, mais je suis à court d'argent. L'embargo des Nations Unis a ruiné mon commerce.

– Et la voiture? Une Toyota, ça coûte cher!

– Je l'ai empruntée à mon frère. Je n'ai même pas les moyens de m'en offrir une.

Maintenant que Mariann constate ses conditions de vie, il est bien obligé de dire la vérité. En des temps meilleurs, ses frères et sœurs l'ont aidé, mais ils sont eux aussi ruinés, d'abord par dix années de guerre avec l'Iran, puis par les États-Unis. Acculé, Khalid s'est échiné à remonter un vieux magasin de vidéo, acheté pour une poignée de clous et qui marche mal.

– Pourquoi es-tu parti? A quoi ça sert d'offrir une vie pareille aux enfants?

– Tu disais toujours que tu voulais t'en aller avec eux, ou divorcer, je ne pouvais pas supporter que tu fasses ça...

– Tu sais bien que je n'aurais pas divorcé. Tu sais bien que les enfants sont tout pour moi, alors que tu ne t'en es jamais occupé! Au moins, tu aurais pu revenir, puisque tout va mal ici. Tu voulais gagner de l'argent, tu en gagnes encore moins qu'aux États-Unis! A quoi te sert ton diplôme? Où sont les industries qui peuvent t'engager?

– Ça s'arrangera...

Sous un ciel brumeux, lourd et couvert, qui ne change pas de l'aube au coucher du soleil, Mariann s'éveille, le lendemain matin, alors que Khalid part à son magasin. Elle a accepté provisoirement d'être à nouveau sa femme. Partager son lit avec un homme qui lui a fait autant de mal est étrange. Elle ne sait plus que penser.

L'a-t-il jamais aimée? Au début, peut-être, sûrement. L'a-t-il épousée uniquement pour avoir le confort d'une femme à la maison, d'un appartement entretenu, le temps de terminer ses études et de repartir chez lui? Il ne voulait pas d'enfants, c'était sûrement pour cela. Mais aujourd'hui, douze ans après... Que veut-il? Quelle raison a-t-il de vouloir ses enfants ici? Est-il devenu nationaliste? Croit-il sincèrement à l'avenir de son pays, sous la poigne de Saddam Hussein? Est-il toujours l'adolescent indécis qui n'a trouvé comme refuge que les jupes de sa mère?

Mariann, elle non plus, ne sait pas trop ce qu'elle veut. Le convaincre de repartir avec elle aux États-Unis? Le persuader de lui laisser emmener les enfants seule? Il ne voudra ni l'un ni l'autre. Pour l'instant, l'essentiel est d'être avec eux. D'examiner le terrain. Tout vaut mieux que d'être seule devant un téléphone aux États-Unis.

Sa première vision de Mossoul au grand jour, lui montre une cité qui a relativement peu souffert des attaques aériennes, contrairement à Bagdad. Une bombe unique a démoli une maison en bas de la rue où habite le frère de Khalid. Ce jour-là, les enfants regardaient les éclairs de la guerre dans la nuit et une petite nièce de Khalid a été blessée par des éclats d'obus. Mais si les dégâts matériels ne sont pas terribles, la guerre, même après l'arrêt des combats, continue de désorganiser complètement la vie quotidienne. Une à trois fois par jour l'électricité est coupée, parfois durant six heures d'affilée. L'eau courante est également rationnée, tous les jours de trois à cinq heures, ce qui est une torture insupportable dans la chaleur de l'été. Il arrive qu'une interruption de courant exceptionnellement longue mette hors service les systèmes d'air conditionné durant toute une journée et toute une nuit.

La vie de tous les jours, dans cette maison de ciment sans âme, sous l'œil critique de la belle-mère, s'organise tant bien que mal. On lave la cour à l'eau froide, on étend des nattes à terre pour les enfants.

Il doit y avoir cent cinquante enfants dans le quartier. Le soir, il y fait noir comme dans un four, les plus petits sont terrorisés, on les entend pleurer de désarroi, de chaleur. Comme un chant de lamentations ininterrompu.

La guerre a également supprimé un service municipal d'une importance vitale : le drainage des eaux sales chez les particuliers. Résultat : les égouts débordent dans les rues, en inondent certaines, obligeant les piétons à enjamber des ruisseaux verdâtres et putrides.

Pour Mariann, cette existence pleine d'inconvénients matériels est alourdie par une solitude pesante. Ses compagnons du bureau d'entraide sont tous basés à Bagdad et attachés à leur mission. Le courrier est pratiquement inexistant, les réseaux de télécommunications de l'Irak sont détruits. Elle n'a aucun moyen de joindre sa famille, ou moi, aux États-Unis.

Naturellement, les journaux télévisés sont en arabe. Les stations de radio diffusent inlassablement la chanson préférée de Saddam Hussein, *My Way*, de Frank Sinatra, sur des arrangements variés.

Les journaux occidentaux sont introuvables. Mariann n'a donc aucun moyen de savoir si la rumeur persistante selon laquelle la guerre peut recommencer est crédible ou non.

On parle beaucoup de la résistance kurde, des Iraniens que les gens d'ici craignent comme la peste, menaçants à la frontière.

Les horaires de travail de Khalid ne facilitent

pas les choses. Il est aussi pris par son commerce à Mossoul qu'il l'était par ses études à Detroit. Il part au magasin le matin à huit heures, revient pour déjeuner, pendant l'inévitable coupure de courant à la mi-journée, puis repart jusqu'à dix heures du soir. La nuit venue, il est épuisé, de mauvaise humeur, et plus silencieux que jamais. Et ce, sept jours par semaine. Il n'est pas plus pratiquant qu'il ne l'était aux États-Unis et n'observe pas le repos religieux.

Mariann est déçue, la vie de famille à Mossoul ressemble à celle qu'il lui imposait aux États-Unis et qu'elle a tant détestée. Confort en moins. Quant au pays des *Mille et une Nuits*...

Trois jours après son arrivée, les vivres manquent. Le matin, Khalid dit qu'il reviendra avec des provisions à l'heure du déjeuner. L'après-midi arrive, passe, point de Khalid. L'unique nourriture de la maison est constituée de feuilles de vigne et de pains ronds, surgelés, que les enfants détestent. Khalid ne cuisine jamais, bien entendu, et Mariann constate que les enfants ont pris l'habitude d'aller manger un peu n'importe où. Généralement chez Sageta, la belle-sœur de Khalid. Mais personne ne lui a encore indiqué où habite Sageta, et on l'a prévenue de ne pas se promener seule dans la ville. La guerre a provoqué une montée de la criminalité, les vêtements occidentaux de Mariann, un peu voyants ici, pourraient susciter des envies fâcheuses. Effectivement, Mariann n'a vu qu'une femme porter des pantalons comme elle, bien que le port des vêtements traditionnels, longs et couvrants, ne soit pas obligatoire.

Ce jour-là, Mariann reste allongée sur le lit de la chambre conjugale; ni les enfants ni elle ne mangeront de la journée. Ils pleurent, elle aussi, et finissent par s'endormir.

Au retour de Khalid, tard dans la nuit, Mariann le prend sévèrement à partie. Il s'excuse et promet de régler le problème. Malgré cela, il ne rapportera pas de nourriture à la maison les jours suivants. Ce sont les membres de la famille, dix ou quinze à la fois, qui viennent le matin de bonne heure, avec des plats et restent jusqu'à minuit. La préparation des repas est aléatoire. On ne respecte pas d'horaires ; le rationnement prive les gens de riz et de farine, à chaque fin de mois. Mais au moins, Adam et Adora ne pleurent plus pour avoir à manger.

Il reste que les bonnes intentions de la famille sont, pour Mariann, un peu trop envahissantes. Avec deux cents membres dans un périmètre de cinq cents mètres, qui viennent régulièrement visiter sa belle-mère, elle n'a que de rares minutes de solitude avec son mari. Elle s'en plaint :

— Khalid, il faut que nous prenions un peu de temps pour nous retrouver, toi, moi, et les enfants...

— Je ne les inviterai plus, mais tu ne peux pas leur interdire de venir.

Sageta est la seule exception. Elle est toujours prévenante, mais discrète, et limite ses visites à une heure. Elle est aussi l'unique personne de la famille à parler anglais. Elle a regardé les photos que Mariann a rapportées du Michigan et tenté de lui remonter le moral :

— Je comprends que ta famille te manque, mais je suis ta sœur, maintenant. Dis-moi ce que les Américains pensent de nous ? Pour eux, est-ce que nous sommes des gens cruels ?

— Non. Ils pensent que vous avez subi la guerre.

— On n'avait pas le choix. Il faut faire ce que dit le gouvernement...

Sageta est jeune, équilibrée. C'est une bonne mère de famille, mais sa relation avec Mariann ne peut pas s'épanouir librement car, depuis un an, c'est elle qui a pris le pouvoir dans la maison en s'occupant d'Adam et Adora pendant les heures de travail de Khalid.

Adam n'a jamais oublié sa mère, mais Adora a pris l'habitude d'appeler Sageta « maman ». En arrivant, Mariann a constaté amèrement que sa fille avait une maman en Irak et une maman en Amérique. La petite aime vraiment beaucoup sa tante, qui d'ailleurs s'occupe d'elle comme de sa propre fille, ce qui est une bonne chose pour Adora mais serre le cœur de Mariann. Un an sans elle, et déjà tant de choses perdues!

Vers la fin de la première semaine, Khalid annonce triomphalement qu'il a loué un appartement pour des vacances d'une semaine dans un coin touristique proche de la cité nouvellement baptisée Saddam Dam, à environ vingt-cinq kilomètres au nord de Mossoul.

L'appartement est moderne, doté d'une plomberie à l'occidentale : eau chaude à volonté, douche. Mariann s'y installe avec soulagement, jusqu'au moment où elle entend le grondement des chasseurs-bombardiers américains. Ils passent au ras d'un barrage, venant de Turquie en mission de reconnaissance. Les avions volent si bas que les vacanciers ont tout le loisir de déchiffrer les numéros sur le flanc des appareils. Tout le monde s'immobilise pour regarder, même les plus petits enfants dans la piscine.

Ce genre d'incidents est particulièrement

traumatisant pour Adora, qui a tellement peur des avions qu'elle ferme les yeux dès qu'elle en voit un à la télévision. Adam, lui, raconte à sa mère les raids des bombardiers américains avec un certain détachement :

– Quand on était à la ferme, avant que tu viennes, ils passaient juste au-dessus. Si t'avais vu ça !

– Qu'est-ce vous faisiez alors ?

– Ben ! on comptait les avions...

Tout le monde craint une reprise des bombardements américains. Et lorsque deux hélicoptères de combat viennent tournoyer à quelques centaines de mètres de leurs fenêtres, Mariann et Khalid écourtent ces vacances qui n'ont duré que trois jours.

De retour à Mossoul, Mariann se réinstalle dans la routine quotidienne. L'ennui est son pire ennemi, elle a déjà lu deux fois l'unique livre qu'elle possède, un roman d'amour de cinq cents pages. Pour écourter la journée, elle se lève, comme les enfants, le plus tard possible, habituellement aux environs de onze heures. La chambre des enfants ne disposant pas d'air conditionné, ils dorment sur des matelas par terre dans celle de leurs parents. Ils n'ont que peu de jouets, chantent des chansons, ou s'amusent à des jeux de leur invention : lancer des pinces à linge dans un seau, par exemple...

L'autre attraction, ce sont les photographies que Mariann a rapportées des États-Unis et qu'elle montre avec prudence, pour ne pas vexer Khalid.

Adam est particulièrement fasciné par un portrait de sa cousine Andrea, âgée de six ans ; c'était sa compagne de jeu préférée.

– Elle est tellement belle, maman. J'espère qu'on va la revoir. Qu'est-ce qu'elle a grandi! Il y a longtemps que je l'ai pas vue! Quel âge a-t-elle?

– Sept ans, maintenant. Qu'est-ce que tu as fait pour ton anniversaire, Adam?

– Je sais pas quand c'est, maman...

Ni l'un ni l'autre n'ont eu d'anniversaire. Aucun repère dans le temps. Mariann reproche cette négligence à Khalid, qui répond agressivement:

– Il n'y avait vraiment aucune raison de fêter ça!

L'après-midi, lorsque le courant est coupé, l'air conditionné en panne, l'atmosphère de la maison asphyxiante, il vaut mieux se réfugier à l'extérieur, à l'ombre minuscule du patio. C'est là que se déroule l'événement principal de la journée: la lessive. Mariann installe un tuyau depuis l'évier de la cuisine, le fait passer par une fenêtre ouverte jusqu'à une grande cuvette. Adora utilise une cuvette plus petite pour barboter. Adam s'occupe du rinçage.

Les enfants ayant peu de vêtements de rechange, il faut faire la lessive tous les jours, pendant une heure et demie, parfois plus, en économisant la portion de savon du mois.

Les deux autres événements de la journée, pour les enfants, sont les retours de Khalid, à l'heure du déjeuner et du dîner. Mais il n'est guère patient avec eux. Adora peut tout faire, Adam, non. Son père est dur avec lui, il le rend même responsable de toutes les bêtises de sa petite sœur:

– C'est à toi de la surveiller!

Un jour, Adam dit à sa mère:

– Maman, tu te souviens en Amérique? Papa

me donnait jamais de fessée. Tu sais quoi? Ici, il me tape tout le temps.

Il suffit que Khalid soit obligé de sonner deux fois à la cloche du portail pour qu'il se mette à hurler contre son fils :

– Tu ne pouvais pas courir! Tu n'as pas entendu!

Alors, dès que la cloche retentit, Mariann pousse Adam :

– Va, va...

Et le petit garçon enfile ses sandales et court au portail à toute vitesse.

Cette exigence d'une discipline sans intérêt exceptée, l'éducation quotidienne des enfants incombe entièrement à Mariann, et ce n'est pas une mince tâche. Car Adora, probablement trop gâtée en l'absence de sa mère, est devenue dissipée et hyperactive. Elle escalade les étagères, se suspend aux portes, n'arrête pas de tomber et de se blesser.

Adam, lui, régresse. Il a des accès de colère subits et il est excessivement méfiant avec son entourage.

Mariann se retrouve en situation de perdante. Qu'elle soit autoritaire avec les enfants, et Khalid la réprimande. Qu'elle leur montre de l'affection, privilégie les moments de tendresse avec eux, et il est mécontent.

– Tu n'es venue ici que pour les enfants! Évidemment, moi, je ne t'intéresse pas! La famille non plus!

Il est difficile de s'intéresser à des gens dont vous ne parlez pas du tout la langue, difficile de supporter une belle-mère au regard vindicatif. Elle n'a pas besoin de l'exprimer pour que Mariann comprenne son sentiment envers elle : « Tu es une mauvaise femme pour mon fils

375

adoré. » « Quelle que soit la femme, d'ailleurs »,
pense Mariann. C'est le genre de mère en ado-
ration permanente devant son rejeton, prête à
condamner d'avance n'importe quelle belle-
fille.

Mariann comprend plus facilement le
comportement d'enfant gâté que Khalid a toujours eu. Ses colères, ses exigences, son irres-
ponsabilité. Ici, les femmes font tout ce qu'il
exige. Il savait, en amenant les enfants chez sa
mère ou chez sa sœur, qu'il n'en aurait absolument pas la responsabilité. Il les a ramenés
comme des trophées, une façon de dire : « Vous
voyez, ils sont à moi, pas à elle! Femmes,
occupez-vous d'eux! »

En dépit du comportement de Khalid,
Mariann trouve les Irakiens sympathiques, très
hospitaliers, très ouverts. Ils partagent volontiers le peu qu'ils ont. Comparés aux Américains, ils sont dix fois plus chaleureux et généreux.

L'hospitalité de la famille se teinte cependant
d'incompréhension lorsque Mariann refuse la
plupart des aliments dont tous se contentent.
Angoisse ou différence de nourriture, tous les
légumes lui paraissent amers, elle n'a aucun
appétit pour la cuisine de Sageta. Si elle se force
à manger, elle ne peut rien garder, à l'exception
d'une tranche de melon d'eau de temps en
temps, quand Khalid pense à en rapporter. Et
encore, souvent le melon n'est pas mûr. C'est la
conséquence de la restriction draconienne des
aliments d'importation : les fermiers irakiens
sont obligés de récolter prématurément.

À la troisième semaine de son séjour,
Mariann est réellement malade. Elle va voir un
médecin, qui lui explique longuement que tout
est psychologique :

– Lorsque vous serez adaptée au climat, à la nourriture, tout ira bien... Il ne faut pas refuser cette adaptation, vous êtes un peu déprimée, ça passera...

Certes, mais malgré sa bonne volonté, les symptômes sont réels et Mariann perd dix-huit kilos.

Vers la fin du mois de juillet, elle a du mal à quitter son lit et Khalid n'apprécie pas du tout cette maladie qu'il estime diplomatique :

– Qu'est-ce qu'il y a, encore ? Tu sais combien d'invitations j'ai dû refuser à cause de toi, parce que tu ne veux rien faire dans cette maison ?

Un matin, Mariann se réveille dans un brouillard comateux. Elle comprend qu'il lui faut quitter l'Irak ou y mourir. La réalité est affreuse. Trop faible pour cuisiner, lessiver, ou même jouer avec les enfants, elle se voit comme un fardeau inutile. Elle doit partir. Mais pourra-t-elle emmener Adam avec elle ?

Avant ce voyage, Mariann n'imaginait même pas que Khalid lui permettrait d'emmener l'un ou l'autre des enfants. Mise au pied du mur, elle aurait choisi Adora, dont elle pensait qu'elle avait, à son âge, davantage besoin de sa mère. Mais elle a changé d'avis. Car si Adora s'est relativement bien adaptée en Irak, Adam, lui, est vraiment malheureux.

Mariann lui a promis de tout faire pour qu'il rentre à la maison avec elle, et elle pense avoir de bonnes raisons d'espérer. Après tout, Khalid s'est toujours intéressé à sa fille et plus d'une fois il a affirmé qu'il voulait que son fils aille faire des études aux États-Unis.

377

— Mon visa va expirer, Khalid, il faut que je reparte. Si nous voulons qu'Adam fasse ses études aux États-Unis, je dois l'emmener avec moi pour la rentrée scolaire.

— Fais les valises. Je t'accompagnerai avec Adam jusqu'à Amman. Tu pourras lui faire faire un passeport à l'ambassade américaine...

— Et toi, qu'est-ce que tu décides ?

— Le jour où je vendrai le magasin, on verra, je te rejoindrai peut-être avec Adora.

— Quand ? Bientôt ?

— On verra, je t'ai dit... C'est le magasin qui compte en ce moment. Plus tard...

C'est une première victoire. Amère, car elle suppose une nouvelle séparation entre la mère et la fille.

Tout le reste de la semaine, Adam est malade d'impatience et Mariann lui répète inlassablement le menu de fête pour leur retour à la maison :

— Des hamburgers de chez Wendy, tu te rappelles ? Des petits pains avec du hachis, des hot dogs, des croque-monsieur et des épis de maïs.

Quand on ne mange pas, on ne pense qu'à manger.

En outre, Mariann a le sentiment croissant que le départ est urgent. Les États-Unis ont fixé une date limite pour l'inspection des sites militaires irakiens, et cette date coïncide avec son départ. Une fois de plus, l'histoire du pays la poursuit.

Mariann saura plus tard que trois cent mille Irakiens terrorisés ont fui l'Irak cette semaine-là pour se réfugier en Jordanie. Dans l'angoisse d'une nouvelle guerre possible, dont la télévision et la radio irakiennes menacent le peuple tous les jours, Mariann demande régulièrement à Khalid :

– Quelles sont les nouvelles?

– Les troupes étrangères qui protégeaient les Kurdes dans le Nord se retirent... Ça va mal aller.

Et le surlendemain :

– Les Kurdes ont repris une ville aux Irakiens. Il y a des morts, des centaines de morts... C'est mieux qu'hier...

Et le surlendemain :

– Alors, ils parlent toujours de guerre? Que disent les Américains?

– On ne sait pas.

Khalid ne donne guère de détails, abandonnant Mariann à son imagination délirante chaque fois qu'un bombardier américain passe le mur du son, dans le ciel de Mossoul.

Et voilà que quelques jours avant le départ, Khalid fait une entrée inopinée dans la chambre où Mariann prépare déjà les valises. Il a son visage fermé des mauvais jours.

– J'ai réfléchi. Adam doit rester.

– Pourquoi, mais pourquoi? Tu lui as promis!

– Je promets ce que je veux. Je ne veux pas qu'il prenne de risques!

– Quels risques? Il est avec moi...

Paniquée, Mariann téléphone à son ami Shakir, à Bagdad, pour qu'il intervienne auprès de son mari. Il se trouve que Shakir et Khalid se sont connus au temps de leurs études, à Washington.

Par téléphone, Shakir arrive à convaincre Khalid :

– Il n'y aura aucun problème pour Adam, il aura un laissez-passer de la Croix-Rouge et tout ira bien. Je m'en porte garant.

Khalid accepte de nouveau de laisser sortir son fils.

Le jeudi 25 juillet 1991, jour prévu du départ pour Amman, en rentrant de son travail, Khalid décide de reporter le voyage au vendredi. Mariann ne proteste pas. Il faut tenir, ne pas le braquer. Le vendredi, il le repousse au samedi. Cette fois, elle se dit : « Il cherche à gagner du temps, c'est mauvais signe. »

Le samedi matin, ne voyant rien venir, Mariann demande :

– Que se passe-t-il ? Quand partons-nous ?

– Il faut qu'on en parle...

Ils s'isolent dans une pièce, à l'écart des enfants. Khalid s'assied et commence :

– J'ai pris ma décision. Je refuse de séparer la famille. Si tu veux rester et te conduire comme une bonne mère, tu es la bienvenue ici. Si tu veux nous quitter, c'est ton choix.

– Tu avais promis qu'Adam pouvait partir pour ses études!

– Je ne l'ai jamais promis! Nous en avons parlé, c'est tout. D'ailleurs, tu n'as pas les moyens d'entretenir ton fils!

Mariann devient hystérique. Comment Khalid peut-il se comporter aussi cruellement ?

– C'est du sadisme! Est-ce que tu te rends compte que tu es sadique ?

Tout en criant, elle attrape un oreiller pour le lui lancer au visage, mais il se lève aussitôt :

– Si tu fais ça...

Et il avance vers elle. Alors elle s'assied à son tour et se frappe elle-même avec l'oreiller. Tellement furieuse qu'il faut absolument qu'elle cogne sur quelque chose, et il n'y a dans cette pièce que lui et elle...

Les enfants, qui jouaient à l'extérieur, terrorisés par les éclats de voix de leur mère, sont plantés sur le pas de la porte. Mariann, en

pleurs, se calme lentement et Adora ose entrer
dans la pièce :

– Tu vas partir, maman ?

Mariann se souviendra longtemps de cette
scène. Que répondre ? Se contenter de dire :

– Je t'aime, je t'aime, va jouer...

À son tour, Adam s'avance et embrasse sa
mère sur la joue.

– T'en fais pas, maman, quand je serai grand
je reviendrai avec toi.

Il dit cela tel quel, sans regarder son père, et
il sort, entraînant Adora avec lui.

Il est clair que Khalid a manipulé la situation, dans l'ultime espoir de faire rester
Mariann. Que jamais il n'a eu l'intention **de**
laisser partir Adam. Au fond, il ne veut qu'une
chose, qu'elle se transforme en femme d'intérieur irakienne, traditionnelle, qu'elle reste à la
maison avec leurs enfants, qu'elle lui obéisse,
qu'elle vive la vie qu'il veut, pour le servir.
Pourtant, Mariann n'est pas une femme d'intérieur classique, et elle n'est pas irakienne ; lui
demander de changer de personnalité à ce point
est complètement impossible, il devrait le
comprendre.

Malgré son chagrin, Mariann est incapable de
reporter son départ. Elle est trop malade, elle
n'a plus de forces. Tous ses camarades du
bureau d'entraide vont quitter l'Irak et son visa
de sortie est sur le point d'expirer. Si elle reste
au-delà, Khalid est bien capable de l'empêcher
de repartir. Comme Moody m'a prise au piège,
sept ans plus tôt.

À cette différence qu'il n'existe pour
Mariann aucun espoir de fuir avec les enfants.
La frontière Nord de l'Irak est truffée de mines,
cernée de fils barbelés, et même en admettant

qu'ils parviennent vivants tous les trois au poste
de contrôle, elle n'a pas de passeports pour
Adam et Adora. Elle doit se résigner à abandonner provisoirement le terrain, accepter la situation, rentrer, et décider de la suite.

Le dimanche, à quatre heures du matin, elle
pleure encore en montant dans le taxi avec
Khalid. À Bagdad, il refuse de l'accompagner
jusqu'à Amman.

– Le chauffeur de taxi est sérieux. Tu ne
risques rien.

Mariann est écœurée par cette nouvelle
défection :

– Dis plutôt que tu files, comme d'habitude,
à ton magasin ! Tu te moques bien de moi, au
fond ! Je me demande encore pourquoi tu as
voulu m'épouser...

Khalid lui assène alors le dernier coup :

– Si tu n'étais pas aussi têtue, tu resterais
comme tu l'avais prévu ! Tu te conduirais
comme une mère ! Tu le peux encore !

– Non.

Alors le ton de Khalid se fait plus dur :

– C'est toi qui as voulu venir, moi, je ne t'ai
jamais rien demandé !

Et il s'en va. Silhouette rigide, inflexible, qui
disparaît derrière la vitre du taxi, dans la
lumière opaque et blanche d'un après-midi de
Bagdad.

Durant les treize heures de route vers
Amman, Mariann ne cesse de tourner et retourner des questions dans sa tête. Comment les
enfants vont-ils réagir à son départ ? Est-elle
lâche de les quitter maintenant ? Est-elle la
mauvaise mère qu'il prétend ? Va-t-elle réussir
à passer la frontière jordanienne ? Comment ses
amis du bureau d'entraide vont-ils prendre son
départ ?

Shakir lui fait, en effet, quelques reproches.

– Tu aurais dû faire front, rester un mois de plus, demander un nouveau visa par l'intermédiaire de ton mari, essayer de le faire fléchir avant la rentrée des classes. Mieux vaut être malheureuse quelques semaines que toute sa vie.

– Je n'arriverai pas à le convaincre ici, je le sens bien. Il a toutes les cartes en main! Il peut me traiter comme il veut, faire ce qu'il veut, je n'ai aucun pouvoir.

– En auras-tu davantage chez toi?

Les femmes sont plus attentives à son chagrin. Nadia surtout, une jeune irako-américaine :

– Ça n'a pas marché comme tu voulais, mais il ne faut pas te culpabiliser. Il faut que tu considères ça comme une chance, tu as passé trente jours avec tes enfants, tu n'aurais pas pu, autrement.

Ces paroles encourageantes remontent le moral de Mariann et lui permettent de récupérer un peu.

Durant les cinq jours d'attente en Jordanie, les trois femmes du groupe deviennent inséparables. Kawkub et Nadia partagent le même lit pour que Mariann, qui est de nouveau sans ressources, puisse dormir dans leur chambre. Nadia a ses propres préoccupations : son père a été hospitalisé aux États-Unis pour un problème cardiaque; Bassora, sa ville natale, la deuxième cité irakienne, a été sévèrement frappée par la guerre aérienne. La situation y est particulièrement difficile, les gens sont à la rue, les anciennes mosquées détruites. Les taxis ont refusé de mener la pauvre Nadia jusqu'à sa maison d'enfance.

Et Mariann revient au Michigan comme elle en est partie, sans ses enfants et de nouveau en état de choc, de culpabilité permanente, d'angoisse incontrôlable. C'est ce visage que je retrouve en août 1991, celui d'une mère désespérée, les traits bouffis de larmes, si amaigrie, si pâle et plus dépressive encore qu'avant son départ. Elle traîne avec elle cette culpabilité si difficile à gérer. Aurait-elle dû rester pour les enfants, même malade, même confrontée à d'épouvantables problèmes pratiques?

En Irak, il est impossible de se procurer du lait, de la nourriture, des médicaments – 70 % des médicaments étaient importés de l'Ouest. Dans les hôpitaux, les anesthésistes s'en vont parce qu'ils n'ont plus de quoi anesthésier les patients. Les vaccins nécessitent une réfrigération et pourrissent parce qu'il n'y a plus de matériel adéquat; certains enfants vaccinés meurent car l'efficacité des vaccins dans de telles conditions est illusoire. C'est dans ce pays à genoux qu'elle a laissé ses enfants, dont le père veut faire des Irakiens.

Les sanctions pesant sur son peuple ne coûtent rien à Saddam Hussein, il est à mille lieues de tout cela. La classe moyenne à laquelle appartenait Khalid est devenue la classe pauvre, et les pauvres sont désespérés. Ils sont au fond du trou, au fond d'un ravin immense. Ils n'ont pas une voix au gouvernement. Tout ce qu'ils espèrent c'est retrouver une vie normale que les sanctions économiques leur interdisent.

Khalid croyait rentrer dans son pays pour y faire fortune, il n'y a trouvé que la pauvreté.

Adam et Adora ne méritaient pas que leur père les entraîne dans cette misère.

Pendant un mois, je vois Mariann régulièrement, sans rien pouvoir faire d'efficace pour l'aider. Les lignes téléphoniques avec l'Irak ne sont pas encore rétablies. C'est le grand désert. Aucune nouvelle des enfants. Pas un courrier.

Puis, le 31 août 1991, les lignes sont rétablies dans un seul sens. Mariann peut donc obtenir Khalid, alors que lui ne peut toujours pas appeler. En imaginant qu'il en ait envie... Compte tenu des heures de décalage horaire avec les États-Unis, la communication doit s'établir dans la nuit.

Deux heures du matin, Mariann s'installe dans notre bureau de la fondation *Un monde pour les enfants*, au milieu des dossiers de centaines de cas comme le sien. Elle n'a pas d'argent pour assumer le prix des communications internationales, épouvantablement coûteuses, il est vrai. Pour compliquer le problème, elle doit appeler d'abord dans un magasin voisin de celui de Khalid, d'où on va le chercher. Cela prend quelques minutes. Et les enfants ne sont jamais avec lui, bien entendu.

Leur première conversation se limite aux affaires pratiques. Depuis le départ de sa femme, il semble que Khalid s'intéresse de nouveau à sa situation personnelle aux États-Unis... Envisage-t-il de revenir ?

— Est-ce que tu as eu des nouvelles de ma demande de citoyenneté américaine ?

— Non, tu avais raté le jour du serment... Il faut tout recommencer et j'ignore si c'est possible, en ce moment. Mais je peux m'occuper des passeports des enfants.

— Comment ça ?

— Avec le service étranger du département d'État...

— Et si je demande un visa?

— Je peux m'en occuper aussi. Fais la demande à l'ambassade de Jordanie...

— Et l'argent?

— Je me débrouillerai...

— Mais si je viens, je n'aurai pas de travail. Il me faut un travail, et bien payé!

— Pour avoir un travail, il faut d'abord que tu viennes sur place... Dis-moi comment vont les enfants?

— Bien...

— Est-ce que... est-ce qu'ils m'en veulent d'être repartie?

— Si tu veux le savoir, tu peux revenir... à tes frais, évidemment.

Au bout de dix minutes, la ligne est coupée, et Mariann est en larmes.

— Il faudrait que j'appelle chez ma belle-sœur, si je veux avoir les enfants. Adam doit m'en vouloir. Il était si heureux à l'idée de partir, si heureux, Betty. Son père est un monstre, je suis sûre qu'il lui a dit que c'était ma faute...

— Moi, je suis sûre qu'il a compris. Mahtob avait compris et elle était bien plus jeune...

C'est la première fois, depuis ma déconvenue avec Marylin, que je m'implique complètement dans un nouveau cas. Je ne peux pas m'en empêcher. Mariann erre dans l'existence comme une zombie, elle s'en veut, elle est sans moyens, ses parents ne peuvent pas, ou ne veulent pas l'aider. L'Irak est au ban des nations. Comme l'Iran lorsque j'y étais. J'ai Mahtob. Christy Khan a ses trois fils, Craig DeMarr, ses deux filles... Mariann n'a rien, alors qu'elle a eu le courage d'aller en Irak.

– J'ai peur de parler à Adam... Adora comprend à peine ce que je dis...

– Et pourtant, c'est une véritable obsession. Il y a un an, tu aurais sauté de joie pour deux minutes de conversation avec eux!

– Le problème, c'est que j'ai envie de les appeler tout le temps. Je pourrais le faire tous les jours et ça ne me suffirait pas... En même temps, je me sens coupable, je devrais être avec eux au lieu d'être pendue à ce téléphone... La seule façon, ce serait de ne pas penser à eux, mais je sais qu'ils sont là, à l'autre bout de la ligne. Ça me rend malade.

Afin d'accumuler des économies, Mariann prend deux emplois à temps complet. Un poste rémunéré au bureau d'entraide local et un poste de vendeuse dans une boutique de vidéo. Elle essaie de mettre de l'argent de côté pour retourner en Irak, mais le pourra-t-elle sans danger? Sera-t-elle libre? Elle a promis à ses enfants avant de partir :

– Je reviendrai. Je suis obligée de partir sans vous, mais je reviendrai et je me battrai pour vous. N'oubliez pas, maman vous aime, et maman vous aimera toujours.

En attendant, elle appelle une fois par mois, en moyenne. Parler à Sageta, la mère de remplacement d'Adora, est un supplice que je peux comprendre. Lorsque Moody m'avait enlevé Mahtob et qu'elle était livrée à la surveillance des autres femmes, j'en étais malade.

Il semble que les enfants aient bien accusé le coup. Adam n'en veut pas à sa mère, il n'attend qu'une chose, la plus difficile : qu'elle revienne.

Au bout de quatre mois, je note dans les conversations de Mariann et de Khalid un subtil changement. Elle lui propose régulièrement de revenir s'installer aux États-Unis et semble sincère lorsqu'elle lui dit :

– On pourrait recommencer la vie ensemble, réfléchis. On est mariés depuis plus de dix ans, pourquoi ne pas repartir de zéro ?

De mon côté, j'essaie de comprendre.

– Tu l'aimes encore ? Tu te sens capable de recommencer ?

– Je ne sais pas... Mais je voudrais tellement que ça s'arrange, je voudrais tellement qu'il ne soit pas parti comme ça ! Pour les enfants surtout !

– Crois-tu qu'il a changé ?

– Peut-être... On pourrait toujours essayer.

– Qu'est-ce qu'il en dit, lui ?

– Chaque fois la même chose : qu'il voudrait bien revenir, mais qu'il faut que je lui trouve un travail où il gagnerait beaucoup d'argent. Il veut une carte de résident, il veut même la nationalité américaine.

– Il te demande l'impossible, non ? Et les enfants ?

– Il dit que si je promets tout ça, il reviendra avec Adam et Adora.

Instinctivement, je n'arrive pas à croire à la bonne volonté de Khalid. Mariann non plus, sans doute, mais elle préfère pour l'instant ne pas trop se poser de questions. Un homme qui met en jeu ses enfants contre une situation avec « beaucoup d'argent », comme il dit... méfiance ! Il cherche probablement à utiliser Mariann, une fois de plus.

Ce qu'il y a de positif, c'est que cette tractation par téléphone permet de maintenir le contact. C'est essentiel, et c'est une recommandation que je fais toujours aux parents. La véritable horreur commence le jour où tous les liens sont rompus, où les enfants disparaissent.

388

Nous allons donc tenter de jouer le jeu de Khalid. S'il est sincère, tant mieux, s'il ne l'est pas... nous aviserons.

Je dis nous, car je ne suis plus seule. La fondation, qui n'a pourtant pas de gros moyens, a la possibilité d'engager certains frais. Arnie, notre avocat infatigable, peut s'occuper gratuitement des problèmes juridiques que poseront les accords futurs entre Mariann et Khalid. Et si je ne crois pas beaucoup à ce genre de réconciliation, je ne dois pas influencer Mariann.

Le rythme des communications téléphoniques s'accélère. Mariann et Khalid discutent maintenant tous les quinze jours. Et parlent toujours pratique : passeports, visas, billets d'avion... Officiellement, je n'apparais qu'au titre de la fondation. Mon nom n'est jamais prononcé; Khalid pourrait le connaître et se méfier de moi.

À la fin mai 1992, les événements se précipitent. Khalid dit au téléphone qu'il va se rendre en Jordanie, à Amman, avec les deux enfants, qu'il va prendre l'avion pour le Michigan. À condition, toujours, qu'on lui assure un visa de résident, un travail bien rémunéré, et qu'on lui paye son billet. Mariann est folle d'excitation.

Je me mets immédiatement en contact avec le département d'État. Nous joignons l'ambassade des États-Unis en Jordanie, qui doit prendre en charge les formalités administratives. Les places d'avion sont réservées et payées par la fondation. Mariann et Khalid continuent à se parler au téléphone et une incroyable odyssée commence!

Car durant cinq jours, Mariann, le département d'État, moi-même, Arnie et notre ambassade en Jordanie allons vivre un épouvantable suspens. Je ne l'oublierai jamais.

Khalid doit prendre l'avion à Amman le 23 mai 1992, à destination de Detroit. Le 23 mai, je pars donc, avec une Mariann surexcitée, pour Detroit ; nous nous installons dans une chambre d'hôtel, près de l'aéroport.

Un producteur de télévision a décidé de tourner un reportage en continuité. L'affaire de Mariann est déjà connue ; si elle se termine bien, elle servira d'exemple. Bob Bishop, qui travaille souvent pour la N.B.C., est devenu un ami depuis qu'il a fait des reportages sur Mahtob et moi. Il est très sensible, humain ; il participe à notre fondation et je lui fais entièrement confiance.

Ce que Bob Bishop ignore en chargeant sa caméra dans notre chambre d'hôtel, c'est qu'il s'apprête à tourner pendant cinq jours ! Et qu'il va réaliser un reportage imprévu et complètement fou.

La décision de Khalid de partir le 23 mai nous a surpris et un peu gênés. Pour obtenir quelqu'un au département d'État un samedi, il faut réellement prouver l'urgence. Je me débats au téléphone tandis que Mariann est en ligne avec un conseiller d'ambassade à Amman. Soudain, je vois son visage se figer, ses yeux rétrécir ; les larmes ne sont pas loin.

— Qu'est-ce qu'il y a ?

— Khalid est à l'aéroport, mais il est venu seul avec Adam ! Il a laissé Adora à Mossoul !

Elle explose :

— Il m'a menti, il m'a menti ! Il a combiné ça depuis le début !

— Il faut lui parler, très vite, Mariann...

— Lui parler? Il a décrété à l'ambassade qu'il partait avec son fils, qu'il s'installait aux États-Unis pour un an et qu'il reviendrait chercher sa fille ensuite! Il m'a encore menti, menti, menti...

Ce que je craignais depuis le début est en train de se passer. Le chantage de nouveau, l'odieux chantage : « Je te ramène un enfant sur deux, je te tiens... C'est moi qui décide, c'est moi le chef. »

Je préviens le sénateur Riegle, l'un de nos plus jeunes soutiens à Washington, et lui explique la situation. Nous devons contacter d'urgence l'ambassadeur à Amman pour nous assurer au plus haut niveau que Khalid va réellement monter dans l'avion avec Adam. À ce stade de chantage, il peut décider tout ce qu'il veut; laisser Adam à quelqu'un de sa famille au dernier moment, par exemple. Nous devons jouer serré.

Mariann est complètement secouée par cette traîtrise. Vingt-quatre heures plus tôt, elle était prête à pa donner, à essayer de commencer une nouvelle vie... c'est terminé! Le retour sur terre est terriblement dur. Khalid l'a trahie une fois de plus.

Arnie et moi entreprenons de la calmer. La solution serait de déposer immédiatement une demande de divorce, de demander la garde des deux enfants à un juge du Michigan, d'accuser Khalid de kidnapping, même si aucune loi fédérale ne le prévoit, et d'essayer d'obtenir un mandat d'arrêt.

Arnie explique :

— Écoutez-moi, Mariann. Je suis votre avocat, je suis un libéral acharné, et faire mettre quelqu'un en prison sans jugement ne m'est pas agréable. Mais, en l'occurrence, nous devons tenter d'agir ainsi. De cette façon, nous pouvons espérer que Khalid fasse lui-même pression sur sa famille pour vous renvoyer Adora aux États-Unis. D'autre part, le fait que vous soyez divorcés légalement vous permettra de demander la garde des enfants sur le territoire des États-Unis, ce qui protégera Adam.

L'ennui est que divorcer un week-end, même aux États-Unis où les procédures sont rapides, n'est pas faisable. Il faut attendre le lundi...

Ce samedi infernal, les nouvelles vont vite. Nouvel appel de l'ambassade à Amman :

— Votre mari est monté dans l'avion avec son fils. Il en est redescendu, on ne sait pas pourquoi... On m'a dit qu'il avait pris une chambre d'hôtel. Je vais lui parler, je vous tiens au courant dès que possible.

Mariann est complètement affolée. Et nous nous demandons à quoi rime ce jeu cruel. Il a dû se passer quelque chose de grave, la police jordanienne peut-être...

La nuit du samedi s'écoule en multiples questions sans réponses.

Dimanche 24 mai. L'ambassade rappelle :

— Quelqu'un dans l'avion, un policier jordanien je suppose, lui a dit de ne pas partir, que c'était un piège, que les Américains allaient le mettre en prison. Alors, il est redescendu précipitamment. Il avait même laissé ses bagages dans l'avion, on a dû les récupérer. Nous avons eu beaucoup de mal à le persuader qu'il ne risquait rien. Il a peur, il veut la garantie d'un visa définitif... Sinon, il repart à Mossoul.

— Il faut qu'il parle à sa femme. Dites-lui qu'elle va l'appeler à l'hôtel, qu'il n'en bouge pas!

À présent, Mariann doit jouer un jeu très difficile. Se transformer en actrice. Je lui répète les éléments essentiels de cette comédie hypocrite, mais nécessaire :

– Tu dois lui dire ce qu'il veut entendre, c'est-à-dire qu'il n'a rien à craindre, que tu veux vivre avec lui, qu'il aura tout ce qu'il veut. Que tu l'aimes !

– Je n'y arriverai pas, Betty, j'ai envie de l'étrangler... Et Adora ? Il a abandonné Adora chez sa mère !

– Il faut d'abord penser à Adam. Fais-le pour lui.

Mariann est dans un tel état de nerfs que les mots ont du mal à passer. Je ne la quitte pas des yeux pendant qu'elle discute avec Khalid. Si elle laisse échapper le moindre indice de sa colère contre lui, ce sera l'échec. Et je sais combien il est difficile de s'humilier à ce point, de dire « Je t'aime » à un homme que l'on méprise pour ses mensonges, ses exigences, son chantage... Dans ce cas, il ne faut penser qu'à l'enfant, surtout pas à soi. Ravaler ses larmes et sa colère. Je l'ai fait pour Mahtob, c'est un souvenir pénible.

Mariann est épuisée par cette journée d'attente, par cette nuit sans sommeil. Épuisée de répéter inlassablement les mêmes choses :

– Tout est arrangé, je t'assure, tu n'as rien à craindre ! C'est ridicule ! Oui... tu auras le visa. Quel avion vas-tu prendre, j'ai déjà passé la moitié de l'après-midi à t'attendre...

Enfin, Khalid accepte. De mon côté, je reste en contact avec l'ambassade qui nous confirme qu'il y a un autre vol pour Detroit. Nous pouvons changer les réservations.

Le conseiller ne va pas lâcher Khalid d'une

semelle. Il va l'accompagner, lui porter ses valises, s'assurer lui-même qu'il est dans l'avion, jusqu'au décollage.

Nouvelle attente et nouveau problème : l'avion va faire une escale au Canada, Khalid peut très bien y disparaître avec Adam. Il a une carte de séjour valable pour le Canada ; et s'il choisissait de s'y installer et de nous échapper ?

Le conseiller, qui le suit comme son ombre, prévient l'ambassadeur, qui rappelle le département d'État, qui me téléphone :

– Plus de place pour Detroit, il prend un vol direct pour New York. Vous devez aller le chercher là-bas, il doit arriver mercredi. Vol 261, à vingt heures, heure locale.

Nouvel affolement. Mariann et moi nous précipitons pour prendre un avion pour New York, louons une chambre d'hôtel à l'aéroport et attendons. Je suis aussi à bout de forces, déjà deux nuits sans sommeil, et la suivante ne sera pas calme non plus...

Lundi 25 mai. Arnie nous rejoint avec les papiers de la demande de divorce et la demande de garde des enfants. Mariann les signe en une minute, devant la caméra de Bob, qui nous suit toujours. Arnie repart au Michigan pour faire enregistrer les documents par un juge.

Une nouvelle difficulté nous attend. À l'arrivée de Khalid à New York, Mariann devra le convaincre de l'accompagner dans le Michigan, sans lui donner la véritable raison. Car la raison est administrative : le divorce sera prononcé par un juge du Michigan, la garde accordée dans cet État, c'est donc au Michigan et nulle part ailleurs que Mariann peut annoncer à Khalid qu'ils ne sont plus mariés et récupérer légalement Adam.

Mardi 26 mai. Dans notre chambre d'hôtel de New York transformée en Q.G., le téléphone est toujours sous tension. Je dois avouer que moi aussi. Cette situation me rappelle trop de choses. L'angoisse de Mariann est lourde à porter.

À Detroit, Arnie s'efforce d'obtenir un mandat d'arrêt contre Khalid pour kidnapping. Ce serait la seule issue pour qu'Adora soit restituée à sa mère... Mais le conseiller à la cour pour les affaires familiales l'a écouté sans frémir lui parler des dangers que court la petite fille en Irak. Il a si peu frémi, qu'il a annoncé tout de go :

– Excusez-moi, je suis en retard pour déjeuner !...

L'avenir d'une petite fille de quatre ans le concerne moins que son hamburger.

Et nous attendons la confirmation du départ de Khalid.

Nous lui téléphonons de New York ; il est une heure du matin, pour lui, c'est le matin. Mariann transpire, ses yeux sont cernés, ses doigts crispés sur l'appareil :

– Adam a bien dormi ? Toi aussi ?

– Ça va. Je viens où tu sais...

Mariann me jette un œil interrogateur. Que veut dire ce : « Où tu sais » ?

Adam saisit l'appareil ; il est calme.

– J'ai pris une douche, maman, on s'en va à l'aéroport ! je t'aime, maman !

Nouvelle attente. Mariann fait les cent pas, incapable de dormir. Moi non plus. Pourvu qu'il monte dans l'avion, qu'il n'invente pas une nouvelle exigence !

Trois heures du matin. Il est parti ! Cette fois, c'est sûr. Le conseiller de l'ambassade à Amman a même pris la précaution de conserver les bagages par-devers lui, puis il est monté dans un taxi avec Khalid et Adam. Il a lui-même enregistré les billets, les a accompagnés au passage de la douane et de la police et a attendu de les voir monter la passerelle, que la porte de l'avion se referme, que l'appareil décolle! Adam vole vers New York, enfin!

Mercredi 27 mai 1992. Mariann et moi prenons un taxi pour le terminal. Son visage est décomposé par le stress des derniers jours. Je ne tiens plus debout. Il reste encore à passer le plus difficile pour elle : ne rien montrer de son état d'esprit à Khalid et l'entraîner au Michigan. Nous avons toutes les deux l'impression désagréable de piéger cet homme, mais Arnie a trouvé les mots pour nous rassurer :

– Il s'est piégé lui-même le jour où il a enlevé les enfants!

Dans le taxi, je donne les derniers conseils à Mariann.

– Ce soir, vous allez dormir à l'hôtel avant de prendre l'avion pour le Michigan... Fais bien attention. Surtout ne t'endors pas. J'ai connu des cas où le père a profité du sommeil de sa femme pour disparaître avec les enfants. Une fois à New York, il peut encore le faire et s'installer dans un autre État pour continuer son chantage...

– Je ne dormirai pas...

– Tu es si fatiguée que tu peux sombrer malgré toi...

– Je vais laisser traîner des affaires par terre, la valise, des chaussures... S'il se lève, il se prendra les pieds dedans... J'ai toujours été un peu désordonnée, ça ne l'étonnera pas...

– Et surtout, pas un mot sur le divorce avant d'être à Flint... Je me tiendrai à l'écart dès qu'on annoncera l'arrivée du vol. Pour l'instant, il vaut mieux qu'il ne sache pas qui je suis. Tu seras toute seule. Ça ira ? On se reverra à Flint !

Elle a un pauvre sourire de larmes et d'angoisse mêlées.

– Ça ira. Puisque mon fils arrive, ça ira...

La caméra de Bob nous suit jusque dans le hall de Kennedy Airport. Nous sommes en avance. J'en profite pour appeler Arnie ; les nouvelles sont décevantes :

– On ne peut pas obtenir de mandat d'arrêt. Et il n'est plus son mari. Il ne pourra pas résider aux États-Unis. C'est un étranger, maintenant. Il n'est plus question de visa définitif...

– Je prendrai le même avion qu'eux, demain. C'est cette nuit à l'hôtel qui m'inquiète. Pourvu qu'elle reste calme.

L'annonce résonne dans le brouhaha du hall : « Le vol 261 en provenance d'Amman est annoncé porte G. »

Mariann devient livide. Elle avance sans se retourner, comme hypnotisée, tandis que je recule à l'écart des barrières du contrôle d'immigration.

Il y a foule, je ne connais Khalid que par les photos que m'a montrées Mariann. Taille moyenne, teint pâle, moustache et cheveux brun sombre. C'est un peu limité comme portrait robot. Je cherche à repérer Adam, la gorge serrée. Tout me rappelle ma propre histoire. Adora surtout. Qui ne sera pas là. Adora toujours en Irak, alors que son père avait promis...

Enfin je vois Mariann, dont la haute stature dépasse de la foule, lever les bras, comme pour une victoire. Et en suivant son regard, j'aperçois cette victoire. Un petit garçon de onze ans, aux cheveux châtains, lisses sur un front pâle, au corps délié et mince.

Adam saute la barrière de l'immigration d'un seul élan et bondit sur sa mère. Il a sauté si haut qu'il se retrouve emprisonné dans les bras de Mariann, ses deux jambes nouées autour de sa taille, le visage enfoui dans son cou. Elle danse en le portant, elle le berce, ils s'embrassent, leurs deux chevelures se mêlent, les deux fronts s'entrechoquent.

Mes larmes jaillissent sans que je puisse les retenir tant le spectacle qu'ils offrent tous les deux, la mère et le fils, est émouvant de bonheur. Il ne la lâche pas, il reste accroché à sa mère, le regard éclatant de joie. Une immense vague d'émotion déferle dans ma poitrine. Les yeux rivés sur eux, je partage en spectatrice anonyme ce moment intense, cette récompense sans égal.

À quelques mètres de là, Khalid, ses moustaches, sa valise, vient de passer l'immigration. Le visage impassible, il se fraye un chemin dans la foule, sans un regard pour eux, comme si ce débordement d'amour ne le concernait pas.

Tout à coup, il repère la caméra de Bob, s'arrête, surpris, méfiant. Mariann le rejoint, Adam collé contre elle, marchant du même pas, le regard levé vers elle.

Mariann doit maintenant expliquer à son mari la présence de cette caméra. De loin, il me semble que ça se passe bien. Elle a dû dire que la télévision s'intéresse à leurs retrouvailles, qu'il n'a rien à craindre. D'ailleurs, Bob et son objectif sont rapidement noyés par la foule ; il décide de revenir sur moi et m'interviewe rapidement pour la conclusion du reportage.

Vingt-et-une heures, il est tard. Mariann, Khalid et Adam rejoignent l'hôtel pour la nuit. Moi aussi. Nous ne pouvons plus communiquer.

Le lendemain matin, à l'aéroport, trois places seulement sont disponibles sur le vol de Flint, l'avion est complet! Cela veut dire que je ne peux pas partir en même temps qu'eux, alors que j'ai promis à Mariann d'être avec elle au moment où elle annoncera à Khalid qu'elle a obtenu le divorce et la garde des enfants... Affolée, je me précipite au comptoir d'une compagnie privée pour louer un jet. On me promet que le pilote arrivera d'ici une heure. C'est juste. Très juste. Même si nous volons plus vite que l'avion régulier.

Une heure, et toujours pas de pilote. J'en tremble d'exaspération. Je les ai vus monter tous les trois dans l'avion sans rien pouvoir faire d'autre qu'attendre devant la passerelle du jet.

Enfin le pilote arrive, essoufflé:

– J'ai été pris dans les embouteillages! New York est vraiment infernal à cette heure!

Je ne sais même plus l'heure qu'il est, ni quel jour nous sommes, à vrai dire. Cinq jours, quatre nuits sans sommeil, toutes ces émotions! J'ai appelé Mahtob tous les jours. Elle se fait du souci pour moi:

– Tu en fais trop, maman. Il faut que tu prennes des vacances en rentrant. Tu as vu Adam? Ça y est? Formidable!

Le jet a décollé sans que je m'en aperçoive, j'essaie de me détendre. Impossible. Mariann est si fragile. Si nerveuse. J'imagine Khalid devenant violent avec elle. La menaçant des pires

représailles, ou bien s'échappant avec Adam...
ou bien en train de la convaincre de repartir
avec lui... Que s'est-il passé entre eux, cette
nuit? Une réconciliation ou une bataille?

Le jet atterrit quelques minutes après l'avion
de ligne. Je cours dans le hall, je cours sur le
parking à l'extérieur. Arnie est là, avec Adam;
Mariann un peu à l'écart avec Khalid, sur le
parking. Ils parlent. Elle est véhémente, il a l'air
de baisser la tête, de regarder ses pieds, sa valise.
Il désigne Arnie, il doit demander qui est cet
homme et Mariann lui répondre : « Mon avocat. » Comme je m'approche d'Arnie et qu'il
m'aperçoit, je suppose qu'il demande également
qui je suis.

Nous les rejoignons car il est évident que
Mariann a tout dit, maintenant. Le piège s'est
refermé sur Khalid Saieed, ses exigences, son
chantage.

Mais il s'est refermé aussi sur Adora.

Khalid me regarde avec une vague curiosité.
Mariann, qui semble très calme, me présente
comme la représentante de la fondation *Un
monde pour les enfants*, sans autres détails.

C'est la première fois que je rencontre un
père kidnappeur. Il y en a des centaines dans
l'ordinateur du bureau, des noms, des âges, des
pays... mais toujours irréels, inaccessibles.

Khalid, lui, est bien réel. Il me semble accablé par ce qu'il vient d'apprendre, mais bizarrement calme, comme résigné. À ce sinistre
poker, il a perdu ses ambitions. J'essaie de le
mettre à l'aise, d'engager une conversation qui
ne le heurte pas :

– Monsieur Saieed, je ne suis là que pour
représenter ma fondation. Je ne suis pas impliquée dans votre histoire personnelle autrement

que pour les enfants. Les enfants sont mon seul souci, vous comprenez ?

Je ne sais pas s'il comprend. Il a l'air totalement indifférent à mon discours. Pas vraiment intimidé, non plus, par ce comité d'accueil. Curieux homme. Je poursuis :

— Arnold Dunchok est l'avocat de Mariann, il est disposé à rediscuter avec vous de vos projets aux États-Unis.

La présence d'Arnie ne l'étonne pas, il l'a eu au téléphone à plusieurs reprises avec Mariann, au moment où il demandait toutes les garanties possibles pour un retour aux États-Unis avec les deux enfants.

— Que comptez-vous faire, maintenant ?

— J'avais prévu de loger chez un ami, à Pontiac. Je vais m'y installer quelques jours.

Mariann est surprise :

— Tu ne m'avais pas dit ça !

— Tu ne m'as pas dit non plus que tu voulais divorcer.

— J'étais obligée de le faire. C'était la seule façon d'obtenir pour toi un visa de touriste ! Si nous étions restés mariés, l'immigration ne t'aurait pas accepté !

— Pourquoi ?

— Parce qu'ils ne veulent plus d'Irakiens résidents aux États-Unis. En fait, ils ne délivrent même plus de visas touristiques. C'est grâce au département d'État et à mon avocat que tu en as bénéficié.

— Je vais rester quelques jours chez mon ami et repartir.

— Et Adora ?

— Adora est chez ma mère, ma belle-sœur s'en occupe, elle est très bien là-bas.

Arnie intervient avec son calme habituel et son sens des négociations.

– Lorsque vous serez de retour en Irak, je suggère que le contact se fasse par l'intermédiaire de notre bureau. Je suis prêt à vous écouter. Vous n'ignorez plus que la garde légale des enfants a été donnée à Mariann aux États-Unis...

– Il me faut un taxi...

A-t-il écouté ? Je comprends maintenant ce que me racontait Mariann : l'homme du silence, l'homme renfermé sur lui-même, comme indifférent aux autres, à leurs sentiments, à leurs discours.

C'est fini. Par sécurité, Khalid ne saura pas où réside Mariann, mais il ne l'a même pas demandé.

Il monte dans le taxi et s'en va. Avec sa valise, seul, chez cet ami de Pontiac dont il n'a parlé à personne. Il a son billet de retour payé par la fondation. Il me fait un peu de peine. Je m'attendais à de l'agressivité, à une révolte de sa part ; après tout, Mariann lui reprend son fils légalement. Rien de tout cela. Peut-être n'est-il intéressé que par sa fille ? Ou par rien du tout, à l'exception de la réussite sociale et de l'argent.

Adam a dit au revoir à son père sans poser de question. Sans agressivité non plus. À sa mère, il a chuchoté :

– Maman, ne me laisse plus jamais seul avec lui !

Pour l'instant, l'histoire de Khalid et de Mariann s'achève ici, sur ce parking d'un aérodrome du Michigan. Lui s'éloigne dans un taxi, avec quelles idées en tête ? Elle, coupée en deux : d'un côté, bonheur avec Adam ; de l'autre, désespoir avec Adora.

Les jours suivants, alors que la presse fait état de l'issue de l'aventure, Adam se montre choqué par le commentaire du journaliste :

— Maman, pourquoi il dit que j'ai été kidnappé ? Papa n'a pas fait ça, il a dit qu'il avait le droit de m'emmener voir sa famille en Irak... Il a dit que tu étais d'accord !

— Tu sais maintenant que ce n'est pas vrai. Il ne m'avait rien dit, il est parti avec vous deux sans que je le sache...

— Je sais. Mais quand tu es partie de Mossoul, il a dit que tu nous avais abandonnés. Il nous l'a répété pendant des semaines.

— Tu le croyais ?

— Non, t'avais promis.

Adam a dû également s'imprégner de cette vérité : son père lui a menti pendant deux ans, en prétextant que Mariann était d'accord pour qu'Adora et lui vivent en Irak. Ensuite, il a blâmé sa mère pour les avoir abandonnés. C'est dur, pour un petit garçon, d'admettre que son père est un menteur.

— Maman, grand-mère a dit des choses affreuses sur toi.

— Quelles choses ?

— Je ne peux pas le répéter, c'est très vilain...

— Si vilain que ça ?

— Je ne peux pas le dire.

Mariann n'insiste pas. À quoi bon ? L'animosité de sa belle-mère a dû se transformer en haine lorsqu'elle a quitté l'Irak.

Adam évoque aussi la guerre.

— Maman, qui a gagné la guerre ?

— À ton avis ?

— L'Amérique !

— Est-ce que quelqu'un t'a dit autre chose là-bas ?

– Oui, ils disent qu'ils ont gagné la guerre.

– Je suppose que, depuis que tu es revenu, tu as compris ?

– C'est l'Amérique. Mais l'oncle de papa a été fait prisonnier au Koweit par l'Iran.

– Tu veux dire l'Amérique ?

– Non, il s'est évadé et il a dit que c'était l'Iran. Le jour où il est revenu à Mossoul, il a dit que c'était le plus beau jour de sa vie parce qu'il s'était échappé de l'Iran et qu'il avait marché jusqu'à Mossoul.

Mystère des comptes rendus locaux sur les faits divers de la guerre rapportés au petit garçon.

Adam est d'une tendresse superbe avec sa mère. De temps en temps, lorsqu'il voit Mariann triste, il grimpe sur ses genoux :

– Comment est ton côté Adam ?

– Heureux...

– Et ton côté Adora ?

– Triste...

– Adora va revenir bientôt. Papa va l'emmener avec lui. J'en suis sûr...

En fait, c'est son fils de onze ans qui rassure Mariann. Il est devenu l'homme de la maison. Et Mariann me dit qu'elle se sent mal à l'aise lorsqu'il la console ainsi.

– C'est moi qui suis supposée être la mère, solide et consolatrice. Je m'en veux qu'il devine ainsi mes sentiments rien qu'en me regardant. Je n'ai pas le droit de le perturber avec mon problème. Mais il voit tout de suite quand je vais mal. Il me prend dans ses bras et il répète : « Elle va revenir, maman... Je sais qu'elle va revenir. »

Le 15 juin 1992, nous recevons au bureau un appel en P.C.V. de la part de Khalid. Mariann, qui s'est installée avec Adam, pour quelque temps, à la maison, n'est pas d'humeur à être gentille avec lui. Elle ne veut parler qu'à Adora. Mais c'est extrêmement difficile, car la petite fille ne fait que répéter les phrases en anglais de sa mère.

– Je t'aime, ma chérie...

– Je t'aime, ma chérie...

– Tu me manques...

– Tu me manques...

Elle ne pratique plus sa langue maternelle, il lui reste la musique des mots qu'elle reproduit comme un petit perroquet. Mais bientôt, même cette musique va disparaître.

Deux jours plus tard, le 17 juin, c'est Mariann qui appelle. Adam lui sert d'interprète, car téléphoner en Irak est toujours aussi compliqué. Il faut déranger quelqu'un à trois maisons de chez Khalid. Lorsqu'il est deux heures du matin aux États-Unis, il est dix heures là-bas. Adam déteste ces appels en pleine nuit.

Khalid prend l'appareil et engage la conversation avec Mariann sur le mode agressif :

– On n'a plus rien à se dire, je suppose, il n'y a plus qu'à se dire au revoir !

– Pourquoi as-tu téléphoné l'autre jour ?

– Oh ! je sais ce que tu veux.

– Qu'est-ce que tu veux dire ?

– Je sais, c'est tout.

– Écoute-moi, Khalid, si tu ne reviens pas tout de suite aux États-Unis avec Adora, tu perds ta dernière chance. Ce sera fichu pour toi.

– J'ai dit à ton avocat que je ne voulais pas recommencer la même histoire, j'ai pas envie de

405

me faire arrêter. Je veux des garanties, tu les connais... Moi, je n'ai aucun problème d'argent ici! Je gagne 45 000 dinars par mois avec le magasin!

45 000 dinars, c'est beaucoup, cent fois le minimum mensuel sur place! Faut-il le croire? S'il a de l'argent, pourquoi appelle-t-il en P.C.V.?

La situation économique en Irak est de plus en plus catastrophique. Et celle de Mariann n'est pas brillante. Il lui faudrait retrouver un vrai travail, cotiser à la Sécurité sociale pour Adam et elle. Appeler en Irak une fois par mois lui coûte 150 dollars, près de 1 000 francs français, pour dix minutes de conversation.

Adora aura bientôt six ans. L'été 1992 est passé sans apporter l'espoir de la revoir cette année.

Alors que les rumeurs de conflit reprennent, que Saddam Hussein proclame toujours le Koweit province de l'Irak, qu'il prétend ne pas avoir peur d'une nouvelle guerre, que l'O.N.U. s'essouffle à le condamner, que les G.I's font des manœuvres à quelques kilomètres de la frontière... Adora est, cette année, l'otage symbole de notre fondation *Un monde pour les enfants*.

Je suis inquiète pour Mariann. Je crains qu'elle perde espoir, courage, force, pour continuer à se battre. Mariann bonheur, Mariann désespoir...

Un jour, Moody m'a crié:

– Tu ne reverras plus jamais ta fille!

Sa rage n'a rien pu contre mon espoir. Rien.

Jamais : je ne connais qu'un sens à ce mot, et sans point d'interrogation. Je le répète inlassablement à Mariann.

3 septembre 1992...

Dans le village de Ashube, au Yémen, Nadia Muhsen vient d'accoucher de son cinquième enfant. Sa mère, installée dans la ville voisine de Taez depuis six semaines, n'a toujours pas pu la voir. □ Le ministère des Affaires intérieures d'Afrique du Sud a assuré à la fondation *Un monde pour les enfants* que la requête de Ramez Shteih était examinée avec attention. □ Kristine Uhlman vient d'obtenir la permission de rendre visite à ses enfants en Arabie Saoudite, où elle est actuellement. □ Mariann n'a pas de nouvelles de son mari depuis son départ pour l'Irak. Elle n'a pas parlé à sa fille Adora depuis quatre mois...

En cas d'enlèvement

Dans le cas d'un enlèvement international, le parent privé de ses enfants peut invoquer la Convention de La Haye en déposant une requête devant l'autorité compétente du pays où sont retenus les enfants. Une fois la requête prise en compte, toutes les procédures de garde sont interrompues. Informé par l'autorité compétente, le tribunal ne peut statuer que sur la légalité ou l'illégalité de l'enlèvement.

Si les juges estiment que la « résidence habituelle » de l'enfant était dans le pays où l'enlèvement a eu lieu, ils décideront qu'il doit y retourner.

La Convention est applicable dès qu'un parent ravisseur viole l'ordonnance qui a établi le droit de garde. Mais elle s'applique également au cas où aucun jugement n'a ordonné la garde ou lorsque l'un des parents emmène les enfants à l'étranger sans le consentement de l'autre.

Afin d'éviter le traumatisme de la rupture chez l'enfant, il est nécessaire d'agir rapidement. Au Royaume-Uni, par exemple, où les tribunaux sont notoirement équitables et efficaces, les enfants sont rendus dans un délai de un mois après la requête du parent.

Il existe des exceptions, mais elles sont étroitement définies. Si l'enfant a vécu dans le pays de destination plus d'un an, les juges peuvent décider qu'il y demeurera, mais seulement si le parent ravisseur peut prouver que l'enfant s'est adapté à son nouvel environnement.

Le tribunal peut aussi refuser de rendre l'enfant s'il existe un risque grave de préjudice physique ou psychologique.

En cas d'enlèvement, si vous désirez davantage de renseignements concernant la position de votre État par rapport à la Convention de La Haye, contactez :

● Le Ministère de la Justice

Bureau du droit international et de l'entraide judiciaire internationale
13, place Vendôme
75001 Paris
Téléphone : 16 (1) 44 86 14 75

● La Conférence de La Haye sur le droit international privé

Monsieur Adair Dyer, secrétaire général; anglais, français, espagnol.
Secrétariats : Madame Françoise Franck (français).
Madame Sarah Adam (anglais). Madame Laura Molena (anglais).

409

Bureau permanent
6, Scheveningseweg
2517 KT La Haye
Pays-Bas
Téléphone : 31/70 363 33 03
Télex : 33383
Téléfax : 31/70 360 48 67

- One World For Children (*Un monde pour les enfants*)

  P.O. Box 124
  Corunna, Michigan 48817

  Téléphone : 517 725 2392

- Le Collectif de Solidarité aux mères des enfants enlevés (*Mères d'Alger*)

  6, place Saint-Germain-des-Prés
  75006 Paris

Liste des pays ayant signé la Convention de La Haye

Les pays énumérés ci-dessous sont ceux qui ont signé la Convention de La Haye sur les aspects civils de l'enlèvement international d'enfant, le 1er juin 1992, selon le département d'État américain :

Allemagne; Argentine; Australie; Autriche; Belize; Canada; Danemark; Équateur; Espagne; États-Unis; France; Hongrie; Irlande; Israël; Luxembourg; Mexique; Nouvelle-Zélande; Norvège; Pays-Bas; Portugal; Royaume-Uni; Suède; Suisse; Yougoslavie.

Remerciements

J'ai eu la chance, en 1986, d'être mise en relation avec l'agence William Morris. Ceux avec qui j'ai collaboré ne se sont pas contentés de faire leur travail. Ils m'ont orientée dans ma nouvelle carrière, leur confiance m'a donné de l'assurance et ils sont devenus des amis très proches, intimes même.

Michael Carlisle a été plus qu'un agent littéraire. Il est devenu un véritable ami, toujours disponible, aussi bien dans les moments de joie que dans les moments de peine. À chaque fois qu'une menace a pesé sur notre sécurité, Michael s'est montré prêt à nous guider. Plus d'une fois, il nous a tranquillisées et nous a aidées à faire face. Il a été mon défenseur, mon homme d'affaires et mon principal partenaire dans ma nouvelle carrière.

Marcy Posner a fait preuve d'une efficacité inestimable pour donner à notre affaire un écho international. Nous nous sommes senties d'autant plus proches que sa fille a le même âge que Mahtob.

Randy Chaplin m'a ouvert une porte sur le monde des conférences. Il a cru en mes compétences et m'a encouragée à me lancer dans cette aventure qui a apporté à ma vie une immense source de joie et de satisfaction supplémentaire. Il m'a de même donné l'opportunité de rencontrer continuellement de nouvelles personnes intéressantes.

Antoine Audouard et Bernard Fixot sont en fait les pères spirituels de ce livre. Très vite, ils ont compris l'importance du problème international des enlèvements d'enfants par l'un de leurs parents, et ont favorisé la réalisation de ce projet en me suggérant de venir travailler en France, où rien ne me distrairait. C'est par leur intermédiaire que j'ai rencontré les *Mères d'Alger* dont la lutte a beaucoup inspiré la mienne. Ils ont joué un rôle inestimable dans le processus d'édition de ce livre, qui a contribué à en faire un produit fini.

Anja Kleinlein, de Gustav Lubbe Verlag, en Allemagne, n'est plus seulement l'éditrice des traductions allemandes de mes œuvres. Mahtob et moi l'avons adoptée sentimentalement comme un membre de notre famille tant nous l'aimons, et elle tient à présent une place importante dans notre vie. Anja s'est battue de tout son cœur et de toute son âme pour me défendre contre les critiques féroces qui m'ont assaillie lors de la diffusion de l'interview de Moody sur les chaînes allemandes.

Tom Dunne, de St-Martin's Press, a été d'une aide précieuse dans la réalisation de ce projet. Il a passé beaucoup de temps à l'édition et la mise en forme de ce livre qu'il a prises à cœur. L'intérêt qu'il porte aux retombées de *Jamais sans ma fille* est particulièrement encourageant pour moi.

Le talent que Jeff Coplon a mis en œuvre dans sa collaboration à ce livre a permis de porter celui-ci à la hauteur de mes attentes. Il a travaillé avec moi à la rédaction de ces histoires et leur a apporté son esprit d'analyse et sa perspicacité de journaliste.

Mahtob et moi avons eu la chance, après l'épreuve cauchemardesque racontée dans *Jamais sans ma fille,* d'avoir été accueillies à bras ouverts. Cet entourage nous a permis de transformer l'horreur vécue en une expérience qui a affecté de manière positive la vie d'autres personnes. Tout au long de cette aventure, nous nous sommes fait beaucoup d'amis et avons rencontré de nombreuses personnes qui sont intervenues dans notre vie d'une manière que nous n'oublierons jamais.

Table des matières

Première partie : le retour............ 9

Deuxième partie : les enfants déchirés .. 189

    Christy, ou l'obstination 191

    Craig, l'aventurier............... 277

    Mariann bonheur, Mariann désespoir 331

3 septembre 1992... 407

En cas d'enlèvement 408

Remerciements 411

*Cet ouvrage a été reproduit
par procédé photomécanique par la
SOCIÉTÉ NOUVELLE FIRMIN-DIDOT
Mesnil-sur-l'Estrée
pour le compte des Éditions Pocket
en décembre 1996*

POCKET - 12, avenue d'Italie - 75627 PARIS CEDEX 13
Tél. : 44-16-05-00

Imprimé en France
Dépôt légal : mai 1994
N° d'impression : 36736